本书由山东管理学院学术著作出

2022年度山东省社会科学规划学校思想政治
《全环境立德树人视域下的高校学生危机事件应对与处理
项目编号：22CSZJ21

高 质 量 的 家 庭 教 育

智慧父母

周秀琴 著

有爱 有方法

山东人民出版社·济南

国家一级出版社 全国百佳图书出版单位

图书在版编目（CIP）数据

高质量的家庭教育：智慧父母有爱有方法／周秀琴
著 . — 济南：山东人民出版社，2023. 12
　ISBN 978-7-209-14127-7

　Ⅰ.①高… Ⅱ.①周… Ⅲ.①儿童教育—家庭教育
Ⅳ.①G782

中国版本图书馆 CIP 数据核字（2022）第 222674 号

高质量的家庭教育——智慧父母有爱有方法
GAO ZHILIANG DE JIATING JIAOYU——ZHIHUI FUMU YOU AI YOU FANGFA

周秀琴　著

主管单位　山东出版传媒股份有限公司
出版发行　山东人民出版社
出 版 人　胡长青
社　　址　济南市市中区舜耕路 517 号
邮　　编　250003
电　　话　总编室（0531）82098914
　　　　　市场部（0531）82098027
网　　址　http：//www. sd－book. com. cn
印　　装　山东新华印务有限公司
经　　销　新华书店

规　　格　16 开（169mm×239mm）
印　　张　21. 5
字　　数　264 千字
版　　次　2023 年 12 月第 1 版
印　　次　2023 年 12 月第 1 次
ISBN 978-7-209-14127-7
定　　价　49. 00 元
　　　　　如有印装质量问题，请与出版社总编室联系调换。

序

我从 1995 年开始从事家庭教育和心理健康教育工作，与家长及青少年学生都有密切接触，深切感受到他们的焦虑和困惑：

"我的孩子每天学习磨磨蹭蹭，需要我不停地催，才上小学四年级就写作业到十一二点，怎样可以让她学习能自觉点？"

"我把所有的感情都倾注在孩子身上了，管他吃，管他穿，管他上学，有什么要求尽量满足。可是现在他却说恨我，还要休学。我到底做错了什么？"

"我的孩子跟人说话，张口就骂人，不舒服就动手打人，小孩子都不愿和他玩，在学校被孤立了。这可怎么办？"

"我的孩子在学校，不按照老师的要求完成作业，老师批评他，他竟然骂老师！还打 12345 投诉！此类事件很多，我经常被老师喊去学校，脸都丢尽了！我该怎么办啊？"

"没有孩子的时候，我和老公的关系还是挺好的，但自从孩子上小学后，家里都快没法待了，天天鸡飞狗跳。这日子什么时候是个头啊！"

"我和爱人工作都很忙，平时老人照顾孩子。但老人太溺爱孩子了，我们想让孩子锻炼一下，老人每次都不愿意。我和爱人及公婆的关系越来越僵。这可怎么办?"

……

为什么父母努力了一辈子,好不容易为孩子创造了良好的物质条件,孩子们竟然变成这样?

为什么事事关心、用心疼爱的孩子变成今天的样子?为什么孩子的发展状况与父母努力的方向差别这么大呢?

在很多家庭中,父母长辈把所有的爱都给了孩子,孩子却出现了很多让人费解的问题。

10岁以下的孩子常会出现这些行为问题:抽动、咬指甲、揪头发、各种小动作、不高兴的时候直接动手打人、一不如意就撒泼哭闹等。

10岁以上的孩子常会出现这些行为问题:磨蹭、厌学、撒谎、叛逆、迷恋手机游戏、注意力不集中、自卑、抗挫能力差、无团队意识、不懂感恩等。

山东省某市对11245名青少年学生的调查发现,出现考试焦虑、学习不适应、抑郁、焦虑等情绪的青少年有3264名,占比为29%;甚至有的孩子在父母长辈的多重爱护下却产生了轻生的想法。某大学对刚入学的4400名大学生的调查发现,出现自杀自残抑郁倾向的孩子有364名,占8.3%。父母们忙着解决孩子面临的各种现实问题,不停地付出,换来的却是孩子的不理解、不配合、对抗,甚至是自我放弃。

孩子出现了问题,家长再怎么着急都不为过。但如果仅仅把目光放在孩子身上,问题解决的效果并不好。需要从更广阔的角度去思考问题,才能找到解决问题的有效方法。2011年我就提出了"每一个问题孩子背后都有一对问题父母"的观点,运用本土化精细式整合技术,将解决孩子的问题与家庭治疗相结合，让父母与孩子各负其责，谁的责任谁负责，效果良好。在此期间，我每天会收到大量的家长咨询电话，忙碌到深夜。2012年冬季的一天，我像往常一样接听家长的电话，11岁的女儿跑过来对我说："妈妈，你每天都在接听家长的电话，好像这些家长是你的'孩子'！可是我才是你女儿，我也需要妈妈！"这番话让我幡然醒悟。作为专业人士，在工作过程中依然可能会混淆工作与家庭的界限，忽略女儿的感受，何况是没有受过专业训练的家长！受此启发，我决定写一本关于高质量家庭教育的书，希望更多的家长从中获益，为孩子创造一个充满关爱和支持的成长环境。

中国的家庭中从来都不缺少爱，每位父母都在尽己所能去爱孩子，照顾孩子，希望孩子能够获得幸福快乐的生活——尽管这些"幸福快乐"很多时候都来自父母的定义而非孩子的需要。没有父母要故意伤害孩子，即使父母曾经给过孩子一些伤害，也一定不是有意的，甚至在某些"表面的伤害"背后，还隐藏着父母的爱意和祝福。

本书从上万例真实案例中精选出有代表性的典型案例，剖析孩子成长过程中的困惑，揭示孩子磨蹭、注意力不集中、厌学、沉迷游戏、考试焦虑、亲子冲突、师生关系差、同伴关系紧张、早恋等负面行为背后的原因，像剥洋葱般一点点剖析孩子内心的需求和渴望，暴露出当今家庭教育中的误区。本书通过很多"问题"孩子向优秀孩子的蜕变过程，帮助父母在现实生活中，找到解决孩子成长困惑的有效方法。

学会运用爱的理念、爱的智慧、爱的方法，发现孩子的天赋优势，激发孩子的潜能，是为人父母一定要学习的。在家庭教育中，仅仅有爱是不够的，仅仅有教导也是不够的，父母要学会在每一件小事中抓住契机，进行和谐有爱的引导。营造和谐的家庭氛围，引导孩子正向成长，培养出自信平和、爱己爱人、具备一生幸福能力的优秀孩子。这就是本书的目的。

周秀琴

2023 年 12 月

从孩子的问题中探索教育之源

——真实案例告诉你高质量家庭教育的秘密

在现代家庭中，越来越多的家长陷入迷茫：在孩子身上花费的时间和精力越来越多，孩子却越来越难以管教；家长满腔热血、辛勤培育，孩子却越来越难以向父母敞开心扉；爱的付出与回报严重失调，孩子们更加依赖网络、迷恋游戏，父母的作用越来越尴尬；媒体不断爆出的极端事件不断刺激人们的神经……如何把握孩子的成长规律，对孩子实施高质量的家庭教育，已成为越来越多的学者、家长关注和思考的话题。

本书从上万例真实案例中精选出有代表性的典型案例，揭示出高质量家庭教育的本质，解答孩子成长过程中的困惑，揭示孩子磨蹭、注意力不集中、厌学、沉迷游戏、考试焦虑、亲子冲突、师生关系差、同伴关系紧张、早恋、校园霸凌等负面行为背后的原因，像剥洋葱般一点点剖析孩子内心的需求和渴望，暴露出家庭教育中的误区，既生动形象，又有理有据，引发读者对家庭教育的思考。通过介绍很多"问题"孩子向优秀孩子的蜕变过程，帮助父母在现实生活中，找到解决孩子成长困惑的有效方法，并迅速看到孩子的转变。让父母学会运用智慧的方法，激发孩子的潜能，找到可以让孩子幸福一生的答案。

　　本书从真实案例中总结的成长规律，适合所有的家长、教育工作者、班主任老师、社会工作者及心理咨询师阅读，其中的经验教训都值得读者深思。

　　同时，本书案例均从真实案例精选、改编而来，具体情节已做了相应的处理，个别案例还征得本人的同意，希望读者不要对号入座。

CONTENTS

目 录

第三部分 爱的方法

第一部分

爱的理念

第一章
赋予孩子获得幸福的能力

与家长们的小时候相比，今天的孩子面临更多的诱惑，比如充斥网络的各种视频、游戏、快餐文化……他们每天花大量时间面对手机、电脑。这些高科技产品在带来便利的同时，却无法使孩子的人际交往能力、情绪处理能力、抗挫能力得到改善、提升。面对这些"神兽"，家长们常常觉得有心无力，在孩子身上花费的时间和精力越来越多，却难以达到想要的教育效果；家长满腔热血、辛勤付出，孩子却更加依赖网络、迷恋游戏，越来越难以向父母敞开心扉……父母和孩子之间，本该有最亲密的关系。可是，在不少家庭里，每天都在发生争吵，导致两代人之间的矛盾不断加深，父母在孩子心中几乎失去了威信和榜样作用。爱孩子是本能，但爱的能力是需要学习的。怎样才能化解矛盾，引领孩子的成长，赋予孩子获得幸福的能力呢？这就需要父母们能够读懂孩子，通过孩子的行为判断他们的心理需求，提升爱的能力，做有爱有方法的智慧父母。

时代呼唤高质量的家庭教育

父母想尽办法教育孩子，孩子却依然磨蹭、不爱学习、沉迷游戏、考试焦虑、师生关系差、同学关系紧张、不懂得感恩……让家长从焦虑中解脱出来，学会运用爱的智慧，轻轻松松教育好自己的孩子，成就孩子美好的一生，是本书的目的所在。

"素质教育"践行者的困惑

邢林（化名）一直认为自己是素质教育的践行者。他在孩子上小学时，让她到广场上卖报纸；孩子小学毕业时，让她独自坐火车到广东。这位家长始终认为，自己这样做是培养了孩子的独立能力，可是孩子后来却患上了抑郁症，在上高中时休学一年。他的女儿在给我的信中写道："我一个人在广场上卖报纸时，内心是非常不情愿的。看到那些来来往往的人，我不知道谁能帮我。可是，我不能后退，因为怕爸爸妈妈会训斥我。小学时，爸爸把我一个人送上了火车，让我独自外出。但没有人知道，我在火车上，多么害怕、孤独、无助。车上那么多人，没有一个是我可以相信的人。我感到我的爸爸妈妈不要我了……"

邢林百思不得其解，自己这样费尽心思地培养孩子，孩子应该活泼开朗，解决问题的能力强才对，最起码像其他孩子一样顺顺利利地长大也可以。无论如何都想不到，她会抑郁！

❦❦❦

孩子因与父母或者有亲密情结的亲人分离而引起的焦虑不安等不愉快的情绪反应称为分离焦虑。在中国，很少有人认识到分离焦虑带给孩子怎样的伤害。因此，很多父母将孩子生下来之后就交给祖父母养育。研究发现，在良好的养育环境下，孩子 3 岁时才能形成客体稳定和情感稳定的概念，才能有良好的安全感。邢林的孩子，小时候就是由外公外婆抚养的。可想而知，孩子幼年时形成的因"亲子关系中断"而带来的创伤，并没有伴随回到父母身边而化解。以后类似的经历，都会勾起她对这种感受的反复体验，从而情感上对父母产生隔离。而父母仅想到送孩子出去能锻炼独立能力，而没有考虑到孩子的成长经历与个性特征。对孩子来说，他的成长与生物、社会、心理因素是密不可分的。这三者缺一不可，如果忽略了其中一个因素，都会给孩子带来伤害。这就是很多父母觉得自己很爱孩子，孩子却感受不到爱的根源所在。

像邢林这样，用了很多教育孩子的方法，却唯独没有考虑孩子的个性特点是否与自己的教育方式相匹配，没有考虑孩子心理感受的家长大有人在。因工作关系，我经常接触到心理上有各种困惑的孩子和内心充满焦虑的家长，亲眼看见很多家长陷入无助迷茫状态：在孩子身上花费的时间和精力越来越多，却难以达到想要的教育效果；家长满腔热血，辛勤付出，孩子却越来越难以向父母敞开心扉；孩子们更加依赖网络、迷恋游戏，父母的作用越来越尴尬……父母和孩子之间，本该有最亲密的关系。可是，不少家庭里每天都在发生争吵，导致两代人之间的矛盾不断加深。父母用尽全力爱孩子，孩子却像局外人一样我行我素。

有一名学生，在省城S高中出现了适应性问题，因与班里同学产生矛盾，一气之下没有参加期末考试。经过几次辅导后，孩子的状况明显好转。但家长竟然觉得S高中管理太松，认为在这样的环境下，孩子无法考上名牌大学。于是，他们无视孩子"不想转学"的抗议，无视孩子在管理相对宽松的学校尚且不能适应的事实，毅然决然地将孩子转到一所实行军事化管理的学校。半年之后，孩子出现了更严重的不适应问题，不能去上学，躲在家里不出门，不敢见人，觉得有人要害他，出现被害妄想症状。家长追悔莫及。

其实，父母如果多一点常识，就会想到，孩子在管理相对宽松的学校出现适应不良的现象，到一个管理严格的学校则会更难适应……而这个案例就像烙铁一样烙在了我的心上，孩子无助的眼神像刀一样刻在我的心上。

有一对父母，小时候因为家里穷，很早就辍学了。夫妻二人文化程度不高，后来做生意赚了一点钱，就拼命在孩子身上投资。只要听到哪里有好的老师，他们就不惜一切代价要给孩子请回来，即使是坐飞机去北京、上海上课，也没有丝毫的犹豫。仅仅是给孩子报各类辅导班的费用从小学累积到初中，就花了100多万。即使这样，孩子在中考时依然没有考上高中。妈妈很痛苦，跑到济南来问我："孩子到底怎么了？所有见过他的人都说他聪明，为啥孩子就是学习不好，考不上高中？"

这些看起来极端的案例，其实每天都在我们身边发生着。这些被家长认为有各种问题的孩子，其实是内心充满力量、潜能无限的天使。他们只是因为父母不懂孩子的成长规律，没有充分理解并尊重孩子的需求，才变成了今天的样子。文首案例中的孩子，在父母调整教养方式之后，变得日益阳光起来，并考取了心仪的大学，在大学四年连续获取一等奖学金，被保研继续深造。花费100多万给孩子报辅导班的父母在知道了事情的缘由后，学会了尊重孩子的需求。孩子也变得不再排斥父母的安排，学习成绩呈现上升的趋势，进入年级前一百的优等生行列。

一个因在学校太调皮，被称为"捣蛋王"的孩子，下课以后爬上三楼教室的窗台上做危险动作，吓得同学们阵阵惊呼。被老师教育后，他下节课还继续做危险动作。最后，老师不得不请来家长，建议休学一年。在孩子休学期间，父母把孩子送到另一所学校借读。仅仅一个月后，孩子就故伎重演，被学校劝退。在我的指导下，父母调整了陪伴孩子的方式。一段时间后，孩子回到学校，不再调皮捣蛋，综合测评成绩在班里获得第一名。一位经常打架而扰乱班级秩序，没有手机就不上学，常被请家长的男生，经过激发学习动力后，找到自己的人生目标，考上本市最好学校的国际班，目前已在美国纽约大学就读。一位被老师称为不合群、无法适应班集体、没有学习动力的孩子，经过调整，现在已经成为英国牛津大学的研究生；一位被爸爸称为学业困难而休学的女孩，已成为北师大的高材生……还有更多的孩子，在父母采用高质量的家庭教育方法后，现在已从迷茫的小不点儿，从让家长感到无力的"小淘气包"，成长为各行各业的精英。

从他们身上，我们看到优秀的孩子和"问题"孩子之间仅一线之隔——孩子遇到挫折时，家长采取了怎样的态度，采取了怎样的家庭教育方式，影响了孩子的未来。

周老师支招

爱孩子是本能，但爱的能力是需要学习提升的。这是一个孩子难、家长更难的时代。快餐式的娱乐方式，部分娱乐名人、网红宣扬的快速致富之道，冲击着青少年的人生观、价值观，让他们对学习的认知出现偏差；不当的家庭教育方式，让孩子缺乏学习的动力，抗挫能力和情绪管理能力变差；电子产品的普及，让每天花大量时间面对手机、电脑的孩子，社会交往能力变差，变得更孤僻，更以自我为中心……今天的家长，与20年前相比，面临着社会的快速发展，工作时间更长，压力更大，陪伴孩子的时间更少……千百年来，孩子一直是从与兄弟姐妹或与同伴玩耍的过程中学到基本的情绪处理和人际交往技巧的。在今天的社会里，这些学习途径却日益减少。学不到基本的情绪处理技能和人际交往技巧，对孩子的成长会产生严重的影响。比如，情绪冲动的孩子在学校里很难建立良好的人际关系，很难在学校里找到归属感，很容易产生厌学倾向……

社会经济的发展、家庭结构模式的变化、学习方式的转变、孩子心理健康的需求，都在呼唤高质量的家庭教育。何谓高质量的家庭教育？高质量的家庭教育是尊重孩子心理发展规律的教育；是在不同年龄阶段，给予孩子需要的心理营养，并采取恰当的教育措施，培养孩子健全的人格，提升孩子的自信，挖掘孩子的潜能，让每个孩子都能成为最好的自己，为孩子一生幸福奠基的教育。

相对于经济的发展，人们观念的转变与家长的教育方式相对滞后，很多家长仍然在沿用老一辈教育自己的方式来教育信息时代的孩子。家庭教育作为国民教育的薄弱环节，已经引起了国家的重视。国家颁布了《家庭教育促进法》，对促进未成年人全面健康成长提出了若干要求。教育部出台《关于加强家庭教育工作的指导意见》①，提出"加快形成家庭教育社会支持网络，构建家庭教育社区支持体系"。各地教育行政部门纷纷成立家庭教育指导机构，掀起了家庭教育指导的热潮。各地的家庭教育团队也成立起来。这些团队在指导家庭教育方面做出了很大的贡献。但是，不可否认的是，家庭教育团队的成员中，系统地学习过教育学、心理学理论的成员较少。在这种情况下，家长们及从事家庭教育的老师们仍需学习高质量的家庭教育，以助力孩子健康成长。

本书最重要的任务是，从多年的家庭教育和心理咨询案例中总结出孩子之所以会出现各种问题的原因、家庭教育中出现问题的环节，试图从问题中寻找到高质量家庭教育的本质。对于家长在家庭教育中采取什么样的方式才能够激发孩子成长的动力，挖掘孩子的潜能，笔者进行了深入的探索，并指导家长们在家庭教育实践过程中，获得卓有成效的成果。

本书的写作可以说是"十年磨一剑"，写写停停，经历了近十年的时间，其间经历了不断的总结与修改，方能定稿。谨以此书奉献给从事教育、家庭教育的同行以及有迫切学习成长愿望的家长，期待他们能够支持更多有困惑的家长，让他们从焦虑中解脱出来，轻轻松松教育好自己的孩子；让家长眼中磨蹭、不爱学习、沉迷游戏、师生关系差、同学关系紧张、受欺负的"问题"孩子回到自己的轨道上，发挥自己的潜能。本书创作的原始动力是能够让更多的教育者更好地支持家长；能够让更多的家长听到来自孩子心中的呐喊，感受到孩子爱的呼唤，学会运用爱的智慧，成就孩子幸福美好的一生。

---

① 中华人民共和国教育部网站(www.moe.gov.cn)。

把孩子培养成卓越人才的秘诀

　　每一位父母都希望把孩子培养成卓越人才，希望孩子赢在起跑线上，所以从胎儿时就想尽办法进行胎教，开发孩子的智力。其实，父母成长好自己，解决好自己的问题，用平和的心态、符合孩子成长规律的知识去引导孩子，才是送给孩子的最好礼物。

被"精心"培养的孩子

　　小妍是高二学生，因为经常上学迟到、上课逃课，被班主任建议找心理老师聊聊。"我知道，我爸爸希望把我培养成某行业的领军人物，像我姥爷那样的（小妍姥爷是某大型国企的老总）。从幼儿园开始，他就让我上各种早教班，学习各种才艺，还给我报各种辅导班。我从小不是在辅导班就是在去辅导班的路上！"小妍说道，"可是，我才不要成为姥爷那样的人。姥爷虽然在事业上很成功，但是家庭教育不成功啊！我妈妈是姥爷的独生女儿，40多岁的人还在家里经常和我抢东西。如果她抢不到就要发脾气，跟个小孩似的！每天最大的爱好就是在网上唱歌。手机出来一款新的，妈妈都要换。我用的手机都是她用剩的。我才不要成为像姥爷那样的人，有什么用！"

❦

小妍爸爸为了把孩子培养成卓越人才，想尽办法，却唯独没有考虑妈妈对孩子的影响。孩子因为对妈妈有情绪而对学习有抵触，这种现象在现实生活中十分常见。每一位父母都希望把孩子培养成卓越人才，"望子成龙""望女成凤"，希望孩子成为未来的人生大赢家。卓越人才的培养受很多因素的影响，除去先天智力条件之外，还包括家庭教育、学校教育、社会和家庭的影响。其中，早期家庭教育对人发展的影响是最需要引起重视的。

为了把孩子培养成卓越人才，很多父母希望孩子赢在起跑线上。从胎儿时就想尽办法进行胎教，开发孩子的智力；出生后更是想尽办法给孩子补充各种营养，上各种辅导班，唯恐孩子输在起跑线上。在与父母们交流的过程中，他们无一例外地说："我们很爱孩子。在孩子身上，我们下了很多功夫。为了孩子，我们愿意倾其所有。但没想到，事情和我们想象的不一样……"是啊，没有父母不爱自己的孩子。著名教育家陶行知先生说过：爱孩子，是母鸡都会做的事。如何爱孩子，怎样教育引导好孩子，才是决定孩子们之间拉开差距的关键。

教育就像种庄稼，种子种下去，没有一个农民不希望丰收。父母也一样，没有父母不希望自己的孩子成龙成凤。可是，庄稼长得好不好，还要靠农民精心地浇水施肥，捉虫打药。当然，农民在照料庄稼时，绝对不会为所欲为，而是根据庄稼的实际情况和生长规律，该浇水时浇水，该施肥时施肥，该捉虫时捉虫，这样庄稼才能长好。

养育孩子也是一样的道理。在孩子智力正常的情况下，孩子成长是否顺利，关键还要看父母给孩子提供了怎样的成长环境，是否根据孩子的成长规律和年龄特征给予了孩子不同的心理营养。比如，父母给孩子提供温馨和谐的成长环境，与给孩子提供"夫妻三天一大吵，每天一小吵"的成长环境相比，对孩子的心理健康程度与发展高度的影响肯定是不一样的。再如，孩子已经 10 多岁了，父母还像对待小孩子一样对待他，每天把饭端到桌上，把书包收拾好，把每天穿的衣服找出来，事无巨细地照顾孩子，除了学习什么都不让孩子干。这样的孩子，责任心和社会适应能力也是令人担忧的。

家庭教育的能力是否与学历有关？在我的教育教学经历中，有不少的高学历家长把孩子教育得很糟糕。

> 有一对夫妇，夫妻二人都是博士，都是某省级医院的医生。二人均事业有成，但他们的孩子自上幼儿园就被小朋友孤立。上小学后，孩子因为上课调皮，影响小朋友上课，不写作业，一直被老师关照，坐在讲桌边上的座位。夫妻二人并没有觉得有什么不妥，直到上小学六年级时，孩子把一个不锈钢水杯从二楼扔下去，砸到同学，导致其因骨折住院治疗。而这个惹事的孩子并不觉得自己有什么大问题。

到底哪里出了问题？究其原因，这对高学历父母一直没有承担起作为父母的责任，把教育孩子的责任推到老人身上。老人自认为自己教育的儿女挺成功，于是自告奋勇地承担起了教育孙子的责任。但老人对教育自己儿女的要求与教育孙子的要求是不一样的。他们能严格要求自己的孩子，却对孙子非常溺爱，导致孩子失去了规则意识。同时，老人用三十年前的方式教育孙子，这样的教育方式已经无法适应当今的时代了。而这对父母生了孩子以后，还像他们小时候一样衣来伸手，饭来张口，把养育孩子的责任推到父母那里，没有对孩子尽到为人父母的责任。这在年轻父母中，并不少见。所以，家庭教育的水平与父母的学历高低无关，而是和父母是否具备成人状态，是否愿意承担责任，是否情绪平和有关。

还有的父母担心孩子会输在起跑线上，让孩子上各种辅导班，恨不得把各种知识一股脑地都塞给孩子。其实，这样做的效果往往并不好，因为孩子欠缺的不是知识，而是父母的正确引导。因此，不改善影响孩子成长的环境和教养孩子的方式，仅仅把焦点放在孩子身上，就像不给一棵小树提供肥沃的土壤，不考虑小树成长需要的阳光雨露，仅仅希望小树成长为一棵参天大树一样不现实。

我女儿刚上初中时，因为个子高，座位被安排在了最后面。当时，还没有实行小班制，班里有五十八个学生。前七排都是一排八个学生，只有女儿和她同桌两个人在第八排。因为最后一排多出来两个学生，很多老师以为她们是因违反课堂纪律而被罚坐在后排的学生，上课不提问她们，也不收她们的作业。当时，我去接孩子时最常见的场景是，孩子带着哭腔对我说："妈妈，我上课举了很多次手，老师就是不叫我！"听到孩子这么说，我也很心疼，但想到这是一个很好的教育契机，于是我就以激发孩子成长动力为目标，与孩子进行了鼓励式谈话。

以下是我们母女的对话：

> "你举了很多次手，老师没叫你。你很难过，对吗？"
>
> "嗯嗯……"女儿边点头边委屈地流眼泪。
>
> 我紧紧抱住她，让她在我怀里哭，把负面情绪释放出来。
>
> "看到你这样子，妈妈也很心疼。"我继续说。
>
> 她使劲地点了点头。

"你是个有上进心的孩子。老师没叫你，是知道你会了！"等她情绪稳定下来后，我鼓励她。接着，我从老师的角度给她解释：老师上课时一般都不提问学习成绩特别好的孩子，因为老师上课提问时，如果成绩稍微差些的孩子都会了，那么她就可以继续往下讲，以保证课堂进度。当我这么说的时候，女儿眼里闪出光芒，问："真的吗？"

我知道，我的话语把她打动了。"是的，妈妈是老师，妈妈上课时就专门提问学习成绩相对较差的学生。连学习成绩差的学生都会了，那我就可以讲新内容了！"我肯定地说。她激动地使劲点了点头。

"下次再举手！"我鼓励她。

"好的，妈妈！"她一改抑郁的情绪，开心地说。

这种情境在女儿刚上初一时上演过无数次，每次我都用这种方式支持她。直到期中考试时，她拿到了全班第三的好成绩，老师允许前十名的学生挑座位，她才从最后一排调到了第四排。这个事情给她的启示是，原来学习成绩好，可以给自己争取一些权利。于是，她加倍地努力学习。而女儿初一同桌的父母不满意老师不提问孩子，发过很多次牢骚："老师怎么能这样？这么不公平！太不像话了！妈妈去找老师！"至于后来这个家长找没找老师，我无从知晓，但这些话传到我耳朵里很多次。同样的事情，用不同的应对方式处理，结果导致两个在同一条起跑线上，学习成绩都不多的女孩，到上高中时一个去了当地最好的高中，一个去了普通高中；再到上大学时，一个去了双一流大学，一个高中毕业后就没有再上学。当然，并不是说考上双一流大学，人生就成功了，但这足以说明父母不同的引导可以让孩子有不同的发展。

○◎。周老师支招

家庭是孩子的第一所"学校"，父母是孩子的第一任"教师"。家庭教育的"第一位"不仅是时间意义上的，更是孩子生命成长初始化意义上的。脑科学研究发现：0—5岁是早期儿童阅读能力、学习能力、社会交往能力等习得的关键时期，高质量的家庭教育对儿童的各方面发展将产生长期的积极影响。[①] 美国密苏里州 PATNC（the Parents as Teachers National Center，简称 PATNC）的研究成果显示：父母高质量参与成长过程的儿童，在能动性、个人成就、认知能力发展方面远远高于没有父母参与的儿童；同时，这些儿童在阅读、语言、数学等测试中表现得更好。[②] 人的一生是一个连续的进程，也是前后相互影响的过程。只有家庭教育对孩子的影响是持续稳定的，他此后所受的学校教育都是以此为前提促进孩子的发展。另一方面，在家庭构成社会细胞的意义上，家庭教育又关系到社会的发展和国家的兴衰。由此可见家庭教育的重要性。习近平总书记也多次论述了家庭教育的重要性，他指出每一个家庭都要承担起"帮助孩子扣好人生的第一粒扣子，迈好人生的第一个台阶"的责任。

在高质量的家庭教育过程中，父母必须明确：要想培养卓越的孩子，首先自己能够学习教育学、心理学的相关理论，改变对孩子的教养方式。一个孩子的思想和行为，是由其成长经历和思维模式决定的。而孩子今天的思维模式、处事方式，正是家长的教育理念、行为方式以及情绪表达模

[①] Abbott L. Langston A. Birth to Three Matters：A Framework to Support Children in Their Earliest Years[J]. European Early Childhood Education Research Journal,2005,13(1):129-143.

[②] Le Croy & Milligan. Parents as Teachers(PAT) Home Visiting Intervention：A Path to Improved Outcomes,School Behavior,and Parenting Skills[R]. Arizona：Le Croy & Milligan Associates, Inc,2018.

式共同塑造的。要想让孩子有所不同，家长必须改变自己的言谈举止以及教育模式。对于只想改变孩子，不想自身成长改变的家长，本书帮不了他们。

很多人小时候，在承受来自父母的"打击教育"这种负面的、错误的教育方式之后，曾暗下决心：等我当了爸妈，一定不让我的孩子像我小时候那样遭受忽略、否定、责骂、打击，我要给他一个快乐的童年。等到他们终于成为父母时，却又发现：面对孩子时，总是忍不住充满焦虑；每天都感觉疲惫不堪，情绪处于崩溃的边缘；各种烦恼和压力无处诉说，带着负面情绪面对孩子。于是，他们又在不知不觉中重复了父母错误的教育模式，把"别人家的孩子"挂在嘴边，无形中伤害了孩子。之所以造成这样的恶性循环，是因为他们自身成长过程中的创伤还没有得到疗愈，就要开始承担教育子女的责任。对自我的否定与内疚使他们一直在消耗自己，无法给到孩子正向积极的反馈。因此，要想跳出这个循环，放下焦虑，就必须把注意力放在心灵成长上，做智慧的成长型父母。

一位曾经被孩子的各种状况困扰的妈妈，在学习了高质量家庭教育——"幸福家庭"智慧父母课程后，通过改变自己，使家庭和孩子都发生了令人惊喜的变化。以下是她的感悟：

在孩子的教育问题上，我曾经迷茫、苦恼。孩子叛逆到把自己关到屋里不出来，谁也不能进入他的房间半步，不上学也不与人交流。我痛苦万分，但却不知道该怎么办。直到遇到周老师，才明白一切问题都是家长造成的。烦恼找到根源了，也就慢慢解决了。过程中虽然有焦虑，但现在回头一看，最重要的却是耐心。老师说的一点不错，不要急于求成。家长要放下焦虑，等待孩子成长。我曾是最焦虑的，整晚都睡不着觉，愁得天天吃药；现在知道怎么做了，一切都不是问题，身体、心情、家庭关系一天比一天好。现在，儿子已入学一个月了，一天比一天高兴，还主动参加班干部、课代表竞选，比任何时候都积极高兴。我们家的幸福生活开始了！现在，我终于明白，家长的改变是最重要的。越顽皮、任性、逆反的孩子，内心深处越渴望关爱、温情与肯定。发现了这些以后，你会发现，其实他的内心很善良、柔软。慢慢地，孩子就充满了正能量。

她的孩子曾经因为叛逆而不上学，曾经封闭自己而不与任何人交流。当家长改变自己的教养模式以及与孩子的互动模式后，孩子带来了无数惊喜，不但学习积极上进，还竞选了班干部。因此，不要再羡慕"别人家的孩子"，自己先成为"别人家的父母"。我们无法选择自己的原生家庭，但我们可以通过自己的努力，让孩子拥有一个不一样的原生家庭。我们寻求成长，不但为了自己，也为了给孩子一个不一样的成长环境。我们改变，是为了不让我们的孩子长大成人后，像我们一样，要苦苦地回望过去的经历，才能找回自己。因此，父母只有先觉醒过来，静下心来，成长好自己，解决好自己的问题，用自己的人格魅力和符合孩子成长规律的知识去引导孩子，才能把孩子培养成卓越人才。

读懂儿童成长说明书

人们每次购入新的产品，要做的第一件事就是阅读使用说明书。孩子的心理需求和成长规律就是儿童成长说明书。每一位父母都应学习孩子的成长说明书，根据孩子不同的年龄阶段，给予孩子成长需要的心理营养，让孩子成长为最好的自己。

无法适应大学生活的大学生

范范是大学一年级学生，在省内某高校就读。入学两个月后，因在学校里无法处理人际关系，遇到自己无法处理的事情时无法控制情绪，又哭又闹，被学校送到医院，被诊断为转换性分离障碍。医生建议在服用药物的同时，找心理咨询师咨询。在咨询过程中，我发现她像个小孩子一样，不愿意长大和承担责任，就让她记录自己的想法和感受。在她的想法中，最让人震惊的是，她最快乐的事情是看到小狗吃东西，羡慕小狗什么都不用干；她觉得最绝望的事情是，想到以后还要继续上大学，毕业后要参加工作。

已经成年的大学生出现这种想法，绝非偶然。究其原因，是母亲对她无微不至的照顾和父亲对她的溺爱。她是父母最小的孩子，姐姐比她大8岁。已经上大学的她即使去超市买个东西，父亲都不放心，要叮嘱半天。从小到大，小到买东西，大到填报志愿、处理人际关系，都由父母代劳。父母的过度溺爱，让她沉浸在公主梦里不愿意出来，不愿意面对长大后要自己处理事情，承担责任的事实。等到上大学后，不得不自己面对所有的事情。处理人际关系时，她有一种无力感，就采取了一哭二闹的应对方式。

从范范的经历可以看到，父母没有给到孩子锻炼的机会，越俎代庖，代替了孩子的成长。其实，伴随着孩子的长大，父母要根据孩子的年龄和个性特征采取不同的教育策略，为孩子的独立做准备。从小到大都无微不至地照顾孩子，不给孩子锻炼机会，对孩子来说不仅不是爱，反而会带来伤害。

在科技高度发达的今天，人们经常会购买很多电子产品。阅读使用说明书可以让我们更快地了解产品性能，在使用产品时更快捷地达成我们的目标；同时，避免错误操作对产品造成损伤。举个例子：我们想买一辆汽车时，一定会先去学驾照，然后了解汽车的性能，并阅读使用说明书，以便于我们更好地驾驶汽车。

可是，在教育孩子上，家长们就显得不够严谨了。他们经常会凭经验或者小时候父母教育自己的方式来教育孩子。问及他这样做的理由时，家长的理由往往是小时候父母就是这样对待自己的，或者朋友就是这样教育孩子的，而不是根据孩子的个性特点和心理发展规律去做。在家长讲座中，我多次问过家长们同一个问题：在你心目中，孩子价值几何？家长们会笑着跟我说：孩子是无价之宝。而我问下一个问题时，家长们往往会陷入沉默：买一辆车，我们能够花几个月的时间学习如何驾驶。而对于作为无价之宝的孩子，你花了多长时间研究他（她）的特点与成长规律；你又花了多少时间学习如何让这个生命绽放，达到他该有的高度？这时，绝大部分家长低下了头。有一小部分家长会说："我看了很多书，学习了很多教育理念，知道如何做是对的。可是，每当情绪上来的时候，我就无法冷静处理问题。打骂完孩子后，也很后悔，很内疚。可是下次情绪上来，还是忍不住打骂孩子，形成了恶性循环。"其实，家庭教育是实操性很强的工作。只知道理论知识但实际做不到的家长，在教育效果上与不知道这些家庭教育知识的家长没有什么区别。还有很多家长虽然读了很多书，有很高的学历，但在家庭教育方面，却依然沿用上一代教育自己的方式，在教育孩子方面却有很大的随意性，经常把孩子当成自己的私有用品，对孩子采取简单粗暴的教育方式。比如，来找我咨询的家长中，有一对博士父母，在自己的专业领域有很高的造诣，但在教育孩子的过程中，当孩子做得不够好，达不到父母的要求时，经常对孩子采取断网、摔手机、不给零花钱、以前答应的要求不兑现等措施，甚至用打骂的方式对待孩子。更令人发指的是，有一次，他们竟然在深更半夜，把孩子连同被子一起扔到楼梯上，把孩子吓得瑟瑟发抖……博士父母一心想让孩子通过学习成为像自己一样优秀的人。结果，孩子最讨厌的事情就是学习，最快乐的事就是躲在被窝里睡大觉。看到父母无可奈何的样子，孩子会产生报复的快感。

周老师支招

其实，孩子也有成长说明书，孩子的心理需求和成长规律就是孩子的成长说明书。著名的心理学家埃里克森将人的一生分为八个阶段，而每一个年龄阶段都有特定的成长目标。如果孩子在该阶段因为某些原因不能正常发展，那么长大后就需要补回这个成长任务；否则，就不能聚焦于当下的成长目标，付出巨大的人生代价。本书选取了八个阶段中家长最关注的五个阶段做了详细的表述。表1-1阐述了每个阶段孩子的发展任务、需要的心理营养以及没有得到满足对未来的影响。

表1-1　出生到18岁的发展任务与对未来的影响

阶段	年龄	发展任务	心理营养	发展顺利的特征	发展不顺利的特征	未得到满足对孩子的影响	可能出现的心理障碍
1	0—1.5岁	信任对不信任	1. 无条件接纳 2. 自己最重要的感觉 3. 安全感	能建立安全的依恋关系	1. 焦虑不安 2. 哭闹不止	1. 极度害怕被遗弃 2. 拼命寻找依赖对象 3. 无法信任他人 4. 无法建立亲密关系	1. 竭力维持糟糕的情感关系 2. 暴饮暴食 3. 偏执 4. 过度求认同
2	1.5—3岁	自主对羞愧	1. 无条件接纳 2. 自己最重要的感觉 3. 安全感	1. 有自主能力的感觉 2. 目的性的行为 3. 觉得自己对世界有影响力	1. 无法控制大小便 2. 害怕 3. 羞愧	1. 自卑 2. 不相信自己在世界上有存在的理由 3. 认为自己生存的权利取决于对别人的重要性 4. 经常做出不恰当的道歉 5. 过度依赖别人	1. 迷茫，不知道自己需要什么 2. 无法拒绝别人的要求 3. 害怕面对别人的愤怒 4. 担心有新的体验 5. 有不配得到、不值得的感觉

表1-1（续）

阶段	年龄	发展任务	心理营养	发展顺利的特征	发展不顺利的特征	未得到满足对孩子的影响	可能出现的心理障碍
3	3—6岁	主动性对内疚	1. 肯定 2. 认同 3. 赞美	1. 具备主动性 2. 具有好奇心	1. 内疚 2. 畏惧 3. 退缩	1. 害怕犯错 2. 感到无助内疚 3. 回避风险 4. 隐瞒错误	1. 常常忽略内心感受 2. 过度讨好别人 3. 对感情关系过度负责 4. 抑郁
4	6—12岁	勤勉对自卑	1. 学习 2. 认知 3. 模范	1. 自信 2. 愿意学习 3. 锻炼各种能力 4. 有活力	1. 自卑 2. 挫败感 3. 没有上进心	1. 避免与他人竞争或者过度喜欢与别人竞争 2. 对己或对人吹毛求疵	1. 凡事要求完美 2. 拖延症 3. 强迫观念或强迫行为 4. 挫败感，无法达成目标
5	12—18岁	统合对混乱	1. 尊重 2. 信任 3. 允许	1. 明确的自我 2. 有目标感	1. 彷徨 2. 极度叛逆 3. 迷失自我	1. 对自己的人生角色感到矛盾 2. 不能确立人生目标 3. 依靠情感或者外在评价确定自己的身份	1. 需要不断地谈恋爱 2. 没有明确的自我，需要靠外在的东西确定自己的人生角色 3. 找不到人生的意义

"橘生淮南则为橘，生于淮北则为枳。叶徒相似，其实味不同。所以然者何？水土异也。"孩子的成长就像植物一样，在不同的环境中，可以生长成不同的样子。父母的教育理念和营造的氛围决定了孩子生长的环境，影

响着孩子未来的发展。本书第一章叙述了父母的教育理念对孩子的影响。第二到五章就叙述了孩子成长中需要的心理营养和养育策略，第六章叙述了与孩子沟通的方法，第七章叙述了如何培养孩子的情绪力，第八章叙述了让孩子爱上学习的方法，第九章叙述了轻松应对考试的方法。本书每一章的内容既相互独立，又相互联系。每一章的内容也各有侧重。虽然把心理营养归入某一年龄阶段，是为了让家长了解在孩子某个年龄阶段最需要的心理营养和养育方式，但所有的营养都是孩子成长过程中必不可少的营养素。因此，本书具有普适性。无论你的孩子是 3 岁还是 15 岁，最好的方式是从头仔细研读这些心理营养和成长规律；在整体研读的基础上，按照孩子成长的不同阶段，运用不同的规律支持孩子。教育孩子不是单凭一颗爱孩子的心就可以了，而是要能够读懂孩子，通过孩子的行为判断孩子的心理需求；根据孩子不同的年龄阶段，给予孩子成长需要的心理营养，让孩子健康成长，成为更好的自己。

做孩子的幸福模板

家庭是孩子的模板。要想把孩子教育好，父母首先要成为一个好的模范。家庭作为爱的载体，从父母传递给孩子，再由孩子向下传递。父母的相处模式以及对待孩子的教养方式，也作为模板被一代一代传递下来。因此，送给孩子最好的礼物是良好的自我成长与和谐的家庭关系。

缺失的爸爸、焦虑的妈妈

一对夫妇千里迢迢从海滨城市来找我，原因是儿子不上学了。我问及原因时，这对夫妇在我面前吵了起来。妻子说老公不管孩子，老公嫌妻子控制不住情绪。原来，自从生了儿子后，王敏（化名）把所有的精力都放到了儿子身上。对于爱人，她一改过去温柔的样子，就像变了一个人，经常发脾气，觉得爱人做事做不到她的心里去。对于妻子的变化，丈夫起初忍气吞声，后来实在忍无可忍。正好单位有一个外派到深圳的名额，他就争取过来，成为单位驻深圳办事处的工作人员。自从爱人长期出差以后，王敏既要上班又要照顾孩子，经常处于焦虑状态，抱怨爱人不管孩子，自己是在丧偶式育儿。对于妻子的抱怨，爱人也很委屈，认为自己赚钱养家也很辛苦。孩子进入青春期后折腾得厉害，好像遗传了妈妈的火爆脾气，在学校里和同学打架，回到家里与妈妈对抗。几次下来，孩子竟然不上学了。

上述案例中的这类家庭是中国传统家庭中常见到的家庭模式。中国传统的家庭模式是男主外，女主内。男性常以事业为主，不善于表达自己内心的感受，认为女性该在家庭中承担更多的责任。当孩子出生后，妈妈则不由自主地把全部精力放在孩子身上，从而造就了焦虑的妈妈、缺失的爸爸以及出现问题的孩子。

家庭是孩子的模板。要想把孩子教育好，让孩子未来获得幸福人生，父母首先要成为一个好的模范；否则，上行下效，受苦的永远是孩子。在日常的家庭教育工作中，我们常见到很多父母受了很多教育，有很高的学历，但在教育孩子的过程中，仍旧很容易将小时候自己被对待的方式拿出来，用同样的方式对待孩子。比如，有一位高学历的爸爸，他小时候，父母认为，孩子不打不成材。在孩子犯了错误时，或者达不到父母的要求时就要狠狠地打，这样孩子才会有"记性"，才上进。小时候，他恨极了父亲对待他的方式，但当他成为父亲后，很快发现打骂是最简单有效的方式，比起讲道理、言传身教等方式都要快速有效。很快，他就把这种方法运用得炉火纯青，还把自己考上博士归因于父母的打骂。直到孩子上了初二，极度逆反时，他才反思自己的教育方式是否恰当。这就是家庭教育的代际传承。

对父母来说，在养育孩子的过程中，爱与分离是永恒的两大主题。智慧的父母懂得如何爱，懂得在不同的年龄阶段给予孩子不同的营养；同时，不断培养孩子的独立能力，给孩子展示能力的空间。孩子终究要离开父母，去过他们独立而自主的生活。因此，衡量家庭教育是否成功，不仅仅要看孩子在父母身边时怎么样，更重要的是看他（她）离开父母后能否创造幸福的生活。

孩子在长大后，会找一个伴侣，建立自己的小家庭，拥有自己的孩子。等他（她）的孩子长大后，他（她）也会向父母学习，把孩子推向更宽广的天地。爱，就在这样的循环中传递，从原生家庭延续到新生家庭。

家庭作为爱的载体，从父母传递给孩子，再由孩子向下传递。父母的相处模式以及对待孩子的教养方式，作为模板也一代一代被传递下来。如果孩子认同父母，则更多地传递与父母一样的模式；如果不认同父母，则采用与父母不一样的模式，但父母依然是孩子的"参照物"。心理学家曾奇峰曾经形容说，夫妻关系是"家庭的定海神针"，这是幸福家庭的第一定律。如果亲子关系凌驾于夫妻关系之上，就会呈现糟糕的婆媳关系和严重的恋子情结。

除了在上述案例中表述的家庭模式外，在日常生活中，我们还经常见到以下几种不幸福的模式。

把亲子关系放在第一位。这类家庭的亲子关系凌驾于夫妻关系之上，重孩子，轻伴侣。父母往往把孩子放在第一位，所有的生活重心都放在孩子身上。

肖楠（化名）因为上五年级的儿子总与老师、同学处理不好关系来找咨询师。我请他讲一下事情的经过。她很委屈地说，自己为孩子付出了全部，生孩子的时候已经36岁了，无论在经济上还是心理上都做好了充分准备。看了很多育儿的书，而且为了更好地照顾孩子，从孩子出生就让爱人到另一间房间里去睡觉了。后来，因生意上的需要，爱人干脆搬到自己的商店去住了。在自己的精心养育下，孩子倒是很争气，琴棋书画样样都会，没想到孩子却在人际关系上出了问题……

原生家庭重于新生家庭。这类家庭中的夫妻一方没有从原生家庭中脱离出来，在生活中处理事情以原生家庭的关系为核心，形成了病态的家庭关系。

"周老师！"李敏（化名）站在我面前，欲言又止。她是从 W 城赶过来找我的。"其实我孩子的问题我知道，可是我没法解决我的家庭问题。"她说道，"孩子上初三了，不上学已经两个月了，从不上学后就没出过自己的房间。我孩子的问题和我们有很大关系。我和爱人已经十几年没在一个屋睡觉了。这么多年就是我睡床，他睡沙发。原因是婆婆不希望看到我们两人太好了。刚结婚时，和婆婆一块住过。晚上一觉醒来，看到婆婆站在床边，吓了我一跳。从那以后，婆婆就回自己家住了……每次我要和爱人一起去看婆婆，爱人都拒绝。都是他带着孩子回去，不让我去……公公和婆婆的关系就有问题。他们从生了儿子以后，就没在一个屋里睡过觉。后来，公公和婆婆离婚，婆婆和爱人相依为命，就好像我们娘两个是多余的一样。只要婆婆不让做的事，爱人就肯定不会做。只要婆婆一个电话，哪怕儿子正发烧，爱人也会毫不犹豫地赶过去……我想离婚，但我又怕一个人照顾不好儿子。"

父母没有处理好自己的问题。这类家庭中的夫妻本身有很多问题。夫妻处理不好关系时，会让孩子夹在中间，把孩子拉入他们的战争中。他们经常告诉孩子，他们在一起的原因不是因为相爱，而是因为有孩子，只是想给孩子一个完整的家。

　　有一位高一的学生来找我，说自己的大脑出现了很奇怪的问题。"觉得天要塌了！"他被医院诊断为强迫症。在给孩子咨询的过程中，我发现，孩子的妈妈与爸爸长期以来关系都很糟糕。爸爸每次喝了酒，都会打妈妈。每次被家暴后，妈妈都会流着泪对孩子说："孩子，你一定要好好学习，给妈妈争口气。妈妈是为了你才不和爸爸离婚的！"孩子每次听到妈妈这么说，都很自责，觉得如果不是因为自己，妈妈就无需这么痛苦，就可以去追求自己的幸福。在小学和初中时，孩子也确实很努力，学习成绩也不错，考上了全市最好的高中。但上高中后，在强手如林的班级里，孩子的学习成绩出现了大幅度的下滑。他感觉自己学习不好了，妈妈就不会为了自己，再和爸爸在一起。爸爸妈妈如果离婚了，家没有了，他的天就要塌了。

　　上面几个案例是中国很多家庭在夫妻相处过程中常见的模式，都违背了幸福家庭的第一定律。他们本意是为了孩子好，但没想到对孩子的伤害更大。在第一个案例中，夫妻一方秉承男主外、女主内的理念，认为只要赚钱养家就可以，养育孩子是妈妈的事情，所以在教养孩子的过程中，爸爸是缺位的；而另一方不能接受这种模式，情绪长期处于失控状态，每天家里都硝烟弥漫。第二个案例中的妈妈完全把夫妻关系当成了完成传宗接代的工具，亲子关系凌驾于夫妻关系之上。从孩子出生起，就把丈夫赶到另一个屋里，这种情况在现实生活中不在少数。第三个案例中的爸爸没有从原生家庭中脱离出来，完全继承了父母相处的模式。父母分居，他们也分居。第四个案例中的父母没有处理好自己的问题，把孩子强行拉到夫妻的战争中。受伤最大的还是孩子。

 周老师支招

在家庭里，传承下来的不仅有爱，还有各种问题。所以，父母有责任也有义务把问题终结在自己这里，仅让爱传承下去。因此，送给孩子最好的礼物是爸爸妈妈成长好自己的同时，爸爸爱妈妈，妈妈爱爸爸，把夫妻关系放在最重要的位置。

一般来说，在一个和谐的家庭里，父亲与母亲对孩子的作用分别如下：母亲给予孩子爱、亲密、包容，帮助孩子扎根于大地；父亲给予孩子力量感、秩序、分离的勇气，帮助孩子插上飞翔的翅膀。家庭中如果硝烟弥漫，充满战争，战后余生的一方就被迫挺身而出，一方面要给予孩子爱，滋养孩子的生命；另一方面，还要兼顾父母另一方的功能，帮助孩子伸展出成长的翅膀。这对任何一方来说，都是极大的挑战。

在我们的文化传统中，都有一个倾向，那就是重亲子关系而不是夫妻关系。就仿佛夫妻关系只是为完成传宗接代的工具，只是为长辈和晚辈服务的载体。

其实，不管你多么爱你的父母，终究有一天，你都要离开他们，去过你的生活。不管你多爱你的儿女，他们也会离开你，去过他们自己的生活。只有爱人，才是一生陪伴你的人。

对于父母，如果你很爱他们，就先让自己幸福，因为没有父母希望自己的孩子一生痛苦。你让父母开心和放心最好的方式就是让自己幸福，而

让父母最痛苦的方式就是让他们的孩子过得痛苦。所以，你可以在经济上支持父母，在生活上照顾父母，但不能因为照顾父母，在心灵上忽略了孩子和自己的家庭，也不能因为父母而忽略了自己的情感关系。

对于孩子，如果你很爱他们，也先让自己幸福，幸福的能力是送给他们一生的最好礼物。我有一个学生，是在高考结束的第二天来找我的。她平时学习成绩很优秀，但高三时得了严重的强迫症，脑子里老循环播放小时候爸爸妈妈吵架时的画面。难受时，只能一个人躲在厕所里哭。这导致平时学习优秀的她，高考失利，仅考上一所专科学校。在一次咨询中，谈到"幸福"这个词时，她说："'幸福'这个词，我只在字典上见过，知道是什么意思，可是从来没有过幸福的感觉，也不知道幸福是什么感觉……因为，我闭上眼睛，眼前呈现的是爸爸妈妈吵架的画面，想到的是妈妈情绪失控的场面……"所以，父母们，只有让自己幸福了，夫妻关系和谐了，才能够给孩子幸福的模板。

发现孩子的天赋优势

过去关注不足的教育方式给孩子带来了很多的负面情绪，让孩子习惯性地关注自己的缺点和不足。其实，每个孩子都有自己的天赋优势。我们要发现孩子的天赋优势，并利用这些优势，让孩子获得更多的快乐，在未来发展中取得更大的成就。

被焦虑困扰的优等生

张娜（化名）是某重点高中的优等生，她出现胸闷失眠的症状已经两年多了。以前，她以为是身体原因，一直服中药治疗，直到碰到了初中时的班主任。班主任看到她的样子被吓一跳，整个人无精打采的，身体消瘦得厉害，于是建议她找我聊聊。"周老师，其实我知道我是情绪问题。"她开口说话时明显有气短的感觉。"心情好时能学习，心情不好时会出现胸闷现象，背部像有个大石头压着一样……"说着便开始哭起来，边哭边说："我不知道我的状态还能不能好？我还能适应当下的学习吗？我知道我的学习没问题，这次考试成绩在学校落下第二名100多分，但我不知道我在全市是个什么位置，在全省又是个什么位置。所以，我每天都努力。但以现在的样子，我又努力不了……我爸爸每天也在提醒我，一定要谦虚，不要骄傲，要保持清醒的头脑，'人外有人，天外有天'；妈妈也总是说，不好好学习，长大了没出息……我知道他们说得对。但是，不知怎么了，身体难受时，对他们的话特别反感……"

张娜的表现是典型的焦虑表现，伴随着紧张焦虑情绪，还常常有心慌、胸闷、气短、头晕、心跳和呼吸次数加快、全身疲乏感等躯体化症状，以及失眠、噩梦频繁、睡眠过程中易惊醒等睡眠障碍。在与张娜的谈话中，我得知父母从小对她要求都很严格，很少表扬她，总是告诉她竞争很激烈，"人外有人，天外有天"，如果不努力就会被淘汰等负面信息。即使她成绩考得很好，或者在社团活动中表现得很出色，父母也很少肯定她。同时，一个任务刚刚完成，会立刻给她提出新要求，设定一个更难达成的新目标，导致她长期处于焦虑中。从张娜的例子中，我们可以看到中国传统的教子之道——谦虚式教育。很多家长从小就教导孩子要谦虚，不要骄傲，即使真的很优秀，也要藏住锋芒，不可张扬，并用一种不确定或尚未发生的状态定义最坏的结果，美其名曰"防患于未然"，并提出更高要求，最终让孩子陷入焦虑的泥沼中。

或许社会竞争很激烈，或许我们很多人都是在这种教育模式下长大的，这也是我们最熟悉的教育方式，以致我们成为父母后，根本无须思考，就可以本能地运用这种方式教育孩子。在家长营造的这种氛围下，孩子就会习惯性地过度关注自己的不足和缺点，同时掩饰自己的优势。而对优势的掩饰则会降低孩子的成就感与获得感，变得越来越不自信。因此，家长们是时候反思一下自己的教育方式了！

时代已经发生根本性的变化。如果家长们留意一下现在的高考制度和社会环境，就会发现，一个人表现出来的优势有多么重要。比如，每年大学的自主招生考试中，特招生名额都是为在某些方面表现得特别出色的孩子而准备的。

每个孩子都有自己的天赋优势，关键在于父母能否发现。可惜的是，现在很多父母只看到孩子的学习成绩，很少能看到孩子的其他天赋，错过了孩子的天赋发展。只有发现孩子的天赋优势，并帮助孩子将其发挥到极致，孩子才更有可能在自己擅长的方面获得成功，这就是"优势效应"。

积极心理学的研究发现，人类都具备六大类24项优势。家长们可以对照一下，看看孩子具备哪些优势。

1. 智慧与知识。孩子通常具备快速的学习能力，这表明孩子在智慧与知识方面具备更多的优势。这类孩子通常有强烈的好奇心，对世界充满好奇；热爱学习，通过自学或者正式的学习，掌握新的技能，了解新的领域与知识；开放性思维，能从多个角度来思考事情；洞察力，有自己看待世界的方式，理解事物更全面；创造力，喜欢琢磨新颖的做事方式。

2. 勇气。在实现目标的过程中，面对内部或外部的压力仍然坚持目标的情感优势。具备勇气优势的孩子，通常有以下表现：诚实，能向别人呈现一个真实的自己，用真诚来行事；毅力，即使遇到障碍也要坚持已有计划；热情，充满激情和能量地去生活；勇敢，行为上勇敢，但又不仅仅是行为上的勇敢，包括敢于面对威胁、挑战、困难或疼痛；即使面临不同的意见，仍然敢于为正义而言；即使不被认可，仍然坚定自己的信念。

3. 仁爱。乐于照顾和帮助他人的人际优势。具备仁爱优势的孩子，通常有爱与被爱的能力，珍惜与他人的亲密关系，能够与他人做到相互关爱；善良，乐于帮助他人，照顾他人，做一些力所能及的善事；社交智慧，能够洞悉自己和别人的情绪与行为动机，在不同情景下做出合适的事情，知道如何激发他人。

4. 公正。能健康积极地进行团体生活的性格优势。具备公正优势的孩子，通常有公民精神，能为未来集体利益牺牲自己的利益；公平，能够公平、公正地对待他人，尊重每个人；领导力，能够鼓励团队成员把事情圆满完成，同时又能够在团队中拥有良好的人际关系。

5. 节制。这一点主要体现在孩子的自控力方面。具备节制优势的孩子，通常有以下特点：宽恕，原谅做错事情的人，能给他人改正错误的机会；谦虚，不吹嘘自己的成就；不认为自己比别人特殊；谨慎，遇到事情慎重地做出选择；自我控制，能够控制情感和行为，有原则，饮食有节制。

6. 卓越。能将个人生命的意义与更大的宇宙联系起来的优势。具备卓越优势的孩子，通常有以下特点：欣赏美，能从自然、艺术、数学、科学以及日常生活等领域发现美，欣赏美，追求和展示美，看到美好的事物能触动内心的情愫；感恩，能够意识到幸运并知道感恩，肯花时间去感谢；希望，对未来充满着期待，并愿意为之而付出努力；幽默，把快乐带给别人，与别人相处时总是充满欢笑；灵性，更关注精神层面的满足，相信生命的意义给人带来更多满足。

通过对以上六大类24项优势的了解，你是否发现自己的孩子并非一无是处；相反，他的身上有很多你以前没有发现的优点呢？

周老师支招

发现孩子具备天赋优势后，如何引导孩子运用自己的优势呢？

很多家长存在"攀比"现象：看到别的孩子在上各种兴趣班，如美术班、舞蹈班、钢琴班、跆拳道等，也会跟风给自己的孩子报兴趣班，却很少考虑这些是不是孩子喜欢的，或者孩子有没有这方面的天赋优势。在他们看来，别人家的孩子学，自己的孩子也要学；自己的孩子不能比别人家的孩子差。在生活中有一句大家特别熟悉的话，即"孩子不能输在起跑线上"。

在这些热衷于"攀比"的父母眼中，兴趣班就像一条起跑线。别人家的孩子已经在那条起跑线上做准备，自己的孩子也不能落后。于是，现在的孩子同时站在多条起跑线上，参加市面上几乎所有的兴趣班，很多孩子不是在兴趣班就是在去兴趣班的路上。这就像一名运动员包揽了从五十米短跑到体操、游泳在内的几乎所有的项目，并且家长要求孩子的每一项成绩都是优异的。事实上，这样的训练不可能培养出全能型选手，反而只会一事无成。

家长必须认识到，孩子的身心资源是有限的。父母望子成龙的心情可以理解，但这种态度与方法未必能培养出优秀的孩子。因为每个孩子的个性、特长都不一样，这也使得孩子之间的兴趣爱好各不相同。我们应该帮助孩子找到真正的优势，有所取舍；然后重点培养，鼓励孩子发挥自己的优势，帮助孩子在有针对性的学习中找到乐趣，释放潜能，获得成就感。让孩子把更多的时间与精力投到自己既有天赋优势，又有更大机会可以成功的事情上。

全球知名的民意测验与商业咨询公司盖洛普公司曾对308798名员工进行了长达3年的追踪研究。结果发现，那些能够发挥自身性格优势的员工，工作效率比其他员工高44%，生产力比其他员工高38%；而那些善于发现并运用下属性格优势的经理，成功率高达86%。可见，一个人在发挥自己的优势时会更专注，也更有掌控感，所以也会做得更好；相反，当一个人被迫在自己的劣势领域做事时，就很难有全身心投入的感觉，结果也会大打折扣。对孩子来说也是一样，如果未来他们能在工作和生活中充分发挥自己的优势，那么他们也能收入更高，活得更开心。那么，我们应该怎么做呢？

首先，发现孩子的核心优势，引导发挥优势。核心优势是指孩子明显优于他人，能让他充满激情的优势。比如，有的孩子有音乐天赋，听到音乐就很兴奋；有的孩子身体协调性好，在运动方面比其他孩子表现得都好；有的孩子有语言天赋，能够观察到别人没有注意到的细节，并运用语言能力来表达……这些都属于孩子的核心优势。如果孩子在某个方面天赋颇高，并且孩子自己也想在这方面有所发展，父母只需要针对孩子的核心优势认真培养就可以了。对于一些性格天赋，如同情心、勇敢、乐观等，我们可以鼓励孩子继续保持，鼓励孩子多跟人打交道，学会和各种人交往等；如果孩子遇到困难，可以向孩子强调这些核心优势，增强孩子的信心，鼓励孩子战胜困难，更加乐观地对待生活和学习。

其次，利用优势效应，锻炼孩子的其他能力。发现孩子的优势后，要创造各种机会让孩子利用自己的优势。积极心理学家塞利格曼的做法就值得大家借鉴。塞利格曼的三个孩子像绝大部分孩子一样不喜欢做家务。如何利用孩子们的优势，让孩子们在做家务中锻炼自己的能力呢？塞利格曼通过观察发现，最小的儿子虽然年龄小，洗碗不熟练，但他的核心优势是最具领导力；而他的两个哥哥则具有仁爱、团队合作等优势。于是，塞利格曼就让孩子们组成一个洗碗小组，同时任命最小的孩子为组长，鼓励他与两个哥哥商量三个人如何分工，相互之间怎样配合，每人每天完成多少工作量等。通过运用孩子的优势把洗碗这个原本不喜欢的任务联系起来，大家的积极性就都被充分调动起来了，三个孩子每天恨不得饭没吃完就开始洗碗。塞利格曼的方法给我们很多启发，让我们明白如何利用优势效应，把孩子原本不喜欢做的事变成他们乐此不疲的事儿。善于利用优势效应来引导和教育孩子的父母采取的方法更有建设性，让孩子因优势得到发挥而感到幸福，并让他们的能力得到锻炼。

培养孩子面向未来的核心竞争力

> 很多名牌大学的高材生进入社会后，变得碌碌无为，主要原因就是缺乏核心竞争力。高质量的家庭教育，一个重要的任务就是帮助孩子获得全方位的发展，培养孩子面向未来的核心竞争力。人际合作能力、同理心、创新思维与解决问题的能力，才是让孩子赢在未来的能力。

名牌大学生为何信念崩塌

"我觉得我从小到大都活在一个骗局里。"李家栋（化名）用这样的方式叙述自己的成长经历。"从小学开始，爸爸妈妈就对我说，你只要学习好就可以了，其他都不用管。我听了他们的话，努力学习，语文、数学、英语的成绩常常考满分。上了初中，爸爸妈妈和老师都说，你只有好好学习，才能上个好高中。我相信了他们的话，更加努力地学习，考上了当地最好的高中。上了高中后，我身边的人都说一定要好好学习，将来才会有出息。从小学到高中，我的学习成绩很稳定，在班里没有出过前三名，自己也一直觉得自己很优秀。高考时，我如愿考上了一所名牌大学。

但自从我上大学后，才发现，不是学习成绩好就优秀。我身边优秀的人多如牛毛，他们在各方面都很优秀，就我一个人傻傻地以为只要学习成绩好就行了。大学里的活动多，有展示各种才艺的、考察创新能力的、考察人际关系的。我一个也不会，太郁闷了！最让人崩溃的是，我发现比我会学习的人多得是，我连唯一的优势都没有了。还好，有一个女孩不嫌弃我，我开始恋爱了，这是我上大学以来唯一让我感到高兴的事情。但很快，我发现，我不知道如何与人交流。我和她在一起时，不知道该说啥！女孩也发现了我的尴尬，提出分手……现在，我心里很不平衡。如果不是他们骗我只学习好就可以了，我怎么可能这样？我什么也不会，什么能力都没有，我太失败了……"

※※※※※

从李家栋的叙述中可以看出，他从小到大学习成绩一直很优秀，学习方面从来没有让父母操过心。直到大一寒假结束后，他再也不肯回到学校，爸爸才意识到问题的严重性。"现在想来，只让他学习的教育理念是不对的，但事情已经这样了，想办法让他先去上学。我们可以边学习边锻炼其他能力。"爸爸说道。

在这个案例中，我们可以看到很多家长的教育理念还停留在二十世纪七八十年代，依旧过度关注知识教育，过分关注孩子的分数，坚持"填鸭式"教育，"以成绩论英雄"。在家庭教育中，重智轻德、轻综合素质的现象依旧很普遍。其实，中国人所接受的传统知识教育，绝不亚于世界上任何国家，但我们也需要知识以外的教育。如果教育中缺乏人际合作、理解与关怀、感恩与宽容、坚韧与抗挫力、创造力、解决问题的能力与人际交往能力等非智力因素的培养时，可能孩子在中小学阶段的学习成绩能够领先，但他们很难赢得未来的竞争。高质量的家庭教育，一个很重要的任务就是帮助孩子获得全方位的发展，培养孩子面向未来的核心竞争力。

伴随着现代科技的迅猛发展，物联网的广泛使用、越来越便捷的交通条件，都大大缩小了地球的时空距离，使得国际交往日益频繁便利。整个地球就如同茫茫宇宙中的一个村落。地球村的出现打破了传统的时空观念，使人们与外界乃至整个世界的联系更为紧密。整个人类国际社会日益成为一个你中有我、我中有你的命运共同体，面对世界经济的复杂形势和全球性问题，任何国家都不可能独善其身。自 2019 年以来，肆虐的新冠肺炎疫情，不仅威胁着我国及世界人民的身心健康，也让人们深刻地认识到人类命运共同体的重要性。每个人与这个世界都是密切连接的，没有人能够独立于世界之外，人际交流与合作在这个你中有我、我中有你的共同体中变得尤为重要。

人工智能时代的到来，还提示家长们，未来与孩子竞争与合作的不仅仅是身边优秀的同龄人，还有智能机器。越来越多的职业被人工智能取代，因为人工智能更加高效、准确地完成相应的任务。这意味着，我们的孩子只有具备人工智能无法取代的能力，才可以在社会上获得更好的发展机会。

2017 年 5 月，亚洲首个全自动化无人码头在青岛建立。截止到当年 12 月，无人码头创造了集装箱装卸单机平均作业效率的世界纪录。这标志着这座无人码头，全面超越了传统的人工码头。智能机器替代了人工，大大减少了劳动力。偌大的无人码头只有 11 位工作人员。此后，上海、厦门相继建立无人码头，对人工的需求也逐渐降低。除了无人码头，我国很多行业都实现了人工智能化。 2018 年 12 月，国内第一家无人银行在上海正式开业，没有一个柜员，取而代之的是更高效率、服务更精准的智能柜员机，90% 以上的现金及非现金业务都能办理。无人超市、远程医疗、自动驾驶无不在影响我们的生活与孩子们未来的择业……

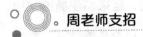 **周老师支招**

人们普遍认为，在人工智能时代，简单技术性的工作如会计、出纳、翻译、法律顾问、金融顾问等，以及服务性工作如客服、保姆、司机、快递员、服务员、收银员等，更容易被人工智能取代；而技术研发人员、编程人员、设计师等这些需要耗费大量脑力的创造性工作，以及需要投入情感和爱的职业如教师、心理咨询师等，则很难被人工智能所代替。因此，培养孩子的人际合作能力、同理心、慈悲心、创新思维以及解决问题的能力成为人工智能时代父母必须首先考虑的问题。

第一，让孩子学会与他人交流合作。纵观人类发展的历史，每一次大的社会变革，都是靠人们的交流合作来实现的。人类发展史上有三次重大变革：第一次是文艺复兴时期的地理大发现，让人类大规模的迁徙、交流合作变得可能；第二次是工业革命时期，以机器取代人力，以大规模工厂化生产取代个体工场手工生产，使得人们的交往与合作变得日益增多；第三次是第二次世界大战结束后到现在，人类进入信息技术时代，人类的交流合作变得日益频繁。这个时期，伴随着人类社会进行大规模交往、交易，财富也急剧增长。因此，人类社会发展的密码是大规模的文化交流、技术交流、货物交流、财富交流。由此我们可以得出结论，在大数据时代，孩子必须学会与他人交往，与人交流合作，学会利用资源，才能在竞争中立于不败之地。

那么，我们该如何教育孩子，让他们学会与他人交往呢？显然，不是讲道理，告诉他们人际交流有多重要，而是把他们放在人际环境里，让他们体验到什么样的行为是受欢迎的，什么样的行为是不受欢迎的，自己具备哪些优势，可以为他人贡献什么；学会利用资源、调度资源；学会换位思考，进行合作、沟通交流和表达。简而言之，在未来，善于与他人合作，能够领导并感染他人的能力，才是孩子必须具备的本领。高质量的家庭教育，恰恰就是帮助孩子在成长过程中慢慢地具备这些能力，点燃孩子乐于交往、善于交往的积极天性。

第二，培养孩子的同理心。诺贝尔医学奖获得者大卫·休伯尔等人的研究表明，人类一般技能的掌握依靠的是低级脑细胞的活动。低级脑细胞主要负责具体信息的加工，而高级脑细胞负责审美、共情、共鸣等功能。高级脑细胞的活动越多，人类的智慧程度就越高，情感就越积极，成就也越大。高质量家庭教育的目标是培养孩子活跃的高级脑细胞，让孩子具有更多的智慧、悟性以及适应社会的能力。

同理心是设身处地地理解感受他人的情绪，并在此基础上，采取策略影响他人的过程。主要体现在情绪自控力、换位思考、倾听以及表达尊重等方面。同理心是一项非常重要的能力，直接影响孩子与外界建立的关系。具有这项能力的孩子，往往更善于解决麻烦，表现出积极的社会行为，比如互相帮助、互相分享等。同理心是让孩子能够拥有良好人际关系，获得他人好感与信任的桥梁。

同理心的培养可以分为四个主要步骤：

首先，让孩子学会体会自己的感觉。同理心的起始是先体会自己的感觉。假如自己的感受都无法触及，要想体会别人的感受，比登天还难，因为这个领域对你来说还是一片未开发的处女地呢！因此，首先你必须能体会自己的感受，感受这些感觉背后有什么样的需求。所以，家长在教育孩子的过程中，要鼓励孩子体会自己的感受。其次，让孩子学会表达出自己的感觉。表达自己的感受时，最重要的是选择表达感受的方式。比如，当孩子受到不公平对待时，引导孩子说出自己的感受："我觉得很愤怒……"而不是愤怒地摔东西，无理取闹。再次，学会体会他人的感觉。当孩子学会表达自己的感受后，可以让他练习体会他人的感觉，如爸爸出差回来后的感受、妈妈上班路上堵车的感受等。最后，与他人的感受共鸣。一听到别人的感觉就会做出某种反应，让对方知道你听进去了，理解他的感觉。比如，妈妈下班后很累，当妈妈表达累的感觉后，孩子能够主动帮助妈妈做一些力所能及的活等。

第三，培养孩子的创新思维和解决问题的能力。在现代社会当中，高级知识分子越来越多，名牌大学毕业生越来越多，各个领域都涌入了大量的高学历人才。但是，他们真的可以胜任本职工作，发挥自己应有的能力吗？很多高材生参加工作后变得碌碌无为，就是因为他们缺乏创新思维，缺乏解决问题的能力。创新思维是人类特有的思维能力，也是人们在创造性地解决问题过程中所表现出来的一种个性心理特征。具备创新思维的孩子，往往可以运用一切自身所掌握的信息，创造性地解决问题。而未来的孩子要想体现自己的价值，就必须具备人工智能所不擅长的特质，创新思维就是其中之一。

要培养孩子的创新思维和解决问题的能力，首先要引导孩子打破思维定势。思维定势又称"惯性思维"，是以前的思维活动或经历对人们造成的一种心理准备状态。在环境不变的条件下，思维定势能使人应用已掌握的方法迅速解决问题。但情境已经发生变化时，思维定势则会阻碍人采用新的方法来解决问题。在瞬息万变的社会竞争条件下，思维定势使人无法多方位分析问题，根据实际情况创造性地解决问题，更不能创造新概念，想象未来，计划未来。其次，培养孩子的创新思维。创新思维对问题从不同角度进行探索，从不同层面进行分析，从正反两极进行比较，开拓视野，活跃思维，从而产生出大量独特的新思维的能力。创新思维具有流畅性、变通性、独特性三个特点。流畅性是观念的自由发挥。变通性就是克服人们头脑中某种僵化的思维框架，按照新的方向来思考问题的过程。独特性指人们在思维中做出不同寻常的异于他人的新奇反应的能力。在传统的家庭教育中，很多家长怕孩子走弯路，希望孩子按照自己说的"正确方式"去做。事实上，心理学家发现，这种"只寻找正确答案"的教育方式很容易对孩子的心理与认知造成局限与负面影响，其中最典型的就是考试焦虑和创新思维的下降。不擅长考试的孩子，很容易怀疑自己的能力，对应试之外的优点缺乏信心。这样一来，一些原本具有创造潜能的孩子就难以被发现，甚至还可能被贴上"差生"的标签。最终，由于一而再、再而三地遭受打击，他们就真的变成了"问题"学生。最后，培养孩子解决问题的能力。解决问题的能力被公认为职场第一的可迁移能力，有了解决问题的能力也就有了在任何工作单位都得以生存的能力，甚至有人直接把解决问题的能力与工作能力画上等号，可见解决问题能力的重要性。培养孩子解决问题的能力需要把孩子置身于问题当中，解决具体的问题，不断锻炼孩子的能力，并在这个过程中启发孩子从多个角度解决问题，逐步培养孩子面向未来的核心竞争力。

培养孩子具备一生幸福的能力

> 幸福是一种能力。父母只有时刻记住"激发孩子的潜能，让孩子成为最好的自己，并培养孩子健全的人格，让孩子一生幸福"的目标，才会放下焦虑，培养孩子获得未来幸福需要的能力：健全的人格、创造力、责任担当、感恩、合作、人际交往能力、抗挫力、坚毅力等。

不断辞职的考霸

林帅（化名）是名副其实的考霸，不仅学习成绩好，而且综合素质高，以优异的成绩从一所名牌大学毕业，在求职过程中对于想考的职位也是一考即中。大学毕业后，他成功考入一家大型国有企业从事财务工作。两年后辞职，考取了当地的公务员。在公务员岗位上干了一年后，又要辞职。妈妈跑来问我是否该支持孩子。我问妈妈："孩子为什么辞职？"妈妈回答：因为孩子接到了在北京工作的同学的电话，谈话间得知这位同学已经年薪二十多万了。他不服气，觉得上大学时比这位同学还要优秀，但是现在他做基层公务员，一个月只有几千元，不知什么时候才能拿到二十多万，于是，他想辞职出国。

从案例中，我们可以看到，林帅是家长口中典型的"别人家的孩子"。从名牌大学毕业，能考取大型国有企业和公务员，本身就证明他的学习能力和综合素质很高。但他却屡屡辞职，是因为这些职位不能发挥他的聪明才智吗？答案显然是否定的。这是因为他不知道自己人生中最想要的是什么，缺乏让自己幸福的能力。他曾就职的这家大型国有企业，本身就薪水很高，企业里也不乏年薪几十万甚至上百万的精英人才。他自己是从事财务工作的，不可能不知道别人的年薪是多少。即使年轻时薪水比不上别人，经过几年努力，获得高薪也不是没有可能。可是，当他在一个高薪行业的时候，他以为，他最想要的是朝九晚五的公务员生活，而不是所谓的"高薪"。但当他进入公务员行列的时候，又发现，公务员行业压力也不小，工作也没有他想象的那么舒适惬意。所以，同学的一句话就引发了他辞职的想法。

到底是什么原因导致一个孩子不知道自己人生最重要的价值观是什么，而只是活在"证明我比别人优秀"这个怪圈里呢？每年我都会接触大量的青少年个案，他们因为各种原因来找我：抑郁、厌学、人际关系敏感、考试焦虑等。当问及他们对未来的打算时，90%以上的人都说没有想过。最常见的回答是"好好学习，好好考试就行了，想那么长远有什么用"。

我用同样的问题问家长们："你们培养孩子的目标是什么？"家长们往往陷入了沉默。有的家长会很如实地回应我："没有想过！"看到这儿，你可能会把两者联系起来，家长们在培养孩子的过程中是没有目标的。家长没有目标，孩子也很难建立目标。目标对人意味着什么？就像茫茫大海中的灯塔一样。有了目标，才不至于迷失方向。一艘没有航向的船，漂泊在大海上，注定会随波逐流，任何方向的风对它来说都可能是逆风。

哈佛大学有一个关于目标对人影响的实验，研究对象是一批智力和成长环境差不多的年轻人，他们唯一的差别就在是否有目标上：没有目标，有模糊的目标，有清晰的短期目标和有清晰的长期目标。对他们经过 25 年的追踪发现，这批孩子的人生有了很大的差别。没有目标的人长大后，处于社会的最底层，思想消极，整天在抱怨他人，抱怨社会；目标模糊的人，长大后能安稳地生活和工作，但没有特别的成绩；有清晰短期目标的人，长大后变成了医生、律师等专业人士；只有 3% 的人有清晰的长期目标，他们长大后成了社会各界的精英人士。可见确立清晰长期目标的重要性。人生要有目标，培养孩子也要有目标。只有及早确定培养孩子的目标，才不至于走弯路。

在我的启发下，家长们若有所思。他们开始七嘴八舌地说出自己培养孩子的目标："学习好""将来有个好工作""科学家""军人""医生""工作稳定""挣大钱""当明星"……

综合家长们的愿望，我发现父母总是会不自觉地希望孩子成为三类人：第一类，那些自身比较成功的父母，希望孩子成为像自己一样成功的人；第二类，小时候有未了结愿望的父母，希望孩子成为自己想做但没做成的那个人，即父母小时候没有机会实现，现在努力让孩子成为这样的人；第三类，希望孩子成为自己很羡慕、很敬重的那类人，如成为像才女武亦姝、钢琴王子郎朗那样的人。从传统观点来看，家长们提出这些培养目标都无可厚非，望子成龙、望女成凤是家长们普遍存在的一种心态。

但是，每个时代都会造就自己的英雄。时代不同，孩子与父母的成长环境不同，注定孩子不可能成为父母一样的人，也成不了父母心目中希望孩子成为的某个人，因为父母给孩子提供不了这样的条件。比如，父母无法复制郎朗的成长环境和心智成长过程所需要的全部条件，因此让孩子成为"郎朗"是不可能的。因此，无论是父母的希望也好，心愿也罢，当父母希望孩子成为"郎朗"的时候，他们都已经扼杀了孩子成为比"郎朗"成功十倍的人的可能性。

周老师支招

心理学研究表明，在孩子成长过程中，会有很多的关键期和兴趣点出现。当处于关键期和兴趣点时，大脑神经网络会特别活跃，孩子的学习速度特别快。但是，什么兴趣点在什么时间出现，每个孩子都不一样。因此，父母能做的，就是保护孩子的好奇心，鼓励孩子尝试不同的事物，激发孩子的潜能，支持孩子成为最好的自己，并培养孩子健全的人格，让孩子具备一生幸福的能力。

我在长期的家庭教育和心理健康教育的过程中发现，如果没有长期目标，家长会被各种眼前利益吸引了注意，内心充满了焦虑，在处理问题的过程中忘记了初心。比如，幼儿园的小朋友发生争执时，家长害怕自己的孩子吃亏，所以进行各种干预。结果，因为家长的参与，小朋友们无法学会正常的人际交往。

当孩子开始上学后，家长又会把注意力集中在孩子的学习上，"不谈学习，母慈子孝；一谈学习，叽哩呱啦乱叫"。如果生字默写不好，家长会斥责孩子："这么简单的字怎么还不会！老师上课不是讲过了吗？我不是已经教过你了吗？"如果作业没有在规定的时间内写完，会不断地催促："就这么点作业，怎么还没写完！快点写，写完了早睡觉！"考试结束后，又会极度关心考试的结果。如果考好了，孩子想要什么都可以；若考试成绩没有达到预期，家长就会焦虑地责备孩子："你看隔壁洋洋，人家拿了第一名，你怎么考的？"这个时候，孩子感受到的就不再是家长的关心，而是只要学习成绩好，家长什么要求都可以满足；学习不好，家长就像变了一个人。此时，无论你说多少遍"爸爸（妈妈）爱你"，孩子可能在心里都会说"其实，我感觉爸爸（妈妈）更爱成绩一点儿"，从而对学习充满了厌烦心理，对考试充满了焦虑。如果确立了"让孩子一生幸福"的目标，家长们会意识到，让孩子学会自己处理问题，锻炼孩子的能力才是最重要的。

下面的故事，不仅是李锐（化名）的故事，也是大多数孩子的写照。

李锐小时候，是个无忧无虑的孩子。但自打上小学那天起，他奔波忙碌的人生就开始了。周末和假期，他不是在上辅导班，就是在去辅导班的路上。父母和老师告诉他：上学的目的，就是取得好成绩，这样长大后，才能找到好工作。没有人告诉他：学校，可以是获得快乐的地方；学习，可以是件令人开心的事。每次考试，如果考得好，父母就会很高兴；如果考得不好，父母就很不开心，就会给他报更多的辅导班。因为害怕考试考不好，担心作文写错字，李锐背负着焦虑和压力。

渐渐地，他接受了大人的价值观，虽然不喜欢学校，但还是努力学习。成绩好时，父母和老师都夸他，同学们也羡慕他。到高中时，李锐深信不疑：牺牲现在是为了换取未来的幸福。他安慰自己：上了大学，一切就会变好。

收到大学录取通知书时，李锐长长舒了一口气：现在，可以开心地生活了。但没过几天，那熟悉的焦虑又卷土重来。大学4年，李锐依旧奔忙着。他参加学生社团，做义工，参加多种活动项目，小心翼翼地选修课程。但这一切完全不是出于兴趣，而是这些科目，可以保证他获得好成绩。到了大三，那种熟悉的焦虑更加强烈，因为他要考研，更是因为周围所有的人都在告诉他，只有考研才能为自己增加筹码，才能找到更好的工作。

终于熬到研究生毕业，李锐被一家著名的公司录用了。他又一次兴奋地告诉自己，这回终于可以快乐地生活了。可他很快就感觉到，这份每周需要工作84小时的高薪工作充满压力，他需要不停地加班。他又说服自己：没关系，这样干，今后的职位才会更稳固，才能更快地升职。就这样，他又在工作岗位上奔波忙碌起来。

可是，李锐依旧无法在盲目的追求中找到幸福的感觉，他干脆用酗酒、手机游戏来取悦自己，在手机游戏中一玩儿就是一个通宵。起初，他快活极了，但很快又感到了厌倦。他找不到生活的意义，36岁了依然孑然一身、形单影只，没有朋友，也没有生活的目标，体会不到生活的快乐，只能每天在网上寻求快乐。

从上面故事中，我们可以看到：李锐把获得幸福寄托在未来身上，只能在目标实现的那一刻，获得短暂的幸福。

李锐的父母在培养孩子时，有一个简单的逻辑：学习好了，将来才能上个好高中；上了好高中，将来才能考上好大学；上了好大学，将来才能找个好工作；有了好工作，才能有高收入，将来的生活才能更好，才能够获得幸福。这个逻辑，也是大多数家长培养孩子的逻辑，把学习放在第一位，把获得某个结果放在第一位，忽略了获取知识本身就可以是一件快乐的事情，忽略了过程。结果到头来，孩子却丧失了幸福的能力。

类似本文案例中林帅与李锐这样学习能力和综合素质都很高，但缺乏让自己幸福的能力，不知道自己想要什么的年轻人，近年来我遇上很多。他们大多毕业于名校，在电力、银行、大型企业、机关事业单位等大多数人认为不错的单位上班。但他们通常搞不清楚自己想要什么，活在别人的眼光里，常常因为别人不经意的一句话就做出辞职这样重大的决定。他们辞职的原因往往很简单，如"没想到单位这么忙""工作的环境与想象的差距很大"或者"与想象的白领生活不一样"等。如果一个人没有自己的人生目标，即使有再高的素质，也很难获得自己想要的幸福。这些年轻人的案例，也让我们真切地看到，培养孩子是一个系统工程。

所以，让孩子一生幸福，这是一个看起来如此简单，但又如此不简单的目标。之所以这样说，是因为我从事家庭教育和心理健康教育近三十年的时间，接触了大量的家庭和孩子。我可以很负责任地说：真正幸福的家庭不多，真正感到幸福的孩子也不多。为什么？我们先不去抱怨生存环境和教育体制，因为在现有的社会环境和教育体制下，也有很多家庭培养出了全面发展、有幸福感的孩子，也有很多家庭沐浴在幸福当中。所以，幸福是一种能力。父母只有时刻记住"让孩子一生幸福"的目标，才会在教育孩子的过程中，放下焦虑，利用一切机会促进孩子的成长与发展，让孩子从学习中体验到快乐，在运动中获得快乐；才会考虑让孩子获得未来幸福需要的能力：除了学习的能力，还有健全的人格、情商、创新、担当、感恩、合作、人际交往能力、抗挫力、坚毅力、积极的思维能力等。这些能力缺少了任何一项，都可能会给孩子在未来的生活中迈向幸福生活造成障碍。

第二部分

爱的智慧

第二章

0—3 岁孩子的心理营养与养育策略

　　父母都希望孩子健康成长，可是也许我们不知道，就像身体需要营养一样，孩子在不同的年龄阶段也需要不同的心理营养。我们都见过热带雨林的植物和沙漠的植物。热带雨林的植物因为土壤肥沃，阳光雨露充足，所以树干长得粗壮，叶片肥大，它们所能达到的高度是沙漠植物不能比拟的。而沙漠的植物因为缺少了雨水的滋养，叶子大部分都长成针状，树干矮小，以减少对水分的需求，但根部却不断地向下延伸，以吸收更多的养分。养育孩子也是一样，如果心理营养不够，那么他们在今后的人生中会不断地寻觅，直到找到曾经缺失的心理营养。这个过程会耗费他们大量的精力，让他们的人生无法达到该达到的高度。

0—3岁孩子需要的
心理营养和养育策略

0—3岁是孩子安全感形成最重要的时期。在这一时期，如果能够给予孩子无条件的爱，对他们采取慈爱的态度，提供及时而可靠的帮助，并且这种慈爱和帮助是经常的、一贯的和可靠的，就会让他们觉得舒适与满足，建立最初的安全感，对周围的世界产生信任和期待。

孩子整天哭闹是怎么回事

我的孩子刚刚1岁，是个令人头疼的孩子，经常哭闹不止。开始，我们以为是孩子生病了，抱着去医院。医生检查说宝宝很健康，让我们不要神经过敏。但是，孩子经常哭个不停，而且还是睁着眼睛哭，就像"讨债鬼"一样。家里人都很着急，尝试了各种办法，效果都不好。后来，我才知道和我的情绪有很大关系。我是个很敏感焦虑的人，怀孕期间就经常因为老公做得不好而生气哭泣。孩子出生后，我又常常处在担心焦虑之中，总怕宝宝磕着碰着，怕宝宝生病，怕有坏人把宝宝偷走……

❧❧❧❧❧❧❧

父母都希望孩子健康成长，可是也许我们不知道，就像身体需要营养一样，孩子在不同的年龄阶段也需要不同的心理营养。我们都见过热带雨林的植物和沙漠的植物。热带雨林的植物因为土壤肥沃，阳光雨露充足，所以树干长得粗壮，叶片肥大，它们所能达到的高度是沙漠植物不能比拟的。而沙漠的植物因为缺少了雨水的滋养，叶子大部分都长成针状，树干矮小，以减少对水分的需求，但根部却不断地向下延伸，以吸收更多的养分。养育孩子也是一样，如果心理营养不够，那么他们在今后的人生中会不断地寻觅，直到找到曾经缺失的心理营养。这个过程会耗费他们大量的精力，让他们的人生无法达到该达到的高度。可见，童年的缺憾，需要孩子们耗尽一生去寻回。没有正确的引导，不但可能影响孩子自己的一生，还有可能影响后一代。因此，作为父母的我们应该尽力补充给孩子所需的心理营养。

儿童精神分析师温尼科特曾说过，一个孩子想要健康地成长，需要在刚出生的六个月，度过一个比较好的共生期。

0—3岁孩子最需要的第一个心理营养是无条件接纳。人类与其他动物相比，刚刚出生的小生命是最脆弱、最无能的。其他动物出生几个小时后就可以自己走路，一个月之后就可以自己寻找食物。而小孩子接近一年的时间不能走路，甚至更长时间不能依赖自己寻找食物，离开了爸爸妈妈就无法生存下来。在这一阶段，孩子内心还认为自己跟妈妈是一体的。需要特别周到的照顾与满足时，他只能用哭来表达自己的需求。他的世界里只有爸爸妈妈，爸爸妈妈的无条件接纳对孩子来说是至关重要的。无条件接纳就是你不知道长大后我会不会孝顺，你也看不出来我长得好看不好看，也不知道我将来学习怎样，你更不知道我未来的发展会怎样，可是你就是尽你所能来爱我、满足我。这就是孩子渴求的无条件的接纳与爱。

0—3岁孩子需要的第二个心理营养是自己在父母生命里最重要的感觉。孩子出生后，还需要确定自己在妈妈心目中的位置。饿了，拉了，尿了，生病了……当孩子用哭来表达自己的需求时，即使妈妈很忙，也会立刻放下手中的一切，先来满足孩子。这样孩子就会知道，自己在妈妈生命中是最重要的，而妈妈也会成为孩子生命中的"重要他人"。

通常来说，妈妈做到这些并不难。因为妈妈生产后，身体中会释放一种叫做本体胺的激素。这种激素让妈妈大脑愉悦，促使妈妈自愿地为新生儿提供一切需要的关怀，生理上给予宝宝温暖、食物，心理上让宝宝感到满意和安全。有了本体胺的激励，妈妈愿意放弃自我的一部分，与新生儿达到一种共生的状态。而一个称职的爸爸，这时会提供一份强大的保护、一个厚实的肩膀，帮助母子度过共生期。

可是，如果妈妈因为某种原因，比如生病或情绪发生变化，身体就不会正常分泌本体胺。我曾经有一位来访者是一位抑郁症患者。她生完孩子之后，抑郁症复发。她看到孩子就没有爱孩子的感觉；相反，觉得这个孩子很讨厌，认为正是因为他，自己才活得这么痛苦。妈妈因为生病的原因不能照顾孩子，责任就会落到爸爸身上。这时，除了给予妻子情感上的关怀、生活上的照料之外，还要承担起照料孩子的任务，给予孩子温暖与支持，让孩子感受到此时此刻自己在爸爸生命里最重要。这时，爸爸就成为孩子生命中的"重要他人"。

"重要他人"是心理学中一个很重要的概念，指孩子在心理人格形成和社会化的过程中，具有重要影响的具体人物。这个人的一言一行都潜移默化地影响着孩子，对孩子的成长起着决定性的影响。这个人是在孩子成长过程中由孩子自己选择决定的。这种最原始、最本能的选择一般来说是爸爸妈妈。但在现代社会生活节奏日益加快的情况下，很多父母每天在外忙于工作，将孩子托付给祖父母或者是其他长辈。这时，孩子就可能选择祖父母或其他长辈为"重要他人"。

如果这个"重要他人"能够给予孩子无条件的接纳，孩子也能感受到自己成为在这个人生命里最重要的人。那么，孩子在将来的人际关系中就会较顺利。如果孩子在小时候，没有找到这样一个理想的"重要他人"，那么孩子会穷尽一生会去寻找，直到找到为止。上小学，他（她）会找小学老师，希望成为老师眼中最重要的人。上中学，他（她）会找女（男）朋友，很早谈恋爱，希望成为这个女（男）孩心目中最重要的人。究其原因，就是他（她）希望弥补小时候没有从父母那里得到的"我最重要"的感觉，希望有人能把自己看成生命中最重要的人。

0—3岁孩子需要的第三个心理营养是安全感。婴儿出生后，如果能受到父母良好的照顾，感受到父母慈爱的态度，得到父母及时而可靠的帮助，并且这种慈爱和帮助是经常的、一贯的和可靠的，就会觉得舒适与满足，会产生最初的安全感，会对周围的世界产生信任和期待。这时，孩子就会建立对世界最初的信任感。心理学家埃里克森认为，这种基本信任的获得是儿童的第一个社会成就，是婴儿自我统一性的基础。

文首案例中的妈妈自身缺乏安全感，无法以稳定平和的状态照顾孩子，经常敏感地认为身边的人不友好，传递给孩子周围环境很不安全的感觉，导致孩子也缺乏安全感，日夜哭闹。

具有安全感的人长大后，在人际关系中常会感到被人喜欢，被人接受，从他人处感到温暖和热情；有归属感，觉得自己是群体中的一员；将世界和人生理解为温暖、友爱、仁慈；对他人抱有信任、宽容、友好的态度。而缺乏安全感的人则往往感到被拒绝，感到不被接受，感到受冷落，或者受到嫉恨，受到歧视；经常感到孤独、被遗忘；感到受威胁和焦虑。

在建立安全感这件事上，妈妈的作用大于爸爸，因为孩子本来和妈妈连到一起，出生时经历了生理上的分离，但还处于心理的共生期。这一时期是孩子要和妈妈剪断心理脐带的过程。如果这个过程没有做好，孩子的独立就成了难题。

要建立孩子的安全感，妈妈的情绪必须稳定。一个处于焦虑状态的妈妈，很难做到心平气和，一会儿担心这个，一会儿担心那个，情绪很容易失控，会给孩子带来很大的影响。有一个焦虑的妈妈，在孩子小时候，担心孩子人际关系不好，只要孩子不与小朋友分享玩具，就责骂孩子不懂得分享，长大后会没朋友；当孩子上学了，又经常担心孩子写不完作业，怕被老师批评，为此给孩子增加了很多课外作业。结果，她担心的事情都如她所愿地发生了：孩子从上幼儿园就没有玩伴儿，刚上小学四年级就晚上12点前完不成作业。心理学上有个词叫"妈妈的诅咒"，就是妈妈越担心的事越容易发生。

周老师支招

孩子从出生到三个月，因为年龄小，只能用哭声表达自己的需求。这时，父母需要尽力通过孩子的哭声判断孩子的需求。从四个月开始，伴随着孩子能够完成抬头、左右翻滚、坐立、爬行、走路等肢体动作的发展，孩子的活动范围不断增大，孩子越来越想要脱离妈妈的控制。这时，细心的妈妈能够陪伴在孩子身边，观察孩子需要什么就满足他（她），这就是给予孩子需要的心理营养。在1—3岁的孩子玩耍的过程中，妈妈会发现一个现象：孩子自己玩一会儿，会跑回来要求妈妈抱抱他（她）。这时，如果妈妈满足孩子的需求，痛快地抱了一下，孩子满足后就要求从妈妈怀里下来。那就放他（她）下来，让他（她）自己玩。在他（她）玩的过程中，不去打扰他（她）。孩子邀请妈妈一起玩，妈妈就陪他（她）一起玩。慢慢地，孩子的安全感越来越足后，会尝试着离妈妈再远一点，离开妈妈的时间更久一点。这个过程中，孩子不断地离开，回来，再离开，再回来……慢慢地，间隔时间越来越长，距离越来越远，直到孩子成为一个心理上独立的人。这是孩子心理发展的自然过程。孩子的安全感越足，越容易分离。

在这个阶段，有一个特别让父母头疼的时期，俗称"可怕的两岁"。其实时间不一定局限在两岁，指的是一个年龄范围，具体年龄从一岁半到三岁不等。这一时期，孩子有一个反抗期，最擅长说的两个字是"我不"。从儿童心理发展的角度来说，孩子的"逆反"其实是孩子成长的表现。婴儿期的孩子还没有独立的自我意识，不能区分自己和外界。对孩子来说，自己和妈妈是一体的。而到了两岁左右，孩子明确意识到"我"的存在，也意识到"我"有着自己的想法、愿望，和他人不同。因此，孩子就需要通过行动体验自己的独立，也证明自己的独立。对于两岁孩子的"反抗"，作为父母一定要很清醒地认识到，哪些该放手让孩子大胆探索，哪些是危险的。比如，孩子在玩耍过程中弄脏了衣服。这个时候，我们就可以放手让孩子大胆探索，因为衣服脏了可以洗，而孩子的好奇心和探索精神一旦受到打击，就不好弥补了。对于确实有危险的事情，我们要温和而坚持地对孩子说"不"。"温和"是指我们制止孩子的时候，不带有指责的情绪，态度上不带有评判，语调上要温和；"坚持"是指行动上坚决制止孩子不当的或具有危险性的行为。在策略上可以选择转移注意力的方式，因为这一时期的孩子注意力不稳定。当我们引导孩子转移注意力时，他（她）容易很快投入到新事物的探索中，停止哭闹。

培养孩子的安全依恋

早期亲子关系的经验形成了人的"内部工作模式"。这种模式是一种对他人的预期，决定了人的处世方式，不仅会影响孩子人际关系的好坏，还会影响孩子未来婚恋关系的建立，因此培养孩子的安全型依恋至关重要。

奶奶和姥姥轮流照顾的孩子

我是一名公务员，也是一位年轻的母亲。我的孩子快1岁了，老家是外地的，由奶奶和姥姥每人一个月轮流看。姥姥来看孩子的时候，我很放心，也很轻松；孩子也很乖。每次我上班时，在姥姥的带领下，孩子能主动跟我说再见。可是，每次姥姥回去，奶奶要来照顾孩子的时候，我就很焦虑。孩子好像能感觉到我的情绪。每次姥姥回去前几天，孩子都大哭不止。奶奶来后的第一周，孩子每次在我上班时都会哭得撕心裂肺。去上班的一整天里，我心里都烦躁不安。每次给奶奶打电话，奶奶总说孩子在家里很好。很奇怪的是，下班回家，孩子看到我，并不像我想象的那样很快来找我，而是当我抱他的时候又踢又打，哭闹不止。过上两三周，孩子好不容易适应了奶奶的养育方式，时间又到了……几次循环下来，弄得我都快抑郁了。每次奶奶要来时，我就开始闹肚子……

※

从这位妈妈的叙述中，我们可以看到，孩子已经形成了不安全的依恋关系。妈妈离开时，撕心裂肺地哭；妈妈回来后，不像其他孩子一样能快速与妈妈亲近，而是对妈妈又踢又打。妈妈又因为儿子的表现，陷入了焦虑之中，以至于出现了躯体化症状。每次奶奶来时，她就闹肚子，这是焦虑的躯体化症状之一。母子之间的焦虑情绪交织在一起，形成了恶性循环。

文首年轻妈妈的遭遇也是现实生活中很多父母面临的问题。大多数年轻父母都是上班族。当妈妈开始上班后，就由奶奶和姥姥轮流带孩子。这种方式好不好呢？对孩子来说，不一定是一件好事，因为这一时期正是孩子依恋关系形成的关键时期。依恋理论的提出者约翰·鲍尔比认为，婴儿同母亲的最初关系构成了以后所有关系的起点，婴儿会形成一种人际关系的"工作模式"。婴儿在长到 7 个月以后，就能够感受到与母亲在一起的快乐。如果孩子在早期的关系中体验到无条件的接纳、爱和信任，他（她）就会觉得自己是可爱的、值得信赖的。如果孩子的依恋需求没有得到满足，他（她）就会对自己形成一个不好的印象，认为自己是个不受欢迎的孩子，不只觉得自己不受父母欢迎，还认为自己不受其他人欢迎。相反，一个得到充足的爱滋养的孩子，长大后不仅相信父母爱他（她），还相信别人也觉得他（她）可爱。

在儿童早期，如果母子之间没有建立良好的依恋关系，儿童与母亲分离就会有不同的表现了。依恋类型分为安全型依恋与不安全型依恋，不安全型依恋又分为回避型不安全依恋和焦虑—矛盾型不安全依恋。安全型依恋的幼儿，母亲在场时，通常以母亲为探索外在世界的基点；母亲不在场时没有特别的焦虑，母亲回来后能立刻与母亲亲近。回避型依恋的幼儿在母亲离开时很少哭泣；母亲返回时，他们也不是特别高兴。焦虑—矛盾型依恋的幼儿在母亲离开之前就开始焦虑，紧张地关注母亲的行为，生怕母亲离开，因此不能尽兴地玩游戏；母亲离开后，他们更加不安；当母亲回来后，他们的行为很矛盾，一方面想亲近母亲，一方面又以尖叫踢打来拒绝与母亲亲近。心理学研究表明，儿童身上表现出来的依恋特征，成年以后仍然会显露出来，所以成年人也具有同样的依恋类型。

心理学的研究发现，早期是安全型依恋的幼儿，在上学后的表现更受欢迎，人际交往能力更强，更自信，更友好，更易与人合作；而不安全依恋的孩子则更容易表现出孤独、不团结与易发脾气的特征。孩子长大后，他们的行为中依旧具有童年的痕迹。安全型依恋的成年人，很容易与人相处并信赖对方。回避型依恋关系的人，渴望真诚的友情，但当别人对他们表示友好时，内心充满怀疑，不敢与人深层次交往，害怕会受到伤害，害怕付出情感。焦虑—矛盾型的成人，对同伴的关系缺乏安全感。他们太希望受到关注，而过于苛求对方，以致吓跑了同伴。因此，童年时培养孩子的安全依恋关系，就奠定了孩子今后良好人际关系的基础。

周老师支招

培养孩子的安全型依恋，可以从以下几方面入手：

第一，做高敏感性的母亲。高敏感性是指对孩子的需求保持高度的敏感。母亲是婴儿的主要抚养者，母亲的养育方式将会直接影响与孩子的互动过程，从而影响孩子的依恋类型。有研究表明，高敏感性的母亲能够及时满足孩子各种合理的需要。比如，及时满足孩子进食的需要，让孩子在轻松、愉快的环境下进食；多与孩子身体接触，如拥抱、抚摸、亲吻等；

经常与儿童进行积极的情感交流，如微笑，以温柔愉快的声音和孩子说话；及时了解孩子的需求，如当孩子哭时，能迅速地根据哭声判断孩子是饿了、尿了还是想要与人交流，从而采取恰当的行动。

第二，塑造良好的家庭环境。健康、宽松、稳定的家庭环境是形成孩子安全依恋时必不可少的。家庭结构遭到破坏，尤其是母爱缺失，会严重影响儿童安全依恋的形成。虽然"替代母亲"可以在一定程度上缓解孩子因母爱缺失带来的焦虑和烦恼，但依恋关系的中断、依恋对象的变化，会损害儿童心理的安全感。即使以后儿童能形成新的依恋关系，内心也会时常感到焦虑、不安、失望和对丧失的莫名担心。

第三，妈妈上班前要和孩子打个招呼。心理学上有一个"客体恒常性"的概念，指的是一个事物不在眼前时，并不代表它不存在，它或许在我们看不到的地方存在着。我们成年人都有这种认知能力。而孩子的认知能力则是逐步发展起来的。在生命最初的几个月里，孩子用眼光追随物体。当物体消失后，他们会移开目光，好像物体从他们的心里消失了。到2岁时，才能形成客体恒常性，完全肯定消失的物体还存在。妈妈因为担心孩子哭闹，每次上班时都偷偷地离开。对没有形成客体恒常性的孩子来说，妈妈不见了，是一件多么恐怖的事情啊。因此，妈妈不论上班还是有事暂时离开，跟孩子打个招呼，对于孩子形成安全依恋都很重要。

第四，保持养育者和婴儿稳定的抚养关系。不要经常更换养育者，尤其是不要突然更换主要养育者。必须更换时，一定要给儿童一个适应过程，且养育方式不要发生太大改变。频繁更换照顾者，会加剧孩子的焦虑，导致孩子形成焦虑—矛盾型依恋。文首案例中的奶奶没有根据孩子生活的节律调节自己的养育方式，只是根据自己年轻时的育儿经验养育孩子，也是导致孩子形成不安全依恋的一个很重要的原因。因此，成人主动调节自己的行动以适应儿童的生活节律，而不是把自己的行为习惯强加给儿童，引起儿童过分的焦虑，这对于形成安全型依恋也非常重要。

第五，根据孩子的特点协调抚养环境。孩子分为易养型、难养型和缓慢型。对于易养型的孩子，要适时满足他们的需求；对于难养型的孩子，要了解他们的特点，根据他们的特点养育；对于缓慢型的孩子，要创设积极轻松的环境，用积极的情绪情感唤起孩子的反应。养育者对自己的养育方式和行为要有一个明确的认识，要尽量保持养育的系统性、连贯性和一致性。对待儿童的方式要保持一致，不要经常变化；否则，儿童无法有效地组织自己的行为，进而导致不安全或无组织无定向的依恋。

善待孩子的依恋物

在现实生活中，有依恋物的孩子不在少数，依恋的物品也千奇百怪。依恋物承载了孩子特殊的情感，让孩子们感到熟悉又安全。善待孩子的依恋物，并采取适宜的方法帮助孩子，让孩子慢慢消除对这个物件的依恋。

孩子超级依恋小被子

我是一个 3 岁女孩儿的妈妈。女儿从 1 岁 3 个月断奶，就开始就迷恋上了她的小被子。无论是冬天还是夏天，无论去哪里，都要抱着。冬天还好一些，但夏天的时候，因为抱着小被子，胳膊上、肚子上都捂起了痱子，浑身都是红红的疙瘩，出汗的时候又刺又痒。我们心疼得不得了。最后，想了个办法，把里面的棉花弄出来，才算安全过了夏天。可是，伴随着孩子的长大，孩子对小被子的需求没有丝毫的减弱，甚至外出也要带着小被子。有一次，我要带她去公园，她竟然要抱着小被子。天气很热，我担心她起痱子，就让她在"去公园"和"抱小被子"这两件事中选择。结果，她不同意，大哭起来。我当时也很烦，觉得这孩子真不懂事，一气之下打了她一巴掌。事后，我也很后悔。可是，到底该让她带小被子还是不让她带？不让她带，她就哭得歇斯底里的，让人心疼。让她带小被子，确实很麻烦，而且也不合常规啊。我到底该怎么办？

从这位年轻妈妈的叙述中，可以看到，孩子的小被子已经成为孩子的依恋物。依恋物，心理学上又叫"过渡性客体"，是指那些能够过渡性地承载孩子对父母依恋的东西。从妈妈的叙述中，我得知，在给孩子断奶时，姥姥带孩子在姨妈家住了一周。从那以后，孩子就离不开小被子了。这么小的孩子无法理解，最爱的妈妈怎么突然不见了，她为何被带到了一个陌生的地方。而她最熟悉的物品就是从自己家带来的小被子。于是，孩子就把自己对妈妈的依恋转移到小被子身上，当她抱着小被子的时候就感觉和妈妈有了联系。

在现实生活中，有依恋物的孩子不在少数；依恋的物品也千奇百怪，有的是小被子，有的是安抚奶嘴，有的是一件衣服，有的是毛绒玩具等。孩子们会给它赋予特殊的名字，对它情有独钟；哪怕破旧不堪，也拒绝更换新的，甚至连清洗依恋物，孩子都不肯。因为依恋物的手感和气味，让孩子们熟悉又安全。

年轻的妈妈往往因为不知道这些心理学常识，不仅没有呵护孩子的依恋物，在焦虑之下还动手打孩子，无疑给孩子造成了伤害。所以，作为父母，当你发现孩子对某个物品特别依恋的时候，不必慌张。最好的方式就是呵护这种依恋，不要有太多的条条框框，认为这是不应该的，或者想尽办法去除这种依恋。随着孩子年龄的增长，在父母的精心呵护下，当他们内在的安全感建立得越来越好、内心越来越强大时，他们会逐渐摆脱对依恋物的依赖，勇敢地走向外面的世界。

周老师支招

父母发现孩子有了依恋物，怎么做才能帮到孩子呢？

首先，要接受孩子的选择。婴儿期的宝宝和妈妈处于共生的状态，妈妈对他（她）有求必应。随着年龄的长大，他（她）慢慢明白原来妈妈是会离开的。焦虑的时候，他们开始寻找陪伴的依恋物。依恋物的出现，有利于孩子寄托情感，帮助孩子逐渐完成从幻想到现实的转换过渡。我女儿四岁半时，因为她对幼儿园的气味过敏，咳嗽不止，在医生的建议下，我改变一下环境，把她送回姥姥家待了一个星期。回来后，我发现，她喜欢抱着自己临走时穿的上衣睡觉。我知道，妈妈不在的日子，这件衣服陪伴女儿度过了一周的时间。幸运的是，我是学习心理学出身的，知道该怎样满足女儿的需求。每次女儿要这件衣服的时候，我就拿给她，并陪她玩一会儿。每次，她都会闻闻，然后抱在怀里；当衣服脏了后，我会和她一起，用做游戏的方式给这件衣服洗澡。当她重建安全感时，她就不再需要这件衣服了。

其次，了解孩子的心理症结，采取适宜的方法帮助孩子。父母在接受孩子选择的基础上，寻找问题的源头和解决方法，这需要有足够的耐心和详细的计划，切勿操之过急。绘本《阿文的小毯子》中，阿文有个习惯，那就是无论是走路、吃饭、睡觉还是和其他小朋友玩时，都一定要带着他心爱的小毯子。有小毯子陪着阿文，他心里就很安稳，也不会整天都黏着妈妈和爸爸。但上幼儿园后，阿文无法带他的小毯子了。妈妈想出了一个办法，将小毯子做成了很多小手绢。阿文的妈妈就是一个智慧的妈妈。她没有受周围人的影响，也没有过多地焦虑孩子依恋小毯子的行为，而是保持平和心态，给孩子提供稳定的支持，最终帮助孩子摆脱了对依恋物的依赖。

童年创伤的影响

童年经历的创伤是引发孩子青少年时期或者成年时期出现心理问题的元凶之一。所以，作为父母，我们要重新审视家庭关系中亟待改善的部分，更加重视孩子的早期教育，满足孩子成长所需要的心理营养，培养孩子健全的人格。

无法无天的孩子

王睿（化名）今年14岁，因为太调皮，已经休学一年了。复学后，因为在学校里闹腾得厉害，老师几乎每天都会跟家长打电话告状，要求妈妈把他领回家呆半天。妈妈说得最多的是孩子无法控制情绪，老师又缺乏耐心。

初次见面，我观察到，这是一个身高约1米75、略微有点胖的男孩，一说话口水就流下来，吐字不清。

但他说起自己的"英雄史"却侃侃而谈，思路很清晰。他说，他家住十一楼。为了看看自制的飞行器好用不好用，他把小兔子放在纸箱子里，从窗子扔了下去。这一次尝试在小区里引起了轰动，成功地把记者引来了，让记者在小区里采访。

我问："从十一楼往下扔东西，万一砸着人，那可是很严重的事情。万一伤到人怎么办？你想过怎么面对了吗？"

他轻描淡写地说："没事，扔之前我看过了，楼下没有人。"他继续说道："我还做过很多惊天动地的大事儿。有一次，我趁老师不注意，把大便抹在老师的后背上，把老师气得嗷嗷叫。最近一次，我在学校里特别烦，想早点回家，但是学校里要进行英语测试。我很生气，就跑出来把学校的电闸拉了，导致整个学校都没电了……"

当他说这些的时候，完全没有做错事情的愧疚感，反而像在炫耀自己的"英雄战绩"。我问："你做这些事情时是怎样想的？""我想吸引记者来，但我只成功吸引记者来了一次，后面就没有记者来了……"

很明显，孩子做出这些匪夷所思的事情，是为了吸引关注。对他来说，关注他才是最重要的，哪怕是打他骂他，都比忽略他强。是非对错，在他头脑里没有任何的概念。

有早年创伤的孩子，典型特征就是有吸引关注的行为。那么，这个孩子是在怎样的环境里长大，才让他如此折腾呢？伴随着我和妈妈的交流，孩子的成长轨迹浮现在我的眼前。

他的爸爸妈妈在不同的城市工作。由于妈妈的工作很忙，孩子出生三个月后，被送到爸爸工作的城市。平时由保姆看护，1岁前换了四个保姆。保姆都很年轻，是20岁左右从农村到城市打工的女孩，没有带孩子的经验。1岁后，他被送回老家，由奶奶看护至3岁。上幼儿园后才回到妈妈身边。从幼儿园起，他的胆子就特别小。"怕黑，怕虫子，怕一个人坐电梯，怕一个人走路……怕的东西很多。胆子这么小，怎么敢做出这么出格的事?"妈妈不解地问道。

著名的精神分析师弗洛伊德认为,一个人的创伤经历,特别是童年的创伤经历,对一生都有重要影响。而且,越早的创伤对人的影响越大。我们不妨站在孩子的角度想一想,三个月大的婴儿被迫与妈妈分离,这在他幼小的心灵里就是巨大的创伤。因为对孩子来说,他既不会表达自己的不满,也不会主动求助;他只能通过哭声来表达自己的需求。可是无论他如何哭,妈妈也一直没有回来。后来,来了一个年轻的阿姨。年轻的阿姨并不懂他的哭意味着什么,只是很烦躁地抱着他,很粗鲁地给他喂食。他要想表达自己的需求,只能用更大的哭声来表达。这个年轻的阿姨才刚刚熟悉,可突然有一天又不见了,换上了新的面孔。他恐惧无比、焦虑不安,感到不安全。可是,除了哭,他没有别的办法,只能用更大声音的哭来表达自己的需求。他担心自己哭的声音不够大,就会被别人忘记,失去了生存的权利,所以他用更大的声音哭,用肢体动作来表达,让别人看到自己……一次次地分离,频繁地更换抚养人,恐惧,害怕,缺乏稳定的"重要他人",成为这个孩子内心最重要的创伤。0—3岁最需要的三个心理营养是无条件的爱、安全感、此时此刻自己最重要的感觉。这些他基本没有得到,恐惧占据了他的心灵。当一个人最基本的需求得不到满足时,他会拼尽全力去寻找。所以,对他来说,有人关注他,看到他就安全了。所以,他拼命地做出各种出格的事吸引关注,希望得到"我在你心目中最重要"的感觉。

了解了这些经历,我们就不难理解,孩子到14岁了,为何还依然口齿不清,口水控制不住,拼了命也要吸引关注。其实,这些都是退行的表现。退行是一种防御机制,指人们在受到挫折或面临焦虑、应激等状态时,放弃比较成熟的适应技巧或方式,而退行到使用早期生活阶段的某种行为方式，以满足自己的某些欲望。这种现象，在各年龄阶段均可看到。比如，有一个 5 岁的孩子，原本早已经学会自己控制大小便，有一天突然又开始尿裤子、拉裤子，而且这种情况持续了很长一段时间不见好转。全家人都很着急，找到心理咨询师寻求解决办法。在咨询过程中发现，原来妈妈又生了个弟弟。全家人都忙着照顾弟弟，无暇顾及这个"已经能自己照顾自己的姐姐"。孩子感受到这一点的时候，就开始出现退行行为，退回到大小便不能自理的状态，其实就是在潜意识里希望妈妈像照顾弟弟一样照顾她。

　　童年被压抑的需求和经验，容易在后来的生活中显现出来。0—6 岁时期，打下了人生最重要的基础——人格基础。如果儿童在这一阶段遭遇创伤，就会埋下心理隐患的种子。如果以后的人生阶段再一次经历类似的创伤，他（她）就可能爆发相应的心理疾病。创伤越早，持续时间越长，越难疗愈。

　　说到这里，可能有的家长会问：有这么严重吗？是不是所有的童年创伤都会呈现出来？其实，早年的创伤并不会自行消失，而只是被个体压抑在潜意识里。但不是所有的创伤都会被诱发出来。创伤的诱发是需要一定条件的。从年龄阶段来看，小学是一个潜伏期。这个年龄阶段的特征是心理能量指向外部世界，很少关注自己内部的心理状态。如果早年有压抑、焦虑等情绪，幼儿园或小学低年级的学生通常通过肢体表达，如啃指甲，眨眼睛，揪手刺，咬笔，面部或肢体抽动，多动等。很多人以为这是孩子缺某些微量元素导致的，最直接的反应是带孩子去医院检查是否缺微量元素。其实，绝大部分孩子的症状不是因为缺微量元素，而是由早年创伤导致的。例如，曾经有一个五年级的小学生，因为面部抽动吃了三年治疗抽动症的药物没有见效。家长找到我后，我有针对性地疏导情绪。当孩子能够放松地应对周围环境的时候，抽动症就好了。青春期则是个相对危险的年龄。他们有强烈的自我意识，经常思考：我是怎样的人？我受欢迎吗？人活着是为了什么？正是因为如此，对于0—6岁埋下的心理隐患，家长一般察觉不出来，它们要经历一个潜伏阶段——小学阶段。到了青春期阶段，这些问题开始冒出来。所以，很多家长面临青春期阶段的孩子时，感到特别难教育，童年的心理创伤是一个重要的原因。

周老师支招

　　童年的创伤被压抑在潜意识里，在后来的生活中被诱发出来。有一个重要条件是，在人生道路上遇到一件跟他早年创伤相似的事件，用流行的词来形容就是同频。我们可以仔细想一想，我们被触动的时候，一般是当下事件触及了以前人生经历中相类似的、诱发相同情绪感受的事件。例如，有一个学生得了抑郁症。咨询过程中发现，上初二时，班主任脾气很差，是教数学的。有一次，她考试考得不好。老师把全班考得最差的三名学生叫到办公室去，她是其中之一。老师叫她背过身去，用笤帚抽打其他两位男生。她听到老师打其他两个同学的声音，吓得浑身发抖。回去后，一个人偷偷地躲在被窝里哭。后来，甚至发展到不敢见老师，见了老师就怕得发抖的地步。每当想到这段经历，她的内心就缩成一团。一年后，她得了抑郁症。在梳理她的成长经历时，我得知，她还有个哥哥，哥哥小时候比较调皮。每次哥哥做错了事儿，爸爸都会当着她的面打哥哥。这个女孩小时候看哥哥挨打时的无助、害怕，就借由老师打同学这件事儿被诱发出来。

　　在亲密关系中，我们会被伴侣激发起童年时候最痛的伤口，并且以童年同样的应对模式，或是童年想要却没能够要或没敢做的方式去回应对方。所以，在亲密关系中，如果遇到一个足够包容、足够体谅的爱人，可以疗愈童年的部分创伤。相反，如果伴侣不够包容，不够体谅，也可以把童年记忆里那些创伤引发出来。

正是因为童年经历的创伤有如此大的影响，是引发个体青少年时期，以及成年时期心理问题的元凶之一，所以作为父母，要重视孩子的早期教育，满足孩子成长所需要的心理营养，重新审视家庭关系中亟待改善的部分。

关键期能力的培养与开发

　　孩子成长发育过程中，会有很多关键期。在关键期内，父母按照孩子的成长规律，给孩子提供适当的环境刺激和合适的养育方式，能够达到事半功倍的效果。一旦错过关键期，用再多的精力也无法达到同样的效果。

三岁不会说话的彤彤

　　彤彤已经三岁半了，到了该上幼儿园的年龄，可是孩子还不会说话。家人很着急，于是带孩子去儿童医院。儿童医院鉴定为自闭症。家长觉得接受不了，非要让我见一下孩子。在妈妈的坚持下，我见到了彤彤。彤彤的个子有一米的样子，在同龄孩子中偏高。和妈妈在一起时能够安心地玩，我参与进去对她没有什么影响。在陪她玩的过程中，我观察到她虽然不说话，但眼神很灵活，情绪也很正常，无重复刻板的行为，玩起游戏来也很专注。我拿玩具吸引她的注意力时，她能够快速被我创造的情景吸引并参与进来。因此，我判断彤彤不是真正意义的自闭症，只是由于家庭教养方式不当，错过了口头语言关键期。

～～～～～～～

什么叫关键期呢？孩子成长发育过程中，存在特定能力或行为模式发展最敏感的时期，这个时期就是关键期。简单地说，就是恰当的时间做了恰当的事情，能够取得最佳的效果。如果错过了恰当的时间，无论做多少恰当的事情，效果都很一般，甚至没有一点效果。

关键期最早由奥地利动物心理学家劳伦兹提出。他在观察鸟类的自然属性时发现，刚孵出的雏鸟，如小鸡、小鹅等，在刚出生20个小时以内，有明显的认母行为。它们会追随第一次见到的活动物体，并把它当成母亲，这被称为"母亲印刻"。当小鹅第一个见到的活动物体是鹅妈妈时，就会跟鹅妈妈走；而当小鹅见到的是心理学家时，就跟心理学家走，并把他当成母亲。

后来，劳伦兹又发现，如果在出生的20个小时内不让小鹅接触到活动物体，过了第一、第二天后，无论是鹅妈妈还是劳伦兹，无论再努力与小鹅接触，小鹅都不会跟随，即小鹅的这种认母行为丧失了。这种在生命早期很短时间内会印刻同类或者非同类物种的现象，不仅发生在鸟类身上，在人类身上也有类似的现象。人类的某种行为和技能、知识的掌握，在某个时期发展最快，最容易受影响。如果在这个时期施以正确的教育，就可以收到事半功倍的效果；一旦错过这个时期，就需要花费几倍的努力才能弥补，甚至将永远无法弥补。

原来，0—3岁是孩子口头语言发展的关键期。那么，彤彤经历了什么？为何她没有学会说话呢？这要从彤彤的家庭说起。彤彤的父母都是安徽省人，夫妻二人远离家乡来到济南打拼。经过一段艰苦的日子，父母的事业有了起色。彤彤的到来，给这个家庭带来了欢声笑语。妈妈是个事业心很强的人，孩子出生50天后就回到岗位上继续打拼。照顾彤彤的任务全部落在保姆孙阿姨身上。孙阿姨50多岁，内向，心细且话不多，对孩子照顾得很细致。夫妻二人对此非常满意。如果不是因为彤彤上幼儿园，老师问孩子，孩子不说话，两人压根就没有想到孩子出问题。原来，孙阿姨因为性格内向，平时除了给孩子做吃的，基本不和孩子说话。妈妈是个粗心的人，下班回到家还是想工作的事情，只觉得孩子喂饱了不哭就行，没有和女儿说话的习惯。所以，彤彤失去了学习说话的机会，自然不会说话了。知道了原因后，妈妈开始与孩子多说话。只要有机会，她就指着能看到的事物跟孩子说话。终于在四岁半时，彤彤能够说短句了。由于发现和干预及时，没有给彤彤生活造成太大的影响。目前，彤彤已经上高二了，除了说话慢点，学习和各项能力发展在班里都处于中等水平。

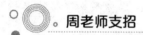 **周老师支招**

0—3岁是孩子口头语言发展的关键期。孩子对语言的学习从出生就开始了。孩子从出生开始，就对声音敏感。在2—3个月时，他们开始将声音和形象联系起来，对成人的逗引会有反应，能发出"a""o""e"音。成人看到孩子有回应，会更多地逗引孩子，形成良性循环。4—6个月时，孩子会咿呀作语，看见熟人、玩具能发出声音，叫他名字时会转头看。7—9个月时，孩子能重复发出某些元音和辅音，如"Ba-Ba""Ma-Ma"等音节。某些符合文化特征的音节或词汇，会在与成人的互动中保留下来。如"Ba-Ba""Ma-Ma"等音节最容易得到抚养者的强化，而保留下来。10—12个月时，孩子开始能懂得一些词语的意义，如问孩子："灯在哪儿呢？"他们会转头看灯。能说出最基本的语言，如"爸爸""妈妈"。13—18个月时，懂得一些日用品名字，会指出或说出所要东西的名称，能说出

短句子和自己的名字。到3岁时，已经能运用约500个词，能说出有5—6个字的复杂句子，开始运用"如果""和""但是"等词。

可见，孩子的语言能力在每一个阶段都有发展任务。所以，抚养者要多注意与孩子说话，把新鲜的事物指给孩子看，而不是自己忙自己的，把孩子晾到一边。0—1岁时，父母可用各种语言和声音刺激孩子。比如，给孩子穿衣、洗澡、喂食时，用简单的语言同孩子说话。这样，孩子便能理解词与动作、实物的关系。让孩子听不同物体发出的声音，如小铃。玩具以及各种物体的敲打、撞击声，能帮助孩子发展听力。1岁以后，父母可利用各种途径帮孩子掌握新的词汇，和孩子玩的过程中多与孩子说话。与孩子一起谈论看到的、听到的及正在做的事情，都有利于孩子对语言的掌握。最重要的是，要尽可能多和孩子交谈，不要因为孩子听不懂大人的语言而放弃交流的机会。除了口头语言学习关键期外，0—3岁还是亲子依恋关键期，这在《培养孩子的安全依恋》中有详细的描述，这儿不做赘述。

0—4岁是形象视觉发展的关键期。这一时期，给予孩子视觉的刺激很重要。孩子出生后，父母要尽可能地在孩子视力所及范围内放置一些五颜六色的玩具，时常移动玩具来刺激他们的视觉；在墙上贴一些画，指给他们看，并告诉他们画的名称和内容。孩子稍大些，多带孩子观赏大自然的风光，以开阔他们的眼界。在给孩子看某样东西时，同时让他们用小手去摸，并用清晰准确的语言告诉他们这样东西的名称、用途等，充分刺激孩子的感觉器官，让孩子多看、多听、多摸、多闻，以促进各种感知功能的发展。

3—6岁是好奇心和想象力发展的关键期。这一时期，孩子的想象是很活跃的，他们的脑袋里经常装着许多神奇美妙的东西。家长首先要利用孩子的好奇心，让孩子多探索，并创造机会多让孩子想象，发展孩子的有意想象。比如，可以跟孩子玩续接故事的游戏。给孩子讲故事时，讲到关键的地方停下来，让孩子自己去想象下面的情节。家长再根据孩子的想象续接故事，依次轮流。如果孩子的想象富于创造、别出心裁，父母可以给予奖励。其次，让孩子自由地去想象，不要干涉。同时，要带孩子多出去走走，多见识大千世界，扩大孩子的知识面。孩子有了丰富的知识，想象力才能展开翅膀。

在家庭教育中，每位父母心里都要装着两个图：一是路线图，明了孩子从哪里来，现在正处在何处，将来的发展目标是什么；二是时间图，知道现在处于什么时间节点，什么时间就做什么事，恰当的时间做恰当的事情，关键期错失了不可挽回。智慧的父母善于引导孩子在正确的时间做正确的事，才能达到事半功倍的效果。

第三章
3—6岁孩子的心理营养与养育策略

3—6岁的孩子开始进入幼儿园。伴随着活动范围的不断扩大，这个年龄阶段是自信心和好奇心发展的关键期。脑科学的研究发现，儿童早期丰富的环境刺激对人的大脑发育有非常重要的作用。因此，父母应给予孩子丰富多彩的环境刺激，并向他们提出难度适中的挑战，鼓励他们大胆探索，对他们的表现给予及时肯定、认可和赞美。他们在探索世界的过程中，不断地被肯定、被认可，又激发他们更多探索的欲望，从而促进大脑的发育。同时，孩子会在父母的肯定、认同过程中，建立起对事物的基本认知，树立基本的是非观，知道自己做哪些事情是好的，是这个世界认同的，并不断多做，在做的过程中锻炼自己的能力，形成良性循环，从而建立起自信。

3—6 岁孩子需要的
心理营养和养育策略

3—6 岁的孩子伴随着活动范围的不断扩大，是自信心和好奇心发展的关键期。父母给予孩子丰富多彩的环境刺激，并向他们提出难度适中的挑战，及时肯定、认同和赞美，鼓励他们大胆探索，可以培养其自信心和激发其好奇心。

孩子畏手畏脚是怎么回事

我的孩子 5 岁了，从小我们就注重培养她的好习惯。每次孩子玩玩具，如果弄到地板上，我们都会给她收拾到箱子里。等孩子大一点了，弄得家里太乱的时候，我们就不让她玩了。每次出去和小朋友一起玩时，我们引导她要尊老爱幼，让别的小朋友先玩儿。偶尔有与小朋友抢滑梯或者玩具的情况，我们会吓唬她："你再这样，没有人愿意跟你玩了！你会没有朋友的！"碰到叔叔阿姨，我们总是让她主动打招呼。孩子三四岁时，能主动把玩具收拾到箱子里，也能与小朋友一起玩。但孩子年龄越大，我们发现她越来越畏手畏脚了。让她跟人打招呼时，她的声音很小，跟蚊子嗡嗡似的。

小朋友一起玩的时候，她总在一边看着别人玩儿，并不参与其中。这到底是怎么回事？

3—6 岁的孩子伴随着活动范围的不断扩大，是自信心和好奇心发展的关键期。脑科学的研究发现，早期大脑神经突触的形成最为迅速，而突触是信息传递的关键部位。并且突触的生长遵循"用进废退"的原理。也就是说，如果信息刺激不足，突触的数量减少，会影响大脑发育。可见，儿童早期丰富的环境刺激对人的大脑发育有非常重要的作用。因此，父母给予孩子丰富多彩的环境刺激，并向他们提出难度适中的挑战，及时给予肯定、认可和赞美，鼓励他们大胆探索。他们在探索世界的过程中，不断地被肯定、被认可，又激发他们更多探索的欲望，从而促进大脑的发育。

因此，3—6 岁孩子需要的心理营养是肯定、认同和赞美。通常来说，当孩子的行为不符合自己的期待时，父母会习惯于对孩子说"不"，让孩子不要干这个，不要干那个。对于孩子做得好的部分，不善于及时肯定，觉得那是理所当然的。其实，孩子就如同一张白纸。大人如何教，他们就如何学。可是，大人却往往只告诉孩子，不能干这个，不能干那个；至于能干什么，怎么做，大人却不教了。而孩子只能凭自己的认知摸索，结果摸索的结果是父母更多的否定。而且，父母否定得越多，孩子就会越不知道该怎么做，越无所适从，变得畏手畏脚，丧失探索能力和大胆表达自己的能力。同理，如果我们不断肯定孩子，认同孩子，孩子就会在父母的肯定、认同过程中，建立起对事物的基本认知，树立基本的是非观，知道自己做哪些事情是好的，是这个世界认同的，并不断地多做，在做的过程中锻炼自己的能力，形成良性循环，从而建立起自信。

拥有自信是一个人取得成功的重要保证，是不可缺少的个性心理品质之一。有自信心的孩子，积极情绪多，行动积极活泼，喜欢合作游戏。自信心弱的孩子情绪不稳定，害怕困难，不喜欢与小朋友交往，注意力不集中，发言不积极。孩子自信心的建立依赖于他人的评价，伴随着年龄的增长，才能逐步形成稳定的自我评价。正是因为孩子自信心的建立具有以上特点，父母的肯定、认同和赞美才更加重要。孩子自信心的建立，据说需要父母肯定、认同、赞美至少五千次以上。这个数字虽有待于考证，但足以说明了父母及时肯定的重要性。

在安全感方面，妈妈的作用比爸爸重要；在肯定、认同、赞美方面，爸爸的重要性要大过妈妈。如果爸爸愿意用行动和语言表达对孩子的肯定和欣赏，孩子会觉得自己很棒，爸爸妈妈非常爱自己，从而会充满自信地探索这个世界，培养更多的能力。

周老师支招

要培养孩子的自信心，激发孩子的好奇心，可以从以下几个方面入手：

第一，及时肯定孩子的点滴进步。因为孩子还没有形成自我评价能力，父母要及时发现孩子的闪光点，引导他们看到自己的点滴进步，从而积累起"我能行"的积极情感体验，充满自信地面对自己，在实践中培养孩子的自信。肯定孩子是有技巧的。首先，肯定认同孩子时，一定要从具体事件入手。孩子做了什么事让父母感觉很不错，最好能够具体地表扬，而不是笼统地说："你很棒！"如果孩子肯与小朋友分享玩具，父母可以肯定孩子："你能够把玩具分享给明明玩，看他多开心，你真是个好哥哥！"其次，多肯定孩子努力的过程，而不把目光放在结果上。例如，孩子在玩积木，父母可以肯定孩子："你把这房子搭得真高，每一块都弄得很整齐。"即使到最后积木还是塌了，但是孩子知道过程做得不错，他们就会继续努力，最终总会得到满意的结果。美国通用电气公司前首席执行官小时候有口吃症。每当他因为口吃没有表达清楚自己的意思而沮丧时，妈妈就会对他说："你的大脑很聪明，没有任何一个人的舌头可以跟得上这样聪明的大脑。"在母亲的肯定和鼓励下，他不但能够正确看待自己的缺陷，让自己的学业和事业都顺利发展，而且后来还克服了自己的口吃，成为商业奇才。

第二，增加孩子的成功体验。儿童行为的结果直接影响他们自信心的建立和发展，所以父母应多给孩子提供做力所能及事情的机会和体验成功的机会，逐步培养和稳固他们的自信心。当孩子想要挑战有难度的任务时，父母应给予支持。孩子一旦取得成功，会感到特别自豪，从而建立挑战困难的信心和勇气。

第三，重视孩子的提问。这一时期的孩子最喜欢问的是"是什么""为什么"等问题，比如"天空为什么是蓝的""为什么我走月亮也走"。一些父母在孩子的问题层出不穷时，总爱说"你还小，等你大了就懂了""这是大人的事，小孩子就别问了""妈妈在忙"等话搪塞孩子，其实就抹杀了孩子的好奇心，挫伤了孩子的求知欲。因此，无论父母多忙，都要重视孩子的提问，对简单的问题及时解答。如果问题较难，父母又实在忙，不能马上与孩子一同查询答案时，可以与孩子商量好时间节点，忙完了再兑现自己的承诺；否则，孩子会认为父母在敷衍自己。

第四，改译孩子的破坏行为。一些好奇心强的孩子在探索的过程中，会出现一些破坏行为。比如，把鱼从鱼缸里捞出来，拿在手里；把小汽车摔坏等。父母如果不去探究孩子行为背后的真正原因，认为孩子是在捣乱，不爱惜东西，对着孩子大发雷霆，就会挫伤孩子探索的积极性。孩子把小鱼从水里捞出来，或许是想观察鱼离开水能不能活下去；把小汽车从桌子上推到地上，也许是在思考，小汽车为何不能像飞机那样飞。所以，父母要正视孩子的这些破坏行为，帮助他们探索，以满足孩子的好奇心。一位科学家小时候，有一次尝试从冰箱拿出一大杯牛奶的时候，不小心打翻了牛奶杯，牛奶全部都流到地上。正不知所措时，妈妈听到声音后赶了过来，看到现场一地牛奶，说："哇！这是你制造的牛奶海洋吗？真好！妈妈从来没有见过这么大的一片牛奶海洋！"妈妈接着说："既然牛奶已经被打翻了，那么，在我们清理之前，不如就在这片牛奶海洋里面玩个痛快吧！"于是，母子俩开始在这片牛奶里折纸船玩了起来。玩痛快了，妈妈又说："现在，我们需要清理现场，有三种选择：可以用海绵，用抹布，或者用拖把。你喜欢用哪个方式呢？"儿子选择了海绵。于是，母子俩用海绵一点点地把地上的牛奶清理干净了。在这个故事里，面对孩子打翻牛奶这个行为，妈妈没有训斥儿子，而是改译孩子的行为，并与孩子一起探索，既满足了孩子的好奇心，又锻炼了孩子的能力。因此，面对孩子的破坏行为，智慧的妈妈会巧妙地给行为赋予一个正面意义，并锻炼孩子的能力。

孩子说谎为哪般

　　幼儿的说谎行为是儿童社会化的体现，与多种社会能力相关。幼儿说谎的类型有想象型说谎、虚荣型说谎和自卫性说谎。正确的做法是仔细分析孩子撒谎的原因，并针对孩子不同的撒谎类型，采取不同的策略。

撒谎的孩子

　　我儿子今年5岁了。今天去幼儿园接他时，老师告诉我一件事：孩子说昨天晚上，爸爸带他出去踢足球了，踢到很晚才回来；还说体育馆很大，有很多人都在踢球。听到这些，我心里很难过，因为孩子撒谎了。虽然爸爸以前答应孩子要带他去体育馆看足球赛，看完足球赛再陪他踢球，可是昨天晚上我们一家没有出去啊。这孩子为什么撒谎呢？这么小就会撒谎，大了还了得！我该怎么办呢？

　　这位家长反映了一个孩子成长过程中非常典型的问题，也是一个非常普遍的问题。心理学研究表明，幼儿的说谎行为是儿童社会化的体现，与多种社会能力相关。儿童编造谎言时，说明他们已经能够站在他人的角度思考问题，对自己的言行做出合理的解释，是幼儿认知发展的一个标志。幼儿说谎的类型主要有想象型说谎、虚荣型说谎和自卫性说谎。导致孩子撒谎的原因主要有以下几个方面：

1. 不能区分现实与想象的差异。幼儿园的小朋友比较、概括和抽象能力较弱，认知水平较低，不能把现实存在的事物和内心想象的事物清楚地区分开。有时幼儿会将非常渴望发生的事情与头脑里想象的事情当成真实的事情，在一定条件下就会说出来，这在大人看来就变成了谎言。这就是想象型谎言，幼儿园小朋友中想象型谎言占了很大的比例。文首案例中小朋友的谎言就是想象型谎言。他非常渴望爸爸带他去看足球赛，并在体育馆踢球，就当成真的跟老师说出来了。

2. 做错事时，想要逃避指责或惩罚。如果成人对儿童要求过于严格，孩子做错事后，轻则对其横加指责，重则棍棒相加时，孩子的内心会产生强烈的恐惧感。为了逃避惩罚，出于自我保护，他们就会采用撒谎的办法逃避责任。美国儿童心理学家基·诺特说过，说谎是因害怕说实话会挨骂的避难所。在幼儿的成长过程中，每个幼儿都会犯大大小小不同的错误。而当幼儿犯错后，心里会感到很恐慌，害怕承担责任，更害怕被成人指责、惩罚，在权衡利弊后选择说谎。比如，5岁的小伟在家玩，一不小心把杯子打碎了。奶奶听到声音，急忙大声问："小伟，是不是你把杯子打碎了？"小伟一听奶奶生气了，赶紧说："不是我，是小猫跳到桌子上把杯子撞到地上摔碎的。"小伟为了逃避惩罚，不仅说谎，还把责任推到了小猫身上，这就是自卫型说谎。

3. 因为渴望得到赞扬或认同而说谎。幼儿期的心理特点之一便是喜欢听好话，喜欢得到别人的认同和赞美。当这种情感长时间得不到满足时，有的幼儿会通过说谎，编造自己的"成绩"，以获得妈妈的表扬和奖励。如5岁的琳琳回家对妈妈说："妈妈，老师今天表扬我了，还给我贴了一个小红旗。"妈妈问："你真棒！你的小红旗呢？""让我弄丢了。"事后了解，当天老师并没有给小朋友贴小红旗。琳琳就是因为渴望得到妈妈的表扬，而撒了谎。

4. 父母的错误引导，导致孩子说谎。一位犯人曾叙述儿时发生的一件事：小时候，妈妈曾经给他和弟弟拿来一大一小俩苹果。他一眼就相中那个红红的大苹果。妈妈问他们："你们想要哪一个？"弟弟抢先喊："我要大苹果！"妈妈看了弟弟一眼，批评他说："好孩子要学会谦让，不能总把好的留给自己。"于是，他灵机一动说："妈妈，我要小苹果好了，大苹果留给弟弟。"妈妈听了很高兴，就把大苹果给了他。他得到了想要的东西，从此也学会了撒谎。以后，为了得到每一件想得到的东西，不择手段，直到被送进监狱。

明白了孩子撒谎的原因，发现孩子撒谎该怎么办呢？

周老师支招

首先，放宽心态，冷静分析孩子撒谎的原因。不要轻易给孩子的行为贴上标签，更不要轻易给孩子扣上"爱说谎"的帽子。把撒谎与孩子的道德品质联系起来，更是万万要不得的。有的家长面对孩子撒谎，惊慌失措，甚至说出"我怎么生了你这么个孩子"之类的话，对孩子的伤害很大，是弊大于利的。家长要冷静下来，分析孩子说谎的原因，根据具体情况给予具体的引导。

其次，以身作则，不要当着孩子的面说谎。父母是孩子的第一任老师，父母的一言一行都会潜移默化地影响孩子。父母要言行一致，答应孩子的事情一定要做到，不能出尔反尔，更不能因为孩子小，就应付了事。比如，妈妈带孩子逛街，孩子要买玩具。妈妈觉得这个玩具和家里的玩具差不多，不想给孩子买，就告诉孩子："妈妈今天没带钱，改天再买。"孩子答应了，跟着妈妈一起继续逛街。一会儿，妈妈相中一件两千多元的大衣，正是自己一直想要的款式，于是毫不犹豫地掏钱买下来了。对于这件事情，妈妈可能不以为然，但会给孩子的价值观带来混乱。孩子觉得妈妈不但可以撒谎，还可以花很多钱给自己买东西，而自己的玩具要便宜很多，却不能买。她搞不清楚为什么妈妈可以买，而自己却不可以买。孩子不但会模仿妈妈的行为，学会撒谎，还会养成凡事只考虑自己的自私性格。

再次，分析原因，针对孩子不同的撒谎类型，采取不同的策略。对于孩子的想象型谎言，父母不用过于担心，可以帮助孩子认识到哪些地方夸大了，哪些地方扭曲了事实的真相，让他们分清现实和想象。

我女儿5岁时，我答应她晚饭后带她出去玩儿。我对她说："丹丹，你去练琴，我刷碗。你练琴20分钟，我刷碗、打扫卫生也需要20分钟。这样，我们同时忙完，然后再出去玩儿可以吗？"她高兴地答应了。于是，我开始刷碗。刚刷了两个碗，她就跑过来对我喊："妈妈，我练完了！"这明显是撒谎了，但我没有戳穿她，对她说："丹丹，妈妈真是老了，以前刷碗顶多十分钟就刷完了。这一次，刚刷两个，你就弹完了。是不是意味着我刷碗慢了很多啊？我还没有打扫卫生呢，这可怎么办呢？"她看我的样子，很认真地对我说："妈妈，我再去看看，是不是数错了！"说完又跑回去练琴。又弹了20多分钟才过来告诉我弹完了。

对于自卫型撒谎的孩子，父母要反思自己是否要求太严格了，及时调整自己的教育方式。对于孩子所犯的错误，要树立犯错误不可怕，可怕的是不敢承担责任的理念。只要孩子敢于承认错误，知错就改，家长就要及时鼓励，消除他们的恐惧心理。在这一点上，华盛顿的父母就是楷模。小华盛顿砍了爸爸最喜欢的樱桃树。看到爸爸生气的样子，小华盛顿起初也很害怕，但后来还是鼓起勇气向爸爸承认了错误。爸爸不但没有惩罚他，反而称赞他："你的诚实让我很欣慰，因为一万棵樱桃树也比不上诚实的品质啊！"

对于虚荣型撒谎的孩子，家长要引起重视。要在日常生活中多肯定孩子，不要让孩子因为要获取肯定和赞美而撒谎。同时，父母要摒弃攀比心理，"你看别人家的公司待遇多好""你看隔壁老王家的孩子，学习成绩多好……"诸如此类的话尽可能不说。因为父母是孩子的榜样，如果你有虚荣心，孩子很快也会学到。因此，父母要自信坦荡，传递正能量，鼓励孩子"不比父母比自己"，把好学上进，一天比一天进步作为自己努力的目标。

帮助孩子适应幼儿园

> 幼儿入园，是孩子社会化的第一步，面对的第一个问题就是入园带来的分离焦虑。家长需要提前半年为孩子适应幼儿园做准备，培养孩子的独立意识和生活自理能力，有意识地培养孩子的交往能力。

不肯去幼儿园的孩子

琪琪今年3岁，从9月份入园到现在，已经一个多月了。刚开始上幼儿园时，每天早上，琪琪都能从家一路嚎叫到幼儿园，小手攥着校门口的栏杆声嘶力竭地哭闹，不肯进去，有时甚至躺在地上打滚撒泼。送进幼儿园后，无论老师怎么哄，琪琪都坐在自己的小板凳上抹眼泪，饭不好好吃，午觉也不肯睡，自己躲在一边也不和小朋友玩。请问这是怎么回事？我该继续送孩子去幼儿园吗？

孩子长到3岁，开始进入人生的另一个阶段——幼儿园。幼儿要在幼儿园渡过3年的时间。进入幼儿园，不但对孩子来说是一个新的开始，对家长来说也要有一个适应的过程。

幼儿入园，面临的第一个问题就是入园带来的分离焦虑。分离焦虑是孩子因与亲人分离而引起的焦虑不安或不愉快的情绪反应。每年9月份，在幼儿园新生入学时期，幼儿园门口都上演着幼儿与父母分离的各种情景：有的孩子哭着搂着妈妈脖子不肯下来；有的孩子虽然不情愿，但在妈妈的劝说下，能够主动进入幼儿园；有的孩子则能愉快地进入幼儿园……这种分离悲喜剧在每年9—12月份的幼儿园门口都会上演。

分离焦虑一般会经历四个阶段：第一阶段，强烈反应阶段。幼儿在进入幼儿园的最初一段时间里，通常会表现出较多的情绪，如哭闹得比较厉害，情绪不稳定等。这种情况大约持续一周。第二个阶段，调整波动阶段。大多数幼儿渐渐解除对幼儿园的排斥心理，逐步适应幼儿园的生活，但由于年龄小，稳定性差，可能会出现一天好一天差的情况。第三阶段，幼儿大多数能轻松入园，积极活动，顺利进餐，按照老师的安排活动。第四阶段，幼儿在经历长假后，生活的重心从家庭又转向幼儿园，需要再次调整自己以适应变化。

通常来说，这个过程持续一两个月是正常的。如果一个孩子很长一段时间都不能适应幼儿园生活，甚至上中班、大班还哭哭啼啼的，家长就要高度警惕了，需要咨询专业人士亲子关系是否出现了问题。一般来说，建立了安全依恋的孩子适应幼儿园更快一些，他们中的很多人一两周就适应了幼儿园生活。

每当新生入园，各个幼儿园都会采取一些措施帮助幼儿适应。比如，先让幼儿在幼儿园半天，再逐步过渡到一天。家长们为了让孩子能适应幼儿园也各显神通。那么，家长们怎么做才能够帮助孩子尽快适应幼儿园环境，缓解孩子的分离焦虑呢？一般来说，家长需要提前半年为孩子适应幼儿园做准备。

 **周老师支招**

首先，培养孩子的独立意识和生活自理能力。幼儿入园后要独立面对老师和小朋友，自己处理一些问题。所以，要培养孩子的独立意识，每天让孩子有一定的独处时间。在家中，让孩子有一块属于自己的玩耍地带，这块地带相对独立。孩子玩得开心时，家长可以离开一段时间。根据孩子的表现，逐步拉长离开的时间，让幼儿独立玩耍，以培养其独立性。为保证孩子的安全，家长可以悄悄观察，做好防护。

每年9—12月份，对于新入园的幼儿，老师每天都要花大量时间帮他们喂饭、上厕所。还有大量的孩子因为拉了尿了，需要家长去幼儿园送衣服。这些都会给孩子带来不好的体验，给孩子适应幼儿园生活带来困难。所以，家长还要提前给予孩子更多自我服务的机会，减少孩子对父母的依赖，让孩子学会自己吃饭、穿脱衣服、上厕所、叠被子等。

其次，有意识地培养孩子的交往能力。孩子在入园前半年，家长应有意识扩大孩子的活动空间和交往范围，多让孩子接触陌生人和新鲜事物，让孩子逐步建立与人交往的安全感。在玩耍过程中，可以帮助孩子找玩伴，让孩子们多接触，建立信任关系。当孩子们熟悉后，父母能做短暂回避最好，让孩子适应短暂分离。可以让孩子与年龄相近的孩子多交往，家长们也要加强来往，帮助孩子建立良好的人际关系和社会关系。

再次，带孩子参观幼儿园，初步体验幼儿园的生活。幼儿年龄小，对父母依赖感强，初到陌生环境，会充满恐惧。消除恐惧最好的办法是让孩子熟悉环境。比如，可以经常带孩子去参观幼儿园，看幼儿园小朋友的活动，给孩子描述幼儿园的活动，让孩子感受到幼儿园是个美好的地方，从而对幼儿园充满期待。在征得幼儿园允许的情况下，可以带孩子进入幼儿园，让孩子熟悉环境，初步体验在幼儿园的生活。

最后，以积极的情感态度来送孩子入园。入园后，不仅孩子存在分离焦虑，家长也存在分离焦虑。家长总是担心孩子在幼儿园哭闹没人管，吃不饱，会摔倒……有的妈妈在送孩子入园时，看到孩子哭，自己也哭；有的妈妈在孩子离开后不放心，久久不愿离开，趴在栏杆外偷窥……幼儿的感受性很强。家长的这种状态，很容易让孩子感受到，加剧孩子的分离焦虑。其实，家长应该相信孩子的适应能力，相信幼儿园老师的专业能力。

刚入园的孩子，有时会不愿意去幼儿园。家长要学会安抚孩子的情绪。有一次，我在幼儿园给家长们做讲座，设计了一个孩子问"我今天可以不上幼儿园吗"的情景性问题，请家长们回答。

一位家长说："幼儿园又不学知识，所以我孩子如果不愿意去幼儿园，我会告诉他，你不愿意去就可以不去。"

另一位家长说："我会告诉他，好孩子都去幼儿园，只有坏孩子才不上幼儿园。"

第三位家长说："不可以。如果你不去幼儿园，妈妈就要在家里陪你；在家陪你，妈妈就不能上班了；妈妈不上班，就没有钱买好吃的了。"

第四位家长说："其实妈妈也不愿意上班，我不愿意上班不也天天去吗？人很多时候不是想做什么就做什么。有时，不愿意做的事情，我们也要做！"

……

家长们的意见可以分为两派：大多数家长主张该送孩子去幼儿园；少量家长认为幼儿园不学知识，孩子不愿意去就可以不去。其实，这种情况下，还是该让孩子去幼儿园。因为除非孩子不舒服，如果孩子不愿意去幼儿园就不送孩子去，不利于建立孩子的规则意识，更不容易让孩子尽快适应幼儿园环境。关键是在如何说服孩子上幼儿园的过程中，既考虑到孩子的情绪，又看到孩子不想去幼儿园背后的动机。

我通过换位体验的方式，让家长体验自己说的话舒服与否。很有意思的事情是，他们无一例外地表示：如果自己是孩子，自己听了这些话也不舒服。当然，孩子现在还小，他们还没有能力把这些不舒服说出来，但这些负面情绪会累积在体内。

面对孩子不想上幼儿园，家长们该怎么回应呢？我女儿小时候也发生过这样的事情。我蹲下来，搂着女儿说："丹丹，你是不是特别想在家玩儿？"她点点头。我说："其实，妈妈也特别想陪你玩儿，但是妈妈要上班，没有办法。"女儿小时候特别喜欢绒布小狗，家里有各种小狗。我知道，她不想上幼儿园是为了与小狗玩。所以，我继续说："这样吧，你让三只小狗站好队，迎接我们下午回来，妈妈和你一起玩！"女儿开心地把三只小狗排好队，跟着我出门上幼儿园了。

在处理这次事件的过程中，我和几位家长不一样的地方就是，我首先接纳了孩子的情绪和感受，告诉她可以下午回来陪她玩，很轻松地就化解了孩子不想上幼儿园的问题。其实，每个人都是这样，当感受到被接纳、被理解的时候，就愿意配合他人的要求，小孩子更是这样。因此，和孩子沟通的过程中，接纳孩子的情绪，看到孩子行为背后的动机，可以让我们的沟通事半功倍。

多子女家庭的养育秘籍

我国自调整计划生育政策后，很多父母如愿以偿地升级为二宝、三宝爸妈。但是多生一个孩子，各种矛盾也会随之而来。如何正确对待孩子们之间的关系，如何与他们沟通，让他们健康快乐地成长，成了多子女爸妈必须具备的智慧和技能。

妹妹有的东西，我都要

我是两个孩子的妈妈。大宝是个儿子，上四年级；小宝是个女儿，3岁了。很多人都说我有福气，一双儿女刚好凑成了一个"好"字。"好"我没体验到，心力憔悴的感觉我倒是体验到了。从女儿出生，儿子就各种闹腾。女儿玩什么，儿子就抢什么。最近几天，爸爸给妹妹买了一个布娃娃玩具。妹妹玩的时候，我一眼看不到，他就抢过来，把妹妹弄得哇哇大哭。跟他说好，他想要什么，妈妈可以给他买。可是他就是不听，就非要妹妹的，晚上还要抱着睡觉。从小他喜欢玩的都是车和飞机之类的玩具，从来没喜欢过娃娃。怎么自从有了妹妹后，性情就变了呢？如果他光在家里闹腾也就罢了。最近学校老师经常给我打电话，说他在上课时闹出各种动静，影响别人听课。

这位妈妈的困惑也是多子女家庭比较突出的问题。哥哥在二宝出生后，性情有了很大的变化。其实，这种变化是父母在处理两个孩子之间的关系时不恰当的做法导致的。从哥哥与妹妹"争娃娃事件"，就能看出来，两个孩子争的不是娃娃，而是父母的爱。哥哥原本不喜欢娃娃，但自从爸爸给妹妹买了娃娃后，哥哥就非要不可，而且买新的都不行，必须要妹妹的。当出现这种情况，爸妈一定要当心了，说明自己在平衡两个孩子的关系上出了问题。

原来，大宝独享爸爸妈妈的爱。他习惯了父母凡事以他为中心：爸爸妈妈买回来的玩具都是给他的；要出去玩儿，父母也是先征求他的意见……现在多了个妹妹，大宝听到的话变成了"你是哥哥，要让着妹妹"。妹妹出生时，哥哥 7 岁。对 7 岁的孩子来说，并不能理解为何有了妹妹，自己就要让着她。还有，因为妹妹年龄小，需要人照顾，所以爸爸妈妈会把更多的精力放在妹妹身上。而小孩子并不懂这是因为妹妹年龄小、需要照顾，反而觉得爸爸妈妈的注意力在谁身上就是爱谁。所以，他觉得，自从有了妹妹后，爸爸妈妈就不爱他了。当我说到这儿的时候，年轻妈妈的眼泪掉了下来，她说道："我儿子经常说我不爱他了，原来是这么回事！"

接着，她又叙述了一件事：妹妹 3 岁，正是淘气的时候。有一次，哥哥放学回到家，把书包往沙发上一扔，到厨房去找东西吃。回来时，作业本被妹妹从书包里拽出来，扔了一地，气得哥哥要打妹妹。妈妈没有说妹妹，反而说："妹妹还小，不懂事，你不要和她一般见识！"哥哥委屈地哭了起来。"难道不应该大孩子让着小孩子吗？这孩子怎么这么不懂事呢！"妈妈奇怪地问。妈妈的道理没错，但妈妈的错误之处就在于没有站在公正的位置上处理问题。当二宝把哥哥的书从书包里拿出来扔到地上时，却没有告诉二宝哥哥的书包不能动，快给哥哥说"对不起"，也没有引导女儿把扔在地上的作业本给哥哥捡起来。

我国从 2016 年 1 月 1 日开始调整计划生育政策以后，很多父母如愿以偿地升级为多子女爸妈。但是多生一个孩子，并不像养个宠物那么简单，各种矛盾也会随之而来。家庭关系将重新洗牌。一般来说，曾经的三口之家，家庭关系已经基本稳定。突然要增加一个新成员，夫妻之间、夫妻与老人之间、父母与孩子之间以及孩子们之间的关系就会打破原来的平衡。如何建立新的平衡是多子女家庭都要面临的挑战。

周老师支招

首先，给每个孩子独一无二的爱。二宝出生后，很多父母主张做到一碗水端平。其实，一碗水是无法端平的。比如，二宝出生后，因为年龄小，需要爸爸妈妈更多的照顾。这在客观上就占去了爸爸妈妈大部分的时间和精力。如果一碗水端平，对两个孩子分配的注意力相同，对二宝来说是不公平的。再如，孩子们喜欢吃蛋糕。父母买了两块，大宝和小宝一人一块儿，小宝吃不了浪费，大宝还没吃够。这对大宝来说也是不公平的。所以，最好的办法不是一碗水端平，而是按需给予。

小宝年龄小，自理能力差，需要妈妈陪伴的时间多。可以把真实情况告诉大宝："妹妹年龄小，还不会穿衣服。我先给她穿衣服，你需要我的时候，可以告诉我。"当孩子问："妈妈，我和妹妹，你更爱谁?"可以告诉孩子，"你们两个对我来说都是独一无二的，你是我唯一的儿子。在这个世界上，没有一个人像你一样，没有人拥有你的思想、你的感情、你的微笑。有你做我的儿子，我真幸福!"再如，两个孩子吃蛋糕。妹妹可能会说："妈妈，你给哥哥的比给我的多!"妈妈可以这样回应："哦，你没吃饱吗?"

妹妹说："有一点儿!"妈妈回应："那你想再吃一块儿蛋糕,还是再吃半块蛋糕?"妹妹说："我吃一点儿!"这种方式既满足了每个孩子的需求,又避免了浪费。所以,把注意力放在孩子们的需要上,给予孩子需要的爱,才是给到孩子最好的爱。

其次,切忌把两个孩子相互比较。有了二宝后,父母经常会不自觉地把两个孩子进行比较。其实,每个孩子都希望成为爸爸妈妈眼中的好孩子,他们最不喜欢的就是爸爸妈妈拿他和别人家的孩子比较,但如果这个孩子是自己的妹妹,那极有可能因为父母的比较,让孩子们互生嫉恨。有的家庭中,二宝情商比较高:妈妈下班后,会跑过去撒娇;家里来客人,嘴甜会来事……这时候,家长会忍不住说大宝:"你看看,妹妹比你小,却这么懂事!"这句话对大宝的打击堪称原子弹级别的。原本生了二宝,大宝就有担心,再加上比较,这种伤害可想而知。文首案例中的大宝,在家庭里与妹妹争东西,在学校里上课故意搞怪,其实就是因为父母有了二宝之后忽略了大宝的感受,大宝的所作所为是在吸引关注。

再次,根据孩子的需要分配时间。有多个子女的家庭,经常会遇到妈妈在和其他人商量事情的时候,孩子过来打岔的情况。比如,大宝要过生日,想请同学来家里玩,就问妈妈:"妈妈,我过生日时,可以请好朋友王良、小樱来我们家玩吗?"妈妈说:"只要你愿意就可以!还有谁?"大宝说:"还有王琳、李慧……"这时,妹妹看到妈妈与哥哥说话,跑过来打岔:"妈妈,你和哥哥说了半天了,我有事想告诉你!"这时,如果妈妈对大宝说"我跟你说的时间够长了",大宝就会因为自己的问题没有解决,产生一种妈妈被抢走的感觉,从而把"仇"记在妹妹头上,趁妈妈不注意的时候报复。所以,这时,妈妈要如实对妹妹说:"你说得对,我和你哥哥聊了半天了。他要过生日,想请小朋友来做客,这是非常重要的事情。我们得讨论邀请谁来,要玩什么游戏，准备什么东西。所以，我们要计划一下，认真琢磨一下这件事。我知道让你等，对你来说挺不容易的，还有5分钟就讨论完了。到时候，我会认真倾听你的想法，你要详细地告诉我啊！"这样，妈妈继续把大宝过生日的事情讨论完，再与妹妹沟通，让每一个孩子的需求都得到了满足。

最后，正确处理孩子们的矛盾。家有多个子女，会不可避免地发生争执。父母在面对孩子们的矛盾时，一定要记得这些正是他们心理成长的资源。帮助孩子解决矛盾的原则是，让他们学会用文明的方式解决矛盾，帮助孩子看到自己善良的一面，相信自己潜在的力量。

以下是多子女家庭经常发生的场景：

哥哥拿着妹妹的布娃娃，故意惹得妹妹大哭。

妹妹边哭边喊："我的布娃娃——给我——讨厌！"

哥哥说："我就是不给你，我就是个讨厌鬼！"

妈妈平和地说："我知道你很喜欢和妹妹玩这个游戏，但这样玩不合适。我相信你知道怎样做个好哥哥。现在就开始行动吧！"

这位妈妈的智慧之处就在于改译了大宝的行为，把抢妹妹布娃娃的行为改译成"用这种方式跟妹妹玩游戏"。这样，大宝会知道自己的行为不妥当。同时，妈妈还帮助大宝看到自己向善的一面，相信孩子的潜在力量——成为一个好哥哥。"现在开始行动"指出了孩子的行动方向。

因此，如果父母在处理孩子的矛盾中方法得当，孩子们都会得到成长。相反，如果一个孩子长时间得到父母的照顾和保护，比如父母经常说"妹妹还小不懂事，你得让着她"，长期被保护的一方就会失去了是非观，产生"因为我小，我就可以为所欲为""因为我小，我不需要为这件事的后果负责"的意识。这样的归因对孩子的成长是不利的，导致他们无法承担责任，会为他们未来的发展埋下地雷。

读懂孩子行为背后的心理需求

孩子的行为背后隐藏着他们的内在需求。孩子成长过程中，往往会出现不当行为。比如，不断重复地离开座位，故意违反纪律等。只有透过孩子的行为看到孩子内心的需求，采取合适的策略帮助他们，才能够让孩子茁壮成长。

性情大变的孩子

小军是幼儿园大班的孩子，性格活泼，是个人见人爱的小男孩，不仅是全家的开心果，在幼儿园也是老师的小帮手。平时，自理能力不错，从 5 岁就和妈妈分床睡了。可是，最近出现的一些行为让妈妈百思不得其解。他不但又开始尿床了，还必须用奶瓶喝水，晚上睡觉要妈妈陪着才能够入睡。幼儿园的老师也反映孩子在幼儿园行为孤僻，不愿与小朋友玩儿，还边拿着毛绒玩具摔打，边自言自语地说："打妹妹，打妹妹……"

原来，小军的妈妈刚生了小妹妹。全家人都沉浸在喜悦当中，围着婴儿转。没想到小军出现了行为问题。小军的行为问题其实与二胎出生后，父母不自觉地把注意力放到二胎身上有关。小孩子不懂得妹妹在生活上更需要照顾，把注意力解读成了爱；以为妈妈有了妹妹后，不再爱他了；以为只要变得和妹妹一样弱小，就可以重新得到父母的关注。其实，每个人的行为背后都有自己潜在的需求。按照心理学中的冰山理论，人的外显行为是"内在自我"的表现，行为是我们心理的镜子。透过行为，我们可以发现一个真实的自己。同样，透过孩子的行为，我们可以看到孩子内心真实的需求。

生活中，人们常常会依据自己的需求、好恶、情感、愿望、个性等主观倾向衡量别人，以为别人也有这样的特征，也和自己有相似的想法。这种现象在心理学上被称为投射现象。如自己讨厌某个人，就会认为别人也会讨厌这个人；对于自己喜欢的人或事，以为别人也会喜欢。正是因为如此，父母经常会把自己的感受、喜恶和愿望强加在孩子身上。比如，自己觉得冷，就认为孩子有同样的感受，于是不断地给孩子加衣服。我有一个朋友是儿科医生。他说很多孩子的感冒不是被冻感冒的，而是被捂感冒的。为什么呢？因为家长觉得冷，就给孩子加衣服。自己加一件，就给孩子加两件。事实上，孩子虽小，却爱活动，新陈代谢也旺盛。结果，孩子一活动就出一身汗，汗把衣服弄湿了。如果不及时更换，冷风一吹，反而容易感冒。我们通常说"有一种冷叫妈妈觉得冷，有一种饿叫妈妈觉得饿"，就是这种现象。还有的家长不顾孩子的自身条件和兴趣爱好，让孩子学习各种技能，如书法、绘画、唱歌、钢琴、跆拳道等。其实，父母的这些行为，看起来是为了孩子好，但实际上是在投射心理的作用下产生的。自己觉得好的，以为孩子也会觉得好。

因此，家长需要时刻带着觉察。在看待孩子的行为时，首先是放下自己的有色眼镜，不把孩子当成自己要实现某个愿望、做某件事情的工具，而是要把他们看成是他们自己。在此基础上分析，孩子为什么会做出这些行为？孩子的行为背后到底隐藏着怎样的需求？

普遍引起家长焦虑的孩子的不当行为大致可分为四类：

第一，不断重复的不当行为。这些行为包括不尊重规则、上课离开座位、发出怪声、作业磨蹭、打架等。如果家庭对孩子的心理需求是忽略的，或者对孩子采取了错误的回应方式，比如父母很忙，孩子交给老人或保姆照顾，只满足孩子吃饱穿暖的需求，关注不到孩子的心理需求，或者有的父母自身情绪常常失控，无暇顾及孩子的内心需要，都会导致孩子出现上述行为。一位家长向我反映孩子的情况：孩子上小学四年级了，上课经常发出各种怪声，作业也不写。有一天，老师给妈妈拍了孩子在学校里上课的视频。妈妈发现他上课时一直趴在桌子上，偶尔会抬起头来，很快就会趴下。显然不是困了，而是故意这样。有几次还跑出教室，让老师们担心。这位小学生的行为就是不断重复的不当行为。孩子这些行为背后的心理需求是获得关注。孩子通常会以为只有得到关注，自己才是有价值和意义的，才是被爱的。他们会用尽一切办法来吸引父母或他人的注意，就是告诉家长看到他们，关注他们，满足他们的心理需求。

第二，争取权利。争取权力的行为多见于青春期的孩子。他们经常与父母、老师对着干，"你说往东我偏往西"。如果父母在教养孩子的过程中，运用的是专制型的模式，当孩子的行为不符合父母的要求时，就会被批评和指责。不允许犯错，更不允许表现出软弱、无能和失败。时间久了，孩子以为只有胜利者才有说话和生存的机会，只有获得权力才会获得尊重。他们一方面讨厌父母的控制；另一方面，又认为只有用控制的方式才能获得自己想要的。不断争取权利背后的心理需求是"只有当我说了算并且不接受被命令的时候，我才有安全感；他们行为背后的声音是尊重我，温柔地对待我"。

第三，报复性行为。报复性行为的主要表现是"你不让我好过，我也不让你好过"或者"我打不过你，我就去打更弱小的人；实在不行，虐待动物也能发泄我内心压抑的情绪"。如果家庭成员之间缺乏温情，彼此之间冷漠寡淡，或者父母一方有暴力行为，孩子就很容易出现报复性行为。父母认为自己很爱孩子，可是孩子感受到的是不信任、不满意和被嫌弃。孩子愤怒的是，"我已经很努力了，但是依然得不到认可。你还在不断要求我、打击我，那我干脆就不用努力了！我的报复行为至少能让你们不那么好过"。孩子的这些行为背后的心理需求是"我感受不到归属感，感受不到爱和支持。所以，我也要让你们体会一下我的感受。只有这样，你们才会改变你们的行为，才会用我要的方式来爱我"。

第四，自暴自弃。具体行为包括自暴自弃、厌学或拒学、违法、网络成瘾、伤害自己或他人。当孩子使用了各种办法，还是无法获得归属感和价值感时，常常放弃从父母和他人那里获得关注和平衡权利的机会。他们觉得自己没有价值和意义，会选择自暴自弃、厌学或拒学、违法、网络成瘾、伤害他人和自己。孩子这些行为背后的心理需求是"我无法得到我想要的归属感，我没有办法了，我只能放弃"。因此，当孩子自暴自弃时，是比较麻烦的。需要家长先接纳孩子，再改变自己与孩子的互动模式，让孩子感受到归属感；同时，为孩子提供一些展示价值感的机会。

当我们认识到孩子的不当行为背后是有心理需求存在的，就会有更多的理解和包容，并采取合适的策略想办法鼓励孩子。

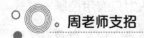 周老师支招

满足孩子不当行为背后的心理需求，根据不同的行为给予不同对待是

改变孩子行为最有效的方法。每一种不当行为都有有效的鼓励方式。

对于寻求过度关注的孩子，要关注积极行为，忽略不当行为。有的孩子在写作业的过程中有不良习惯，如咬指甲、咬笔杆或者愣神。一咬你就关注："哎呀！怎么又咬指甲了？你看，指甲已经这么短了，再咬就要出血了！"此时，家长的反应对孩子来说，就是关注，而且是不当关注。为什么这么说呢？孩子一咬指甲，家长就开启唠叨模式。对孩子来说，是不是获得了关注？获得关注后，下次还咬不咬？当然是继续咬了！这就是让很多家长困惑的"孩子怎么说都不听"的原因。那怎么办呢？不关注咬指甲的行为，我们关注孩子的积极行为，如说"今天，你写作业比昨天快了20分钟，真好！我就知道我家儿子能够又快又好地完成作业"。

同时，我们还可以做孩子意料不到的事。当他们表现出想要父母关注他们的行为时，你可以给他们一个大大的拥抱，通常这个方法很有效。约定一些无声的信号。比如，把手放在胸口上表示"我爱你"，把手指放到嘴巴上代表"先别说话，过会儿我再来关注你"……对于较小的孩子，可以在大家心情都很好的时候，花时间训练孩子，用角色扮演来向孩子演示其他可以代替不恰当行为的方式。比如，有的孩子不会人际交往的技巧。他想和谁玩，就打这个小朋友一下。当对方来追他的时候，他就跑。他沉迷于你追我赶的游戏中，但这种行为绝大部分孩子不喜欢，时间一久就没有人愿意和孩子玩了。如果父母和孩子就如何邀请朋友一起玩做角色扮演游戏，可以快速让孩子学会正确的人际交往方式。

对于寻求权利的孩子，可以建设性地利用它，引导孩子行为的改变。首先，积极的暂停。当父母意识到自己和孩子处于权利之争时，立刻退出来，给彼此冷静的时间。冷静过后，父母要向孩子表达自己不会强迫他们做任何事，并且请他们帮自己一起找到解决问题的方案。此时需要注意的是，在与孩子沟通时，语气一定要保持平和，态度温柔而坚定，切记不要拿出家长的威严；否则，孩子不会愿意与你合作。其次，尊重孩子的想法，让孩子参与问题的解决，而不是父母告诉他们该去怎么做。可以运用开家庭会议的方式，商讨问题的解决方式，避免不断地提醒和说教。

对于想要报复的孩子，保持友善的态度，不要还击，避免陷入报复循环。孩子受伤时，会以报复的行为去掩盖受伤的感觉。这让他们有一种控制感，而暂时忘记自己的脆弱。作为成人，要看到孩子内心的需求，不要以牙还牙，避免陷入报复循环。如果孩子的伤害不是来自父母，请保持友善的态度；等孩子冷静下来后，分析孩子受伤害的原因，对此表达出同情和理解。多问一问孩子的感受，而不是直接告诉孩子自己的看法。如果是父母造成了对孩子的伤害，就要表达自己的歉意，诚恳地对孩子说一声"对不起"，并且表达对孩子的理解和关注。

对于自暴自弃的孩子，安排一些机会，让孩子体验成功的感受。很多时候，孩子不是能力不足。当他们有了这种错误观念时，会表现出无能为力。对待这样的孩子，我们要为孩子安排一些容易完成的任务，给他们提供大量的机会，让他们体验一些小成功，肯定孩子的任何积极努力，证实他们确实有闪光点或过人之处。对于这类孩子，我们需要花时间把事情细分到能让孩子体验到成功的简单步骤。比如，告诉孩子："我先做一半，你来做另一半！"无论多么小的事，都关注孩子的闪光点，肯定孩子所做的任何积极努力。

第四章
6—12岁孩子的心理营养与养育策略

这一年龄阶段的孩子开始进入小学，喜欢学习各种感兴趣的事情，希望变得有能力。小学阶段，最需要培养的是孩子的习惯。习惯分为生活习惯、学习习惯和思维习惯等。这时，需要一个榜样能够帮助他们如何解决问题：当遇到麻烦时怎么办？如果与别人的意见不一致怎么办？当心情不好时怎么办？如何管理自己的情绪？如何解决生活中遇到的麻烦？父母最容易成为孩子的第一个榜样，成为孩子解决问题的示范和模板。

6—12岁孩子需要的心理营养和养育策略

孩子进入小学后，特别需要一个人能做自己的模范。父母就成为孩子的第一个模范。当生活中遇到一些具体问题时，父母用什么样的方法来解决，用什么样的态度来面对，将成为孩子解决问题时的示范和模板。孩子会像镜子一样反馈父母的行为。

孩子养不成好习惯怎么办

我是一位老师，非常注重孩子学习习惯的培养，经常给孩子讲养成好习惯的重要性。可是，我的孩子一直改不了丢三落四的毛病。写完作业后忘记带是常事，几乎每天都忘记戴红领巾和小黄帽。每次他一忘记，我都要教育一番，自认为教育学生还挺有办法的，但教育自己的孩子觉得很无力。每次都是给孩子讲完道理，再从学校门口的小卖部里买红领巾和小黄帽给孩子。到三年级时，家里的红领巾和小黄帽攒了一箱子。这是天性，还是我的孩子就是记性不好？我该如何给孩子养成良好的习惯？

6—12岁孩子的心理营养是学习、认知、模范。这一年龄阶段的孩子喜欢学习各种感兴趣的事情，希望变得有能力。这时，需要一个模范能够帮助他们解决这些问题：当遇到麻烦时怎么办？如果与别人的意见不一致怎么办？当心情不好时怎么办？如何管理自己的情绪？父母就成为孩子的第一个模范，成为孩子解决问题的示范和模板。

上小学后，当孩子的行为不符合父母的期待时，父母会习惯性地给孩子讲很多道理。其实这些道理对孩子来说，就像天书一样，难以听懂。

一个偶然的机会，我揭开了文首案例中孩子丢三落四的原因。我到这个孩子家里时，眼前的一幕让我难以置信。衣服床单扔到沙发上，地上乱糟糟的，几乎看不到地面，桌子上的东西也横七竖八。妈妈虽然每天不断地给孩子讲道理，想让孩子学会整理自己的东西，但当妈妈把自己的东西扔得乱七八糟时，孩子是看在眼里，落实在行动中的。因此，不管妈妈再怎么教育孩子不要丢三落四，自己的东西要整理得有条有理，孩子无论如何也做不到。这就是言教不如身教的道理。

◎◉ 周老师支招

第一，父母要成为孩子的榜样。父母希望孩子成为什么样子，自己就先变成什么样子，因为父母是孩子的学习榜样。孩子会像镜子一样反馈父母的行为。比如，当孩子情绪极端、无理取闹时，反思自己的情绪是否经常失控；当孩子自律性差，玩起手机来没有节制时，反思自己是否拿起手机一玩儿就是两三小时；当孩子做事拖拉、磨蹭，没有时间观念时，反思一下自己做事是否不到最后一刻不动手。

第二，培养孩子良好的习惯。小学阶段，最需要培养孩子的各种习惯。习惯分为生活习惯和学习习惯、思维习惯等。首先，培养孩子良好的生活习惯。习惯的培养不是一蹴而就的，需要与学校配合，在不同的年龄阶段提出不同的要求。比如，孩子一年级时能够自己收拾书包，自己准备学习用品，帮家长做力所能及的家务等。其次，培养孩子良好的学习习惯。谈起学习，父母总有很多话要说，如孩子磨蹭，写作业慢，不爱学习等。其实，每个孩子都是爱学习的孩子，只是父母太焦虑了。孩子一学习，父母就看到孩子的一堆毛病，就忍不住想指责孩子。孩子不明白为什么一学习，那个温柔的妈妈就变成了令人恐惧、面目狰狞的"母老虎"。久而久之，孩子想到学习，就想到那个爱发脾气的妈妈，就越来越不愿意学习了。因此，父母一定要学会控制自己的情绪，孩子学习的时候要保持平和的心态。

同时，从小就给孩子准备一张固定的书桌。孩子只有看书时才能坐在书桌前，喝水、吃东西时都要离开书桌。久而久之，孩子只要一坐到书桌前，就会集中注意力。从一年级开始，就让孩子学会自己记作业、写作业。要让孩子从小就知道写作业是自己的事情，无需别人督促。

第三，培养孩子从小学会负责的思维习惯。父母或者其他抚养人经常因为孩子小，出现问题后就把责任推到其他的人或物品上。比如，孩子学走路时，因碰到桌子而摔倒在地，大哭起来。父母非常着急，边拍打桌子边说："打桌子！打桌子！都是桌子的责任，把宝宝磕疼了！"孩子听到大人这么说，就会信以为真，以为是桌子犯了错。时间一久，不管发生任何事情，孩子都会习惯性地认为那是别人的事情，和自己没有关系。比如，有的孩子考试成绩不好，把责任推卸到别人身上：是同桌不好，同桌爱说话影响了自己的学习；是老师不好，老师讲得不明白，才导致自己成绩不好；是班主任不好，班主任管理班级不善，班级的学习氛围差等。总之，都是别人的错误，自己一点责任都没有。这样的孩子长大后怎么可能成为栋梁之材呢？

第四，巧用奖励激发孩子成长的内在动机。在孩子小时候，很多父母喜欢用糖果、饼干等零食奖励孩子，效果也不错，但伴随着孩子的长大，糖果、饼干等物质激励的作用变得越来越小。于是，父母的奖励也不断升级，用购买平板、名牌服装等方式激励孩子，但会发现这种物质奖励带来的效果并不能持久。原因是，物质性的奖励对低年级的孩子是有效的，但伴随着年龄的增长，社会性的强化物则更有效。比如，当一年级的孩子表现好时，给他们买巧克力，他们很开心；面对六年级的孩子，再给他们买巧克力时效果可能就一般。不如引导他们体会到，学习本身就可以给自己带来很多快乐。比如，当孩子的考试成绩很好时，引导他们认识到自己心里特别开心，老师会经常表扬，同学会经常让自己给他们讲题，很有成就感。伴随着孩子年龄的增长，精神层面的奖励和成就感的获得对孩子的吸引力会不断增大。

孩子多动怎么办

多动症又称注意缺陷多动障碍（ADHD），主要表现为与年龄和发育水平不相称的注意力不集中、注意广度缩小、注意时间短暂，不分场合的活动过多、情绪易冲动等。小学阶段，注意力不集中、小动作多的学生很多，不一定是多动症。家长一定要从孩子的成长经历来综合判断，根据孩子的具体情况给予不同的指导。

多动症的孩子

"周老师，您的信——"当我经过传达室时，传达室师傅热情地招呼。我看了一眼，寄信地址是 R 市 X 中学。我马上意识到这是一诺的爸爸写的。打开信，两张证书复印件赫然映入我的眼帘，是一张三好学生证书和一张学习成绩进步奖证书。

没错，是我的学生一诺（化名）的证书。信上写着："周老师，感谢您对我们一家的帮助。一诺现在上初中，学习和各项活动都很好。本次期末测试，获年级综合测评第一名，学习成绩也是第一名。经历了这么多，我们也知道学习成绩相对于孩子的健康成长来说，并不重要。可是，这两项成绩意味着儿子重新步入正常发展的轨道，对我们来说，真的是特别珍贵。我代表我们一家谢谢您！"

这封信把我的记忆拉回到一年前的冬天。

我正在整理案例，一个陌生的 QQ 号闪动着，一段留言映入我的眼帘："周老师，我恳请您能帮帮我，我的孩子出了一些问题，现在不知道该怎么办。全家都陷入绝望中。——一个绝望的爸爸"这几句话后面是一个电话号码。短短的几句话中，就两次用到"绝望"，这让我产生了好奇。孩子遇到了怎样的问题，让爸爸感到如此绝望？我带着好奇打过电话去。电话接通后，一个疲惫的声音传过来："我和爱人都是中学老师，平时工作忙。孩子上六年级，但现在已经半年不能上学了。作为老师，把孩子培养成这样，感觉无脸见人。现在，都不敢教学生了，怕误人子弟……"我明白了，这位爸爸因为儿子出现问题而全面地否定自己。

与一诺的爸爸妈妈约定了见面时间。初次见面，他们的状态让我大吃一惊。妈妈干瘦，皮肤黑中透着灰。爸爸胡子拉碴，眼里充满了血丝。一看就知道夫妻二人承受了极大的精神压力。两人还没坐定，就拿出一摞医院诊断结果，并告诉我孩子前两次在医院检查都没有问题，第三次在省 X 医院的诊断结果是多动症。两人不知该怎么办。

我问："多长时间查了三次呢？"

"一个月。"

"前两次没有问题，你们两人一直锲而不舍地到医院检查，终于查出问题来了，是不是觉得轻松了呢？"我反问道。之所以这样问，是因为在一个月内到两家医院做三次心理问题筛查，显然是太密集的。夫妇二人不信任前两次的检查结果，一定要得出孩子"有病"的结论。

夫妻二人面面相觑，说："周老师，没有查出问题时，觉得医院可能是误诊，但现在查出问题来了，内心里更难受，不知该怎么办。"

多动症又称注意缺陷多动障碍（ADHD），主要表现为与年龄和发育水平不相称的注意力不集中、注意广度缩小、注意时间短暂，不分场合的活动过多、情绪易冲动等，并常伴有认知障碍和学习困难。该症一般于学前期发病，呈慢性发展过程。多动症儿童通常自控能力差，情绪不稳定，易激动，常发脾气。个性倔强、固执、急躁，表现幼稚，缺乏荣誉感，不辨是非。有的说谎、逃学、欺骗；有的外出不归，甚至染上恶习。此类儿童在家庭及学校均难与人相处，做事不顾及后果，凭一时兴趣行事。为此，常与同伴发生打斗或纠纷，造成不良后果。在别人讲话时，插嘴或打断别人的谈话；在老师的问题尚未说完时，便迫不及待地抢先回答；无法耐心地排队等候。

我说出了多动症的表现，接着问："你是不是觉得孩子像多动症？"

他忙点头，说："是的，我自己从网上查了一下，和我儿子的表现很相符。所以，前两次医院检查没事，担心医生弄错了，就换了一家医院又查了一次。"

"或许你认为孩子像多动症。只是我很好奇的是，多动症大都开始于幼儿早期，进入小学后更显著。部分儿童在婴儿期就开始有过度活动。你儿子有怎样的惊人能力，让你们在出生到四年级之前竟然没有发现他的问题，只是最近你们才发现了他的问题？"

原来，最近半年中，一诺出现了一系列行为问题。先是连续几次爬到教室窗台上站着，因教室在四楼，外面没有栏杆，引得大家一阵惊呼。老师看到后小心翼翼地把他给接了下来，并给他做思想工作，告诉他这样做有多危险。他显得不以为然，说自己心里有数。果不其然，第二天，老师发现他又站到了窗台上。这样的事情发生了几次之后，老师忍无可忍，把父母叫到学校，讲明利害，并建议父母把孩子领回去。父母本身是教师，所以特别理解老师的苦衷。可是，作为父母却不能接受儿子变成这个样子。孩子在家里待了一个多月后，刚送回学校，第二天又站到四楼窗台上了。

万般无奈，夫妻二人又把儿子接了回去，并转学到与自己单位相邻的一所学校。没想到，刚转过去一周，一诺就躺到教室门口让其他同学从他身上跨过去，导致班里乱作一团。一直到上课 10 分钟了，同学们都安静不下来。看到班里这个样子，他竟然开心地咯咯笑。老师找他谈话时，他什么话都没有说，只是觉得好玩儿。又有一次，一诺上课又不见了，却被发现在学校的校车内。同时，司机师傅发现车无法启动了。接二连三的事情，使得老师不胜其烦，于是劝爸爸把孩子领回去。因为儿子连续两次都被学校用类似的理由劝退，夫妻二人再也承受不了压力，从网上搜索，发现儿子的行为像多动症。于是，他们连续到两家医院检查了三次，终于在第三次查出了多动症。

虽然有医院的诊断，但我对这个诊断是持怀疑态度的，因为多动症不是突然发病的，而是从小到大有一个逐步发展的过程。比如，在新生儿期，有神经不稳定的表现，易兴奋、夜哭；在婴儿期，抱在怀里乱动、不安宁，母亲感觉孩子很难带；在幼儿期，多动明显，走路不稳，狂奔乱跑，一刻不停，易摔跤，注意障碍此时已经出现，不听大人的话，难管教，注意力难以集中，东张西望，心神不宁等；学龄前期，症状逐渐明显，在幼儿园有多动表现，不守规则，不能静坐，注意力不集中，学习困难，随意走动，不服管教等。

而这些症状，一诺都没有，直到上小学四年级后才发生上课时发出怪声、扰乱其他同学学习，在家里经常发脾气、注意力不集中的现象。我判断，一诺不是真正意义上的注意力缺陷，而是家庭教养方式不当，导致孩子出现过多吸引关注的行为。这类孩子往往上课坐不住，发出各种声音，做出各种出格的动作，但他们的行为只是为了引起他人关注而已，经过调整家庭教养方式和给予孩子心理辅导后会有很好的疗效。在小学阶段，像一诺这样坐不住、注意力不集中、小动作多的学生，笔者接触过很多。因此，家长一定要从孩子的成长经历来综合判断，不要单凭这一点表现就判定为多动症。

原来，一诺的爸爸妈妈都是中学老师，且都是班主任，多年以来一直带毕业班。二人生性好强，干工作经常比着干。二人带的班级成绩在学校里经常一个第一名，另一个第二名。同时，因为毕业班的教学任务和管理任务都很重，为了专心工作，夫妻二人从一诺刚出生就把孩子交给老人带，一直到上小学。一诺妈妈回忆起孩子6岁时，自己到北京出差两周，打电话给奶奶，让一诺接电话，一诺竟然拒绝了。在辅导过程中，我也发现，一诺特别着迷和爸爸妈妈在一起的时间，几乎每一次辅导都会说到，最快乐的事儿就是和爸爸妈妈一起玩儿，无论是在家里玩儿还是出去玩儿都可以。可见夫妻二人很忽略孩子的感受，孩子在内心对爱和关注的渴望到了何种地步。

其实，把孩子完全交给老人养育是有很大弊端的。缺失父母的关爱，容易造成孩子心理营养不良，并影响孩子的身心发育。回到父母身边后，环境的改变、教养方式的差异，容易让孩子的认知判断发生冲突。父母没有经历孩子养成这些习惯的过程，不清楚这些习惯的来龙去脉，心理上很难接纳。一诺就是这样。当父母看到他随地乱扔垃圾，物品摆放得乱七八糟时，开始还耐心地跟他讲，说过几次之后就失去了耐心。每当看到孩子再乱丢东西时，就指责孩子。由于在情感上与父母本来就有疏离，再加上父母的教育方式生硬，一诺内心很抵触。他感到父母不爱他；否则就不会把自己丢给爷爷奶奶，就不会回来后又经常对自己大吼大叫。因此，伴随着年龄的增长，他内心越来越有一种冲动，做一些出格的事情来引起关注。

◎◎◎ 周老师支招

面临这类孩子，父母需要注意以下几点：

首先，多陪伴孩子，给予孩子需要的心理营养。在工作压力普遍增大的社会环境下，民间流行一句话："妈妈生，姥姥养。"这已成为年轻人带孩子的普遍方式。虽然这种养育方式给年轻的爸爸妈妈减轻了很多压力，但是0—6岁的孩子，尤其是0—3岁的孩子，最好和父母在一起，受到父母无微不至的照顾，这样更有利于孩子形成安全感。因为0—3岁是孩子安全感建立的重要时期。如果孩子跟父母分离很长时间，就会产生极度的恐惧与不确定感。对孩子来说，这是一个很大的心理创伤。孩子长大之后，他们内心的安全感以及与人连接的能力都会受到影响，这在心理学上称为亲子关系中断。亲子关系中断的孩子在上小学阶段容易出现行为问题；长大后缺乏安全感，难以和他人建立稳定的信任关系。

为了弥补不能陪伴孩子的缺憾，父母往往会在工作之余去给孩子买更多的玩具、衣服、零食来弥补。其实，这些物质并不能满足孩子的心理需求，他们最想要的是父母的陪伴。一诺的妈妈知道自己的缺位给孩子造成了很大影响后，开始在下班的时候全身心陪伴孩子。经过半年多的陪伴和努力，一诺顺利地回到学校。在新学期期中测试中，他斩获综合测评和学习成绩双第一。

其次，勿把职业角色带回家。在社会生活中，人们都要扮演各种不断变换的社会角色，因而要不断地调整自己的心态和行为模式，以适应角色的转换。在咨询过程中，我发现很多问题孩子的父母都有很强的职业特征，比如军人、医生、教师等。他们很容易把职业角色带回家。以中小学班主任为例，一位老师面对一个班级的四五十个孩子，都能轻松管理好，往往会很自信地认为自己教育孩子很内行，教育一个孩子更是不在话下。但做老师和做家长是不一样的。在学校里教孩子时，很多老师把分数当做追求的目标，把纪律当成维护班级秩序的手段。而在家里，孩子更希望得到爸爸妈妈的爱与呵护。如果在家里把自己的孩子当学生来对待，就容易对孩子的心理造成影响。

因此，智慧的父母是不会把职业角色带到家里的。不管父母在职场上扮演什么角色，在走进家门前的一刻，都要学会角色转换，把自己扮演的职业角色丢在门外，绝不带进家门。家里没有领导，没有老师；家里没有会议室，没有课堂。在家里，孩子需要的是爸爸妈妈。做孩子最贴心的人，给孩子温暖和关爱，给予孩子需要的心理支持，是智慧父母的最佳选择。

帮助孩子树立规则意识

很多家庭对孩子的溺爱导致孩子没有规则意识。俗话说："没有规矩不成方圆。"如果孩子没有规则意识，就很难适应集体生活，完成社会化的过程。培养孩子的规则意识，需要家庭成员教育态度一致。规则制定后，不可以随意打破，需要温柔地坚持一段时间，直到孩子养成习惯。

蛮横骄纵小霸王的转变之旅

博宇是我在一次团体辅导课程里认识的。当时，我收到 Z 市某学校的邀请，说有一群孩子需要我的支持，希望我能抽出一周的时间，还专门配备了一名心理辅导老师张老师给我做助教。

课程开始前，我首先进行团队建设。团队建设的主要任务是建立团队意识和规则意识。一般来说，孩子们经历这么一次团体活动，会很自觉地遵守团体规则。第一节课程很顺利。第二节课时，我发现有一个胖胖的小男孩在玩悠悠球。我没有说话，走过去把球拿了过来并放到讲桌上，就如同什么都没有发生一样，继续讲课。

这个小男孩就是博宇。虽然上三年级了，可是从外表看起来，他还是如同刚刚上一年级的样子，圆嘟嘟的脸上长着一双大眼睛。就在我把博宇违反课程规则的事情进行冷处理的时候，奇怪的事情发生了：助教张老师走过去小声安慰博宇："没事没事，张老师给你拿回来！"当张老师说这话的时候，我内心吃了一惊。作为助教，为教学目标服务是她的职责，她竟然公然支持一个孩子违背规则！此时，我知道必须要表明一下态度；否则，对其他29名孩子来说，就是一个不良暗示：谁违反团队规则都可以！于是，我严肃地说："在这个课堂上，谁违反纪律都是不允许的！"

这时，原本安静的博宇如同一只鼓足了气的小青蛙，"呼呼"直喘气，肚子因为激动而一起一伏，圆脸涨得通红。突然，他一下子跳了起来，向门外冲去。助教张老师连忙去追，最终在教室门口追上他。一个拉着门把手要出去，一个推着门不让出去。就在他们的相互推拉中，门"哒哒"响着。原本对于他们两人之间的闹剧，我没有打算理睬，但门发出的"哒哒"声已经严重影响到同学们的情绪。于是，我走过去说："你们弄出的动静影响同学们上课了，想一下自己做得对吗？"

"我不影响同学们上课，我出去！可以吗？"他瞪着眼睛，大声对我说。

"当然可以！"当我说这句话的时候，我看到助教张老师在眼巴巴地看着我，微微地摇头。我没有理睬她，把门打开，说："你们两人一起出去吧！"他们两人同时冲了出去。我相信张老师能够应付一个三年级小朋友的各种问题。

我继续上课。大约过了半个小时，助教张老师走了进来，对我说："周老师，博宇想进来听课，可以吗？"

"当然可以，他是自愿出去的，不是我让他出去的。他回来，我也没有意见，因为他本来就应该在这儿。"我朗声说道。

再进来的时候，博宇与刚才相比像变了一个人，完全不一样了，在课堂上表现得非常好。接下来的时间里，博宇的表现与第一天判若两人，不但上课遵守课堂纪律，下课还主动为同学服务，打扫卫生、收拾物品等都抢在前面，俨然变成了一个小绅士。

❦

博宇在课堂上为何会有这样的表现？助教张老师为何如此紧张？原来，博宇之所以到这儿来，是因为妈妈做了一个重大的决定。这要从博宇的家庭成长环境说起。博宇的爷爷是Z市的高级领导干部。博宇的爷爷有五个孩子：四个女儿、一个儿子。博宇的爸爸是爷爷唯一的儿子。博宇又是独生子。在奶奶看来，博宇是张家唯一的香火。因此，对于孙子的一举一动，奶奶都是看在眼里，疼在心里，对孙子有求必应。

伴随着孩子的长大，奶奶的溺爱程度有增无减。与此同时，溺爱导致的后果开始显现：三年级的小学生依旧是有一点不顺心的事情都会躺到地上打滚，在学校也不例外；经常与同学起冲突。老师对于这样的学生束手无策。对于孩子的表现，妈妈很着急。可是，每当他骄纵、蛮不讲理的时候，妈妈刚要管，奶奶几句话就把妈妈给噎了回去："你不用管，小孩子懂什么，大了自然就好了，没听过树大自然直吗？博宇爸爸小时候就是这样，长大了不照样找了个好工作，还找了你这样的好媳妇吗？"说得妈妈哑口无言。她也曾试图反抗过婆婆对孩子的溺爱，但被两个大姑姐合力给压了回去。她们的理由是妈妈把奶奶气病了。博宇的妈妈是Z市人民医院的医生。两个大姑姐在奶奶住院期间，找到博宇妈妈，逼着她给自己的婆婆赔礼道歉。博宇妈妈又羞又气，因为婆婆在自己所在的医院住院，担心事情闹大了，面子上过不去。为了息事宁人，就照做了。正因为如此，妈妈在家里基本没有发言权。但伴随着孩子的长大，妈妈越来越不安，她不知道孩子照此下去会变成什么样子。于是，她决定：既然无法和自己的婆婆对抗，若这一次课程结束，孩子依旧没有改变，回家就离婚，自己带着孩子出去住。

这下我终于明白为什么博宇在课堂上有这样的表现了。因为我无意中被他投射成了妈妈；当张老师安慰博宇的时候，被投射成了奶奶。在他的信念里，妈妈和奶奶的战争，妈妈从来没有赢过，所以这一次也不用担心。没有想到的是，我扮演的"妈妈"丝毫不为所动，竟然让他和张老师扮演的"奶奶"一起出去。他出去时非常愤怒，一直往前跑，结果跑了不到50米，就停下来了。他小小的脑子开始想明白：原来，在这个社会上，奶奶也不是战无不胜的。于是，他给妈妈打电话搬救兵，要求接他回去。妈妈知道儿子此行的目的，果断拒绝了他。这时，博宇才冷静下来，想念那个充满欢声笑语的课堂。于是，他就央求张老师让他回到课堂。张老师之所以这样做则是一番好意。她知道博宇的蛮横不讲理，怕我不了解情况，会激怒博宇。因此，她就不顾课堂纪律，极力安慰博宇。

从博宇的案例中，我们可以很清晰地看到，小孩子的蛮横、无规则意识与成年人对待他们的方式是密切相关的。孩子的问题实际上是家庭问题的显现；是家庭成员没有一致的教育态度，没有制定明确的规则导致的恶果。

◎ ◎。周老师支招

家庭成员教育理念不一致，会让孩子感到混乱，相互抵消教育的效果。培养孩子的规则意识，家长需要做到以下几点：

教育理念保持一致。很多家庭存在家庭成员教育理念不一致的现实问题。比如，父母与祖父母之间因为生活的时代不同，成长的环境不同，具有不同的价值观，秉持不同的教育观点和教育方法。博宇就是因为老人对自己过分娇惯迁就，才为所欲为，没有了规则意识。

还有的家庭中，因为夫妻双方来自不同的家庭，教育方式、文化背景、成长环境不同，形成了不同的教育观念和方法。他们都有一个共同的特点，就是为了孩子好。但在做法上各行其是，互不买账。有的家庭中，夫妻双方在对孩子进行教育时，缺乏科学的方法。既想严格管理，又怕孩子受委屈。于是，一个出来"唱黑脸"，以吓唬、训斥甚至打为手段；另一个出来"唱红脸"，以哄、劝为手段。这类严父慈母式或严母慈父式教育，在中国家庭中占了很大的比例。

他们没有意识到自己这样做对孩子的影响是什么。教育理念的不一致，会对孩子的成长造成很多消极影响。主要体现在：第一，教育要求的不同，容易养成孩子的双重性格。孩子知道父母或祖父母对自己的要求不同，态度不一样，就会趋利避害，在他们面前有选择地表现自己。比如，博宇的奶奶要求较宽松，所以博宇想吃雪糕等在妈妈看来不利于健康的食品时，就会向奶奶要。奶奶会对孩子说："给你买雪糕的事儿，不许告诉妈妈。"这时，奶奶无意识地培养了孩子阳奉阴违的不良习惯。第二，孩子缺乏一个可以认同的行为标准，阻碍了自身的社会性发展。这种对行为标准的认知混乱，容易导致孩子无所适从，造成与他人交往的困难，甚至漠视社会行为准则。博宇就是典型的例子。对于奶奶说的话，妈妈不认同；对于妈妈说的话，奶奶不认同。婆媳二人暗自较劲，都想控制孩子，使得孩子不知道谁对谁错。结果，只能怎么舒服怎么来，把规则和纪律抛到脑后。上三年级的小学生还不懂得上课是要认真听讲的，想下座位就下座位；要求得不到满足，就躺在地上耍赖。因为喜怒无常，他在班里的人际关系也一塌糊涂。

制定明确的规则。俗话说："没有规矩不成方圆。"在家庭里面，不可能没有任何规则，否则就是对孩子的不负责任。规则的建立，可以由家长和孩子共同制定。当然，有一些安全性的规则，比如遵守交通规则的问题、安全用电的问题等，是必须要遵守的，不在讨论范围内。规则一旦建立起来，就不可以随意打破。当孩子试图打破规则的时候，需要温柔地坚持就可以。从博宇的案例来看，其实，孩子的行为塑造并不难。他在挑战课堂规则失败后，第二天开始就成为主动遵守课堂纪律的好孩子，不但自己提前到教室，还能提醒其他同学不要迟到。甚至在课堂上，我发现他的鞋带开了，提醒他系上鞋带的时候，他看着我，很认真地说："周老师，如果我上课系鞋带，你不会把我的鞋子没收吧？"样子可爱至极。

博宇回家后，变得彬彬有礼，写作业时很认真、很专心。奶奶深受触动，开始反思自己以前的做法是否正确。妈妈坚决要搬出去住，奶奶最终同意了。搬了新家后，一家三口面临全新的生活，三人共同商定在家庭内部的规则。父母在制定与家庭教育有关的规则的过程中，让博宇参与到其中，并询问孩子的意见。这样，一方面，可以培养孩子的思考能力和参与意识；另一方面，有助于孩子理解和明确父母对他的要求。例如，在看电视的问题上，以前在奶奶家时，电视是全天开着的，什么时候想看都可以，想要看哪个台就随时切换。博宇在奶奶家的时候，手里拿着遥控器不停换台，其他人谁也看不了。回到自己家后，他们达成共识：晚上6:00—6:30为博宇看电视时间，7:00—7:30为爸爸看电视时间，7:00—8:30为博宇写作业时间，8:30—9:00为阅读时间。博宇做监督员。一家人其乐融融。三个月后，妈妈从微信上给我发了一张照片，是儿子为妈妈过生日时照的。母子依偎在一起，幸福写在脸上。妈妈还给我写了条短信："周老师，孩子最近在班里的表现非常好，老师最近老表扬他。写作业不用催，每天按时能完成。在最近的期中考试中，儿子语文、数学竟然考了100分，这是以前从来没有过的。感谢您救了孩子，救了我们全家。"

透过妈妈兴奋溢于言表的文字，我们能感受到孩子有了规则意识后发生的变化。所以，每个孩子都是一座宝藏，有待于我们运用符合规律的方法去开发；每一个家庭都有幸福的密码，需要每个家庭成员去探索。

如何给孩子制定规则

如何给孩子制定规则是家长们头疼的问题，因为建立规则后经常因各种原因不能坚持，规则形同虚设。因此，父母与孩子需要通过民主协商的方式制定规则。制定规则时，需要遵循共赢原则、差异原则、行动原则、坚持原则。

孩子爱玩手机怎么办

我孩子上六年级了，特别爱玩手机，每天一到家就开始抱着手机玩。平时还好一点，他只要上学就把手机放到家里了。可是，新冠疫情让人措手不及，超长假期让我体会到了老师的难处。孩子居家网上学习，让我深刻地体会到孩子有多难管。孩子没有规则意识，想睡到几点就睡到几点，在线打卡经常迟到。从那以后，手机白天晚上都拿着。我想把他的手机要过来，都会引来他激烈的反抗。可是，每次我到他屋里去的时候，看到他抱着手机看，心里都特别难受。我该怎么办？

这位家长反映的问题也是大多数学生家长内心的困惑。一场突如其来的新型冠状病毒肺炎疫情给忙碌的社会按下了暂停键。史无前例的长假在带给人们生活极大困扰的同时，也是一次绝佳的教育契机。

孩子居家网上学习过程中暴露出一个问题：由于上网课离不开手机，平时孩子玩手机就难管，这次孩子有了正当的理由。当孩子长时间拿着手机时，家长管吧，孩子说在完成作业；不管，又担心孩子沉浸在游戏里不能自拔。那种百爪挠心的感觉，只有经历过才知道。在线学习所暴露出的各种"难"，疫情结束后带来的各种"后遗症"，其实也是孩子们日常成长中被家长容易忽视的问题。总结出来就是孩子没有规则意识，家长没有与孩子就手机使用制定相应的规则。

制定规则前，家长一定要清楚自己最在乎的是什么，最担心的是什么。这就是价值观的问题。比如，孩子的学习与健康发生冲突时，如果只能选一样，父母会选择什么？再如，对于孩子玩手机的问题，如果担心孩子上瘾，父母对网瘾了解多少？如果按照国家的标准来看，孩子并不是网瘾，父母愿意让孩子玩手机吗？如果不愿意，父母担心什么，是担心孩子的学习？如果孩子学习成绩不错，父母会同意给孩子手机吗？担心孩子的视力，还是担心网上有些不良信息？或者是担心孩子晚上睡得太晚，影响健康？之所以列举这么多家长担心的问题，是想让家长把自己要和孩子商讨的问题搞清楚，针对这些问题和孩子进行民主协商。

民主协商时，切记一次只讨论一个问题。同时阐明很多问题，就变成了唠叨，让孩子分不清重点，分散了孩子的注意力。同时，孩子不知道父母到底让他们先做什么，就会产生厌烦情绪，不利于问题的解决。

周老师支招

在与孩子民主协商的过程中应遵循以下原则：

一、共赢原则。家长们要有心理准备的是制定规则过程中，肯定会有观点的冲突。有冲突，有问题，才有教育契机。所以，有冲突不可怕，关键是如何应对冲突才是重要的。

通常来说，父母对待孩子的不同意见，有两种无效的解决方式。

一种是"你输我赢"。父母说了，孩子就得听；父母是权威。争执的结果是孩子表面看起来屈服了，但内心里不服，消极抵抗。孩子怎么抵抗？父母喜欢什么，他们就偏偏讨厌什么。比如，父母让孩子学习，孩子偏偏不爱学习。有的孩子表面上不敢反抗父母，但不爱学习父母擅长的学科。爸爸学理科出身，擅长数学，但孩子的数学却出奇得糟糕。这种现象在心理学上叫被动攻击。很多孩子存在被动攻击现象，究其原因就是亲子关系差。爸爸妈妈比较强势，采取的是"你输我赢"的模式。最后结果是"父母赢得了战争，失去了长久的和平"。

第二种是"你赢我输"。很多父母为了避免冲突，采取妥协的方式。比如，我曾经有个学生，已经上初中了，但因为在小组合作过程中，自己所在的小组输了，就赌气跑到教室外面，把班主任吓得发动所有的任课老师找他。原来，这个孩子三四岁时向父母要玩具。父母觉得家里已经有很多玩具了，就没有给她买。这个女孩就哭。每次一哭，父母心一软就买了。到了四五岁时，有一次全家到青岛去玩，因为爷爷奶奶没有满足她吃冰糕的要求，她闹着要回家。家里人不同意，她就在地上打滚，歇斯底里地哭。她这一闹，竟然让全家的青岛之旅取消了，直接回到了济南。这个女孩就用"一哭二闹"的方式来让父母一再地妥协。发展到最后，竟然把这种方式用在小组竞争中。现实生活中，很多父母就是采取"你赢我输"的方式处理冲突。最后的结果是赢得了暂时的和平，失去了原则，让孩子不知道什么是重要的，给孩子的成长带来阻碍。

与孩子一起建立规则，最重要的原则是共赢原则。意思是建立规则的时候，不但考虑孩子的想法，还要考虑父母的想法，以及制定的规则是否与周围的环境相适应。以家长们比较关心的手机问题为例，到底该不该给孩子手机是家长很困惑的问题。其实，手机不是问题，如何使用手机才是问题。手机作为高科技的产物，已经成为人们生活中不可或缺的部分。但孩子使用手机不当，确实给学习带来负面影响。因此，家长们对手机的态度是坚决不能玩。甚至有的文章鼓吹："想要毁了一个孩子，就给孩子一部手机。"暂且不说这个观点的对错，家长们可以考虑一下：自己真的能离得开手机吗？孩子能离开手机吗？平时，老师把布置的作业发在微信群里，家长需要用手机看；疫情期间上网课，孩子需要用手机看；假期上网课，孩子需要用手机看；孩子放学后，家长担心孩子的安全问题，还需要用手机联系孩子。所以，手机不是问题，如何使用手机才是问题。

我女儿在初一时，问我要一部手机。我就以此为例跟家长们分享制定手机使用规则的问题。

我问："你要手机干什么用？"

女儿答："看英剧。"

我又问："现在学校里让不让带手机？"

女儿说："不让带手机。"

我继续问："那你带手机到学校去吗？"

女儿说："我可不敢带到学校去！我班主任可厉害了。我们班有个同学把手机带到学校去，被班主任发现了，结果班主任把他的手机扔到地上，摔成了三块。"

"你要手机干什么用？"其实，这个问题就是在关注使用手机的目的，这很重要。孩子的回答是"看英剧"。影片中的人物用英语对话，可以趁机学习英语，这是我立马能够想到的，所以我认为是正当要求，我对这个目的是持赞同态度的。于是就探讨下一个问题："现在学校里让不让带手机？"这个问题就是考虑环境的问题。我们培养孩子的过程中，让孩子有个性是没问题的，因为有个性的孩子才有创造力。但孩子的个性一定要符合社会规则。如果学校不允许带手机，我让孩子带到学校去，那显然就是违反校规校纪。孩子直接回答我："学校不让带手机。""那你带不带手机到学校去？"这个问题是很重要的，因为通过这个问题，才能够知道孩子对手机的使用是否可控，孩子会不会因为手机违背学校规定。孩子为了让我放心，给我举了一个例子："班主任把另一个同学的手机摔成三块。"老师摔手机这件事是不是真的并不重要，重要的是孩子的态度："绝对不会把手机带到学校去！"

二、差异原则。在协商共赢的模式中，选择结果时，必须接受双方有价值观的差异。比如，在使用手机上，家长和孩子的价值观是有差异的。孩子对手机着迷，家长对手机有担心，这就是差异。这种差异包括两个方面：允许孩子和父母不同，也要允许父母和孩子不同。具体内容包括以下几点：

首先，允许孩子和父母不同。有的父母喜欢拿小时候的自己和孩子的现在比。"我小时候，学习从来不用你姥姥催，每次考试都很好！""我七八岁就能自己洗衣服了，你看你这么大了，自己的袜子、内裤还不洗！"当父母们说这些话的时候，本意是好的，是希望孩子比自己更好，可是"用己所长，比人所短"，越比就越会把孩子比得没有信心。

所有的父母都希望孩子作为自己生命的传承，未来的发展道路充满光明。在这个美好的愿望之下，允许孩子与自己不同，因为父母的成长经历和孩子不一样。父母的经历所关注的问题，注定和这些生活在信息社会的孩子不同。因此，允许孩子当下与父母看到事物的角度和方式、途径有所不同。允许孩子在尝试中调整自己的认知，寻找更加适合自己的解决办法。

其次，允许父母和孩子不同。因为作为父母，要想引领孩子，必须学会站高一线，给孩子做出示范。这样，孩子才能够借鉴父母的智慧和处理问题的方式。

通常来说，父母接纳度越高，就越能处理好与孩子的差别。而父母也越能够允许彼此的差异。

案例：孩子从学校回家不高兴。

妈妈问："你怎么了?"

儿子说："和同学吵架了!"

妈妈又问："为什么和同学吵架? 到底怎么回事?"

儿子答："不想说了!"

妈妈继续说："你必须要说出来。不说出来，妈妈怎么会知道怎么回事? 妈妈怎么能帮你解决?"

儿子说："妈妈，求求你别问了!"

妈妈回："真是不知好歹! 狗咬吕洞宾，不识好人心!"

这是生活中常见的场景。案例中的妈妈是在选择帮助孩子呢，还是只顾表达自己? 很多时候，当妈妈试图解决孩子的问题时，自己也被卷入问题当中，变得情绪化。所以，分清楚这是谁的问题很重要。分清楚问题的界限后，可以对孩子说："我知道这个问题对你很重要，所以我希望陪着你一起面对。我知道你现在很难过。如果你现在暂时没有办法面对，那我们就先放一放。当你需要聊一聊的时候，我们再来谈好吗? 妈妈就在这儿，如果你需要，可以随时叫我!"这也许是最好的表述。

在尊重差异的基础上，父母看待问题的角度和方向，决定了与孩子谈话的方式。在制定规则时，可以采用建议式表述给孩子提问题，也可以帮助孩子深入了解自己的需要，为满足这种需要而付诸行动。下面还是以女儿要手机时我们的对话为例。

我问："你这次查体视力怎样？"

女儿回答："5.1。"

我说："手机看多了会对视力有影响，这是我担心的。如果你拥有手机，你的视力打算保持在什么水平？"

女儿说："我年龄小，视力还没有发育完全，我想下次再测试就能到5.2。"

我说："保持5.1，妈妈就很满意。"

女儿说："妈妈，你真好！"

我又问："你现在的学习成绩怎样？"

女儿回答："这次期中考试考了第三。"

我继续问："如果你拥有手机，你的成绩打算保持在什么水平？"

女儿说："我下次一定争取考第一！"

我说："总考第一也太累了。保持前十，妈妈就很满意！妈妈听说考前十的人长大后成功的概率最高，不一定是第一名成功概率最高哦！"

女儿说："妈妈，你是世界上最好的妈妈！"女儿抱着我亲了起来。

我接着问："妈妈还有一个问题，如果你看英剧，打算什么时间看？"

女儿说："晚上写完作业后。"

我又问："上初中后作业挺多的。每天晚上，我看你写作业到10点多，你看上英剧后打算晚上几点睡觉？"

女儿肯定地说："十点三十分，妈妈！"

我说道："如果到十点三十分的话，可能看不完一集。妈妈知道你精力旺盛，所以你可以到十一点睡觉。但一定记住，十一点准时入睡哦！因为晚上十一点到凌晨一点是人体褪黑素分泌最旺盛的时候，再晚了就影响健康了。"

女儿高兴地说："太好了，你是天底下最好的妈妈！"女儿又抱着我亲了又亲。

在和女儿交流的过程中，女儿为了让我同意给她手机，竭尽全力地提高标准，有一些标准高到实现不了。事实上，很多孩子为了达到自己的目的，都会竭尽全力地跟父母保证，如果父母答应了他们的要求，他们会做得如何好。此时，作为父母，一定要清晰哪些是孩子努力就能够做到的，哪些是孩子做不到的。制定规则是为了行动。如果规则的内容包含孩子无法完成的内容，那么这个规则就没有任何作用。比如，女儿这次在班里考了第三，下次争取考第一。考第一当然很好，但每次考第一不是很现实。所以，我建议她修改成考前十。但我没有直说"你做不到每次考第一"。因为这样否认的方式，虽然有激将法的作用，但是也有慢性催眠的作用，会让孩子产生"既然妈妈都认为我做不到，那我索性就不努力了"的想法。而是说"考前十的人长大后成功的概率最高"，其实也在暗示她，她未来的前途是不可限量的。所以，孩子开心地对我又亲又抱。在制定规则的过程中，我运用了一个小技巧，就是把我担心的事情，通过问题的形式让孩子来帮我解决。孩子是很乐于帮父母的，即使这件事和他们自己有关。而且，让他们自己说出要达到的目标，才是民主协商的过程。如果父母说出来，比如"如果我给你手机，你一定要好好学习"，效果就完全不一样了。

三、行动原则。语言沟通的结果只是找到了问题解决的方案，只有落实到行动中才能真正解决问题。没有行动的规则是无效的。制定的规则都需要落实到行动中去，才会让沟通变得有价值。行动规则包括方案出台后，在行动中要坚持分工和时间限度；在行动中，父母要身体力行，做好示范。

在行动原则中，父母给予孩子的承诺一定要兑现。有的父母在做出承诺之前没有考虑自己的真实情况，随口一说，结果孩子当真了。而父母的事情很多，承诺过的事容易忘记。经常有孩子对我说："我爸爸妈妈和我好的事情，经常会变，让我都不知道该不该信任他们！"因此，父母与孩子制定规则，探讨事情的解决方案时，一定要三思而后行。如果父母在履行承诺时，没有起到示范作用，孩子就不会把与父母的谈话结果当回事儿，规则就会流于形式。

执行规则时要持之以恒。一些父母总是在不断地与孩子制定规则，但在坚持原则问题上会心软，会妥协，以至于不能很好地坚持已经协商好的规则。这样，之前达成的协议就失效了。只有说到做到，孩子心里才有衡量标准。

当然，制定规则的过程中，如果担心规则不符合实际情况，就可以有试行方案，在限定时间内修改。但在限定时间内，要坚决执行试用方案。

我和女儿制定的手机使用规则也在执行的过程中出现了一个小插曲。

那是在把手机给她两个礼拜的时候，有一天晚上十一点多了，我发现女儿的房间还开着灯。我走进去一看，她在写英语作业。我就问她怎么回事，她说："今晚作业多，没写完。"我知道这是借口，但没有直接戳穿她，而是说："不要写了，我给你写张纸条，让老师也知道作业确实太多了。就连你这样成绩好的学生都写到晚上十一点多了，还没写完，更不用说其他学生了！"她一听，不耐烦地说："不用，不用！你去睡觉去。"我一边往外走，一边说："你违反规则了。明天早上，我不叫你起床，因为在我眼里，女儿的身体健康更重要。"说完，我回到自己房间关灯睡觉。

第二天早上六点半，女儿的闹钟响了。她关上闹钟继续睡，想等我去叫她起床。之前，女儿的习惯就是自己上了闹钟，但闹钟响了再迷糊两分钟，等我过去叫她再起床。这次，我没有叫她，静静地等着她睡到自然醒。到了七点三十分，她一下惊醒，"砰"的一声跳到地上，说："妈妈，我上学迟到了，你怎么不叫我？""你忘了，昨天晚上我就跟你说过，你违反规则了。为了保证你的健康，我早上不叫你起床！"那天，女儿上学迟到了一节课。

承担后果是违反规则后最好的选择。承担的后果可以是自然后果，也可以是约定违反规则后应该承担的后果。

自然后果法最早由法国教育家卢梭提出。如果孩子犯了错，造成了不良的后果，就让他自作自受，亲身体验并承担所犯错误造成的不良后果，从中接受教训。比如，孩子早上起来磨蹭，父母不得不一遍遍地催，以免孩子上课迟到，但孩子每次都不急不慢，让人着急上火。那接下来可以告诉孩子："我在楼下等你，你收拾好了自己下来。"如果孩子再磨蹭，导致迟到，就让他们承担被老师批评的后果。

约定承担的后果是在制定规则时，与孩子约定一旦违反规则怎么办。在我女儿违反规则时，我就是采取的约定后果法，告诉她："你违反规则了。明天早上，我不叫你起床，因为在我眼里，女儿的身体健康更重要。"女儿没有在意我给她的提醒，是因为她觉得，我肯定做不到早上不叫她起床。因为她上学迟到，肯定不是我愿意看到的事情。我就用实际行动告诉她，在身体健康和上学之间，我确实更关注她的健康。我让她承担行为的后果就是上学迟到一节课。这次经历对她的教训很深刻，以至于这是女儿唯一的一次违反规则，也是上学后唯一的一次迟到。

很多家长制定规则后，孩子无法执行时，不愿意让孩子承担后果。约定九点写完作业，十点写完也可以；约定讲礼貌，孩子无故骂人，家长就当没听见……这些家长总以为偶尔一次打破规则没有问题，结果导致孩子无法无天，直到有一天想管也管不住。如果只制定规则，不让孩子承担违反规则的后果，规则就形同虚设。

四、坚持原则。规则制定后，最忌讳朝令夕改；需要持之以恒，坚持一段时间。如果规则不能坚持，就相当于形同虚设。在执行规则时，父母要以身作则，给孩子做榜样。

规则制定后，从孩子觉得受约束到孩子自觉遵守，要经历三个阶段：

第一阶段，刚制定规则时，孩子还会不自觉重复以前的行为模式，但在事后会意识到自己的行为。此时，需要用行动原则来做一些补救，也可以用缓冲期来缓冲。这一阶段需要父母的督促。

第二阶段，虽然孩子偶尔会有违反规则的想法，但自己能够通过自己的意志力加以约束。这一阶段需要父母稍加语言提醒即可。

第三阶段，坚持规则，养成习惯，行为会自然而然地流露，感受不到规则的约束。

我和女儿在她上初一时制定好手机使用规则后，从初中到高中六年的时间，就一直坚持使用这个规则。手机交给她个人保管，我对她使用手机给予了充分的信任，只关注是否做到了我们的约定。事实证明，她能够很好地遵守规则。从初一到高三，除了运动会期间老师允许带手机的时候，会把手机带到学校去，其他时间都不带手机。到现在，女儿已经上大学了，眼睛的视力依然是5.1，学习成绩在班里始终保持前十，读大学时每年都能够拿奖学金。看英剧带来的收益是，高中时的英语成绩一直保持在135分以上，大学一年级就把英语六级考过了，还可以自如地用英语口语和外国人交流。

培养孩子独立的生活能力

> 父母对孩子的爱是一个逐步分离的过程。父母对孩子生活的照顾，伴随着孩子的成长是一个慢慢减少的过程。在这个过程中，父母逐步培养起孩子的独立生活能力、学习能力、人际交往能力、抗挫力等，为孩子将来能离开父母生活做准备。

一到学校就浑身紧张的小学生

尚松（化名）是 D 市六年级的学生，虽只有 12 岁，却已经休学一年了。不能上学不是因为身体的原因，而是因为他对学校怀有强烈的恐惧，一进学校就浑身紧张，以至于浑身僵硬，行走困难。

这年的期末，我应邀到他所在的学校给老师们进行培训。班主任听说我要过来就通知了妈妈。一提到儿子，妈妈的眼泪就哗哗地流。对这个贫寒的家庭来说，孩子就是全家的希望。孩子不上学，对妈妈来说，就意味着希望的破灭。看到她这个样子，我劝慰她："孩子不上学一样能生活，未来也一样能活得很好。所以，不上学本身并不是一件了不得的大事。而你这个样子，就像天塌了一样，对孩子来说才是真正的灾难！"妈妈听后又哭了起来，说："周老师，如果他不上学，能快快乐乐的，在社会上能够自信地活着，我也能接受，可是不是这样的……在家里，他的眼睛就像长在手机上一样，从早上起来就看手机，一直看到晚上很晚……天天不出门，没有朋友玩，也不和我们说话。他还这么小，不上学能干什么！"

看到妈妈难受的样子，我们约定下午两点带孩子到学校咨询室。

第一次咨询，尚松就迟到了。离预定的咨询时间已经过了15分钟，尚松母子还没有来。很奇怪的是，以往如果来访者超过预定时间不来，我会忙我手头的工作；而这一次，我感到就如同有一个无形的力量推动我，要到外面走走。于是，我打破常规，走出咨询室。这时，我看到三个身影站在学校传达室外面：一个小小的身影直直地站在那里；班主任老师在一边劝慰；而他的妈妈站在一边着急地搓手，一副不知所措的样子。

虽然妈妈事先已经给我介绍了孩子的概况，可是真正见到尚松时，内心还是如同触电一般，心疼的感觉充满了整个胸腔。他的小脸冻得红红的，眼睛低垂着看着脚面。虽然已经12岁，可从外表看，仅仅有七八岁的样子。浑身僵直，肌肉紧张。看到他这个样子，我用手轻轻抚摸了一下他的头，说："孩子，这儿很冷，跟我进来吧。"他乖乖地跟着我进入咨询室。

进入咨询室后，他并不说话。于是，我用绘画疗法的投射技术呈现一些他内心真正的想法。在绘画过程中，我看到这个12岁的男孩心中那份纠结。一方面，他特别希望自己能够成为一个有超强能力的人，能够成承担起家庭责任的男子汉。另一方面，他又处在深深的自卑当中。他认为自己一无是处，虽然学习成绩尚可，但绝对不是出类拔萃的。尤其是人际关系方面，是他最困惑的。他所在的班里有五个小组，他是二组的小组长。他发现小组成员很难管理，没有一个人听他的指挥。打扫卫生时，几乎都是他一个人在干。即使如此，他依然不能处理好与其他成员的关系。因此，在他的作品中，他宁愿留在自己的梦想楼阁中，也不愿意与外界接触。他觉得只有这样才足够安全。

※※※

尚松的父母是普通工人，生活较为清贫。妈妈把所有改变家庭状况的期待都寄托在儿子身上。在妈妈眼里，儿子长大后就应该成为这个家庭的救世主，尚松承担了让家庭翻身致富、出人头地的任务。因此，尚松的学习是第一位的，因为妈妈认为只有考上大学，才能像古时中状元那样，让家里的经济状况实现大翻身。否则，爸爸妈妈苦了一辈子，希望就破灭了。为了照顾好尚松，让尚松好好学习，妈妈费尽心思，像照顾婴儿一样照顾他，吃饭时要温度正好才让他来吃，洗脚水也由妈妈来端。怕尚松晚上蹬被子着凉，晚上睡觉时，妈妈还要搂着这个 12 岁的大男孩睡。高期望值与忽略综合能力的培养成为尚松发展过程中突出的矛盾。

一个人的自我观念是在与其他人的交往中形成的，一个人对自己的认识是其他人关于自己看法的反映。"我眼中的自己，其实就是我看到的那个你眼里的我"，这称为镜像自我。依据镜像自我理论，个体在与他人互动的过程中，会感知他人对自己的评价与期望，并会依照他人的期望来塑造其自我形象，树立个人的自我期望，进而影响其行为。尚松也不例外。一方面，他期待自己能够像妈妈期待的那样有能力，承担起光宗耀祖的责任；另一方面，尚松的能力达不到妈妈期待的那样，他对自我的评价极低。他认为自己能力差，没有能力处理好同学之间的关系；当学校要求住校时，没有能力照顾好自己。为此，他感到极度的恐慌。每当感到自己某一方面能力不足时，他就感到极度的自卑。尤其是当学校要求六年级的学生住校时，他恐慌地发现自己离开妈妈根本不行。学校举行改革，实行小组合作制度。他笨拙的表现，成为组内女生取笑的对象……这一切，让他都对学校充满了恐惧。所以，在绘画中，他把自己画成两部分："理想的我"是孙悟空，这能满足他成为一个有超能力人的想象；"现实的我"是一个怯懦的小孩，一个什么都不会的小孩。这突出反映了他对自我认识的矛盾。

对于尚松的内心矛盾，父母开始的时候并没有察觉，他们只是看到孩子不愿意去学校了。每到周一早上，爸爸妈妈叫尚松起床的时候，他很长时间都叫不起来。对于孩子的表现，他们想当然地认为，孩子不愿意住校是不愿意吃苦，是在偷懒。因此，爸爸决定采取打的方式来教训孩子，让孩子听话，想把孩子打回学校去。打的方式开始是有效的。尚松在被爸爸打的时候，会哭着极不情愿地穿衣服，背起书包磨磨蹭蹭地去上学。可是，很快，尚松的爸爸发现，打失去了作用。当一个月后，尚松再次不去上学时，任凭爸爸怎么打他、骂他，他都躺在床上一动不动。爸爸想拉他，但他浑身像散架的机器一样，压根就拉不起来。他就用这种无言的方式，抗议爸爸的行为。最后，爸爸颓废地蹲到一边，唉声叹气。妈妈则在一旁抹眼泪。

因为尚松对学校有很强的躯体化反应，我引导他放松紧绷的身体。伴随着轻柔的音乐，他的身体慢慢地柔软下来，并开始不停地流泪，释放情绪。20分钟后，他的身体不再紧绷僵直，开始向我敞开心扉。我让他认识到，一个人对自己有高的期望值原本是一件好事，与高期望值相匹配的是高能力。能够认识到自己的能力有差距，说明自己觉察力很强。接下来，制定计划锻炼自己的独立能力和人际交往能力即可。与此同时，我让他参与到青少年人际团体辅导中来，因为对人际关系问题的辅导，在团体辅导中效果是最好的。经过三个月的个别辅导和团体训练，尚松已回到学校，并开始适应学校的住校生活。

从上面的案例中，我们可以看到培养孩子独立生活能力的重要性。父母对孩子的爱是一个逐步分离的过程。父母对孩子生活的照顾，伴随着孩子的成长是一个慢慢减少的过程。这个过程中，父母逐步培养起孩子的生活能力、学习能力、人际交往能力。这一切，都是为了孩子将来能离开父母生活做准备。因此，培养孩子是否成功，要看他们离开父母后生活得怎样，而不是他们和父母在一起时怎样。

几乎所有的家长都希望自己的孩子有能力，并且成绩优秀，也希望自己的孩子拥有自信。但如果不把孩子未来的幸福作为目标，为孩子未来独立生活做准备，而只一味地溺爱孩子，孩子就会在父母的怀抱中，慢慢地滋生出惰性，认为父母给自己付出是应该的。若父母依旧执迷不悟，孩子长大就会变成为20岁、30岁的啃老族。尚松就是在妈妈的怀抱中不愿意长大的孩子。在遇到挫折时，他没有迎头赶上，而是选择退缩，选择逃避。此时，由于父母没有及时调整教育策略，给予引导，孩子就出现厌学，甚至对学校产生恐惧感。日常咨询工作中，大量父母包办代替导致孩子独立生活能力差，上初中、高中甚至上大学后，无法适应寄宿制学校的住宿生活，需要父母陪读的案例，让人唏嘘不已。那么，如何培养孩子的独立生活能力呢？

周老师支招

首先，在培养孩子独立生活能力的过程中要有耐心。孩子在自己动手的过程中，可能会闹出很多笑话，犯很多错。比如，孩子在练习刷碗的过程中，可能会刷不干净，还有可能把碗打破。每当这时，有的父母认为让孩子干，还不如自己干。父母不能因为怕麻烦，就不让孩子干活。当孩子受挫的时候，更需要父母加倍的耐心。父母不能因孩子一两次失败就对他们失去信心；应该多鼓励孩子，教给孩子正确的方法，耐心观察，耐心地进行帮助。

其次，要遵循由简到繁、循序渐进的原则。不要妄想孩子在短时间内就具备独立的生活自理能力。任何事情的发展都应该遵循循序渐进的原则，培养独立性也不例外。如在培养孩子独立生活能力方面，1岁时教孩子用小勺吃饭；1岁半左右，教孩子左手扶碗，右手拿勺吃饭；到2岁半时，可让孩子自己干净利落地吃完一顿饭。再如，小学一年级时自己收拾书包，自己洗袜子。三年级时能够自己过红绿灯，放学后能够自己回家。四年级时可以从洗菜到做菜，自己能够独立做两三个菜。

独立生活能力必须要在小学培养，有一个很重要的原因是，在小学时，心理能量是向内的。当父母引导方法得当时，孩子愿意学习各种能力。比如，从我女儿上三年级开始，我锻炼她自己坐公交车回家。坐车的过程中，要过两个红绿灯。我开始也不放心，给她交代了过马路、坐公交车的要点后，偷偷跟在她后面观察。当我发现她很小心，过红绿灯完全是教科书式的标准，就放心让她自己回家。没想到的是，她自己竟然在回家的路上还能帮我买菜；发展到后来，我下班时就可以吃上晚餐了。我每次吃她做的菜，都特别开心地夸赞她一番。她受到鼓励，也越干越起劲。上小学四年级时，她已经可以独立做六个菜了。

再次，与孩子一同成长，一起解决问题。孩子成长过程中出现的问题，其实是给父母的一个提醒，要求父母与孩子一同成长，一起解决问题。所以，家庭教育首先是父母自我成长的过程。我们常说，父母就是孩子的"活教材"，"父母的行为，决定孩子的世界"。如果父母都处理不了与自己、与他人的关系，如何让孩子有一个良好的人际关系？如果父母情绪暴躁，急功近利，如何让孩子成为心态平和的人？

孩子来到这个世界上，督促父母把从前忽略的课程补上，不断完善自己的人生地图。如果父母抗拒成长，就会把成长的任务转嫁到孩子身上。如果父母不能接纳自己，对自己不满意，就格外需要一个令人满意的孩子。如果父母不能处理好亲子关系，心中就会有一个"理想小孩"的形象，希望孩子主动符合自己的期待。于是，父母就几乎和孩子绑架到一起，共进退，同悲喜。孩子被夸奖了，父母这一天就非常愉悦；孩子被批评了，心情就顿时灰暗下来。如此一来，孩子就变成父母的情绪开关，成了父母满足人生愿望过程中最大的"创可贴"。一个孩子难以担负起两个人的成长任务，这样的状态下注定会出问题。

　　因此，父母给孩子最好的礼物是把自己最好的一面活出来，成为孩子人生的榜样；把孩子看做一个独立的个体，让孩子也能成为最好的自己；而不是把自己的人生梦想嫁接到孩子身上，期待孩子替自己实现未曾实现的梦想。

学会人际交往的技巧

　　伴随着孩子年龄的增长，同伴在孩子生活中的作用不断增加。对孩子来说，朋友是重要的社会支持系统和心理支持系统。家长要理解这种变化，引导孩子正确认识友谊，教给孩子人际交往的技巧。

遭好朋友冷落后，做出极端行为的孩子

　　一天，我在上课的时候，突然发现王娟（化名）没有听课，低着头，拿着笔在纸上乱划。见此情景，我走过去问："你怎么了？"她抬起头的时候，我看到她眼睛通红，满脸泪痕。职业敏感告诉我：这个女孩肯定遇到了问题。我便搂着她的肩膀对她说："我知道你心里很难受，我很理解你此刻的感受。如果需要，下课来找我好吗？相信我能支持到你！"下课后，当我离开教室的时候，班里有几个学生在教室外追上我，七嘴八舌地对我说："老师，她说她要自杀，我们都被她吓坏了，我们和老班（学生对班主任的称呼）想了好多办法，可就是不管用，你可一定要救她啊！""老师，最近几天，她情绪特别低落，老是哭……我们都没办法，她什么都不跟我们说。

我们只好轮流跟着，以防不测……"听了这些，我更加确认刚才的判断。

原来王娟因为朋友对她的疏远而陷入极端情绪中不能自拔。类似王娟这样遇到人际交往问题而陷入困惑的学生，在青春期学生中很常见。青春期阶段是一个人对友谊需求最旺盛的时期。拥有朋友，获得信任，是每一个人正常的心理需求，是社会功能完善的标志之一。同时，他们正处在心理断乳期，对父母的依赖开始明显减少，与同龄人交往的需求明显增加。他们比任何时候都更加渴望友谊，渴望得到同伴的理解和信任。现实生活中，很多学生对友谊的认识不全面，缺乏解决矛盾的技巧，并且处理问题的能力较差，情绪具有两极性。如果同学之间产生矛盾，处理不好，没有及时被发现和引导，就很容易引发恶性事件。在我咨询的学生中，因人际关系问题前来咨询的学生占到咨询总数的三分之一。王娟因为与同学的矛盾和误解，两周不能正常学习，到了食不知味、夜不能寐的地步，甚至产生轻生念头。如果不是及时发现，后果不堪设想。

在咨询过程中，我了解到，原来王娟的父母平时忙于生意，对其比较放任，除了给钱之外，其他事情均不过问，导致孩子基本没有人际交往的常识。最近一段时间，她发现自己的三个好朋友经常在低声商量事情。原来是四人一起上学、放学，现在只剩她一个人孤零零的。这让她本能地认为好朋友不喜欢自己了。而对人际交往知识的匮乏，导致她没有选择沟通，而是一个人憋在心里，不知道向谁诉说自己苦闷的心情。同时，她对友情的理解过于片面，不懂得真正的友谊不仅仅是朋友之间分享快乐、分担痛苦，更重要的是相互信任、相互理解与包容；不知道好朋友之间是求同存异的，只认为好朋友就是"我对你好，那你也要像我期待的那样回馈我"。这种对友情的片面看法，加上父母的缺位，导致她缺乏心理支持系统。当事情的发展出乎自己的预料时，她便显得手足无措，精神崩溃，差点酿成大祸。

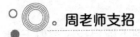 **周老师支招**

对青春期孩子来说，朋友是重要的社会支持系统和心理支持系统。在实际生活中，很多孩子不愿意去上学，就是因为不懂得人际交往的技巧，在学校没有好朋友，找不到归属感，感到孤独。所以，父母一定要从小培养孩子人际交往的能力，教给孩子人际交往的技巧，给予孩子锻炼的机会。家长可以从以下几点入手：

首先，关注孩子的交友现状。帮助他们分析被孤立的原因，并对症下药。如果朋友的疏远与自身原因有关，就要勇敢迈出第一步，和朋友敞开心扉谈一谈。如果是双方有误解，经过沟通后，误会就会解除。经历了考验的友谊，会变得更加醇香，更值得珍惜。当然，每个人在成长的过程中，都会遇见很多人。有的成了挚友，有的成为了过客。如果彼此之间擦肩而过，也能相互祝福。

王娟的困惑就是由沟通不畅而导致的。当家长知道了友谊带给王娟的困惑时，非常后悔，开始减少生意上的应酬，多陪伴孩子，并给王娟创造各种机会，与同龄人交往。鉴于孩子爱面子的事实，在一次爸爸刻意安排的郊游活动中，几个昔日的好朋友"偶遇"。王娟与朋友沟通后，得知最近她们正忙着参加学校组织的体育节，因王娟平时不爱活动，所以就没有告诉王娟，导致王娟产生了误会。对于王娟后来情绪的波动，几个人也看出来了，但因王娟天天心情不好，谁也不理，她们几个只好作罢。一场误会解除，几个好朋友也重归于好。

如果孩子因欠缺某些方面的能力而缺乏朋友时，家长可以有针对性地帮助孩子培养相应的能力。比如，在体育课上，老师要求练习打羽毛球，要求同学们两两搭档。因为小杰不会打羽毛球，所以没有人愿意跟他搭档。他因此不愿意上体育课。父母了解情况后，运用下班时间跟小杰练习打羽毛球。当小杰能够发球、接球时，她再找同学搭档就没问题了。

如果孩子因为内向、不自信而缺乏朋友，家长应该创造机会，鼓励孩子主动沟通交流，让孩子体会到交往的成就感，增强自信。同时，还可以和老师联系，让老师多引导孩子走进集体，与其他同学一起玩游戏，保护孩子敏感的神经，帮助孩子树立社交自信。

其次，教会孩子正确看待友谊。伴随着孩子年龄的增长，同伴在孩子生活中占的作用不断增加。家长要理解这种变化，引导孩子正确认识友谊，尊重孩子选择朋友的权利；让孩子认识到与朋友互动是双向的，而非单向互动。理解真正的友谊是在学习中相互帮助、共同提升，在生活中相互支持。当感到悲伤无助时，朋友会给予安慰与关怀；当处在失望彷徨中，朋友会给予信心与力量；当获得成功快乐时，朋友会由衷地祝福，并分享喜悦；当生病时，朋友会给予力所能及的帮助，并祝福早日康复等。反之亦然。

同时，一定要让孩子认识到，对友情来说，真诚付出是必须的，朋友之间的磨合也必不可少。友情需要时间来慢慢磨合，在接触、了解和相处的过程中学会让步和妥协、求同存异，不要想着一蹴而就或者双方完全一致。

再次，学会换位思考。换位思考是想人之所想，设身处地为别人着想的一种能力。换位思考的能力是获得良好人际关系的基础。如果孩子拥有了换位思考的能力，当他们和别人闹矛盾时，会站在对方的位置上思考对方是怎么想的，从而能够看到自己的不足，主动与朋友交流，从而化解矛盾。同时，教会孩子不要宣扬与其他朋友的矛盾，否则会让朋友间的分歧更大。因为青春期孩子在乎自己在别人心中的形象，所以让孩子学会自己沟通解决，对青春期孩子来说比父母过多地介入效果会更好。

第五章

12—18 岁孩子的心理营养与养育策略

  这一时期的孩子正处于青春期，是从少年期向青年期过渡的重要时期。他们处于生理和心理的巨变期，身体急剧增长，接近或者超过成年人。他们的自我意识开始增强，出现成人感，要求父母尊重他们。但是，他们的能力又不足，会出现成人感和幼稚感的矛盾、独立感和依赖感的矛盾，由此带来很多心理上的困惑。因此，这一时期又被称为心理断乳期。这一时期，不仅孩子迷茫，而且家长更迷茫，不知道怎样做才能支持孩子。相信本章内容会帮助家长拨开内心的迷雾，引领孩子找到正确方向。

12—18 岁孩子需要的心理营养和养育策略

这一阶段的孩子开始进入青春期，他们的自我意识开始增强，出现成人感，要求父母尊重他们。这就需要父母转变角色和教育观念，改变对待孩子的方式，尊重孩子的意见，相信孩子具备向上的力量，相信他们能够为自己负责。在此基础上，有策略地指导孩子成长。

无法适应寄宿生活的学生

小 L 是某重点高中的寄宿生，刚刚入学一个月就与舍友发生了很多不愉快的事情。原来小 L 生活自理能力差，对打扫宿舍、整理内务等事情都不擅长，经常推给舍友做。不仅如此，自己的床铺整理差，也经常给宿舍扣分，引起了舍友的公愤，集体找老师，希望把他调到别的宿舍。老师把他调到另一个宿舍后不久，同样的问题又出现了。一段时间后，小 L 发展到人际关系敏感，总觉得所有人都不喜欢他、议论他，不敢出门，后来发展到无法上学的地步。

伴随着进入青春期，12—18岁孩子的身高、体重急剧增长，接近或者超过成年人。他们的自我意识开始增强，出现成人感，要求父母尊重他们。但是，他们的能力又不足，会出现成人感和幼稚感的矛盾、独立感和依赖感的矛盾。一方面，他们觉得自己是大人了，希望大人尊重自己，能够独立做主；另一方面，行为又很幼稚。一方面，要求独立；另一方面，在生活上却希望父母照料自己。所以，这一时期的孩子让父母琢磨不定，难以应付。

12—18岁孩子最重要的心理营养是尊重、信任和允许。他们的最大愿望就是渴望尊重、渴望独立，希望家长把他们当成大人，平等相待。这就需要家长转变角色和教育观念，改变对待孩子的方式，改变过去居高临下、命令式的沟通方式，尊重孩子的意见，相信孩子具备向上的力量，相信他们能够为自己负责。在信任的基础上，有策略地指导孩子发展和成长，成为孩子的良师益友。

尊重、信任孩子对很多家长来说，不是一件容易做到的事儿。他们无法适应小时候那个听话、喜欢跟在自己身后问长问短的小孩儿，突然间长大了，向自己宣布主权，要求获得尊重。有的孩子还会直接向父母提出要求："进我房间时请先敲门！""请不要看我的手机！"……父母很紧张，认为孩子怎么突然变了呢！有的父母不理解孩子的变化，认为孩子不听话了，和小时候相比"变坏"了，于是采取高压手段。结果导致孩子要么极度逆反，要么在打击下失去了自信。

还有的父母无法信任孩子，总带着怀疑的眼光看孩子。

有一个妈妈给我打电话："周老师，我有个事情咨询您，我孩子英语不好。"听到她的话，我丈二和尚摸不着头脑，说："我是心理老师，不是英语老师，您是不是打错电话了?""没有。"她着急地说，"我就是找您! 我孩子的英语以前都考70多分，可是这一次她考了95分!""哦，那不好吗?"我回应道。"她怎么可能考这么多!"这位家长带着哭腔说，"她是不是抄的啊……她仅仅学习不好，我还能接受，可是如果她是抄的，那就是品质问题，我不能接受自己的孩子品质有问题，我太失败了!"说着，这位家长竟然哭了起来。

当我问到，她是否有证据证明孩子这次考试抄袭时，她拿不出任何证据。可是，她依旧无法相信孩子能在短时间内成绩有大幅度上升。我们可以清晰地感受到，这位家长一直处在焦虑情绪中。孩子考得不好时着急，考得好时更着急。因为她无法相信孩子具备积极向上的力量，总处在怀疑之中。类似带着怀疑的眼光看待孩子的家长，不在少数。在日常接访的孩子中，很多人提到爸爸妈妈就会失声痛哭，因为不知道怎么做，爸爸妈妈才会相信自己，才会对自己满意。所以，家长修炼好自己，解决好自己成长过程中的卡点，相信每一个生命都是向上生长的，相信孩子会成为那个最好的自己，是每一位父母的必修课。

家长无法尊重、信任孩子的另一个重要原因就是，担心孩子犯错误，担心孩子走弯路。其实，每个孩子都会犯错。只要把犯错当成一个良好的成长机会，让孩子在犯错、改错的过程中得到成长就可以了。如果父母不允许孩子犯错，事事包办代替，使孩子失去了锻炼的机会，给孩子带来的伤害是不可估量的。

文首提到的小L，因生活自理能力差，影响了宿舍人际关系，后来发展到不能去上学的地步。究其原因，他谈到妈妈的教养方式。妈妈是全职太太，每天的任务就是照顾他。怕他做家务浪费时间，妈妈就把所有家务，包括收拾书包、洗内裤袜子等活都全包了。小学时平安无事，他的学习成绩也让妈妈满意。到了上初中时，有一次刚出校门，他发现自己的鞋带开了，就蹲下来想系上鞋带。这时，突然伸出了一双手，帮他把鞋带系上了。仔细一看，原来是妈妈。这时，他感觉到周围的同学向他投来了鄙视的眼光，突然变得不好意思，脸唰地红了。从那以后，他就害怕同学看他，不敢与同学交流。母亲的包办代替让他缺乏独立生活的能力，这也是他在高中内务整理不好，无法与舍友沟通的原因。

其实，对于孩子上小学时不会收拾书包、不会系鞋带，没有人会觉得奇怪。初中时不会收拾书包、不会系鞋带的孩子会很自卑。上了高中后，不会照顾自己，不会与同学交流，就无法在同学中立足。小 L 的休学，与妈妈担心孩子做不好，不让他动手有直接的关系。所以，允许孩子犯属于他们那个年龄的错误，孩子才会不断总结经验教训，才能更快地成长。

周老师支招

心理营养对于孩子，如同阳光雨露对于植物一样重要，是孩子一生的底层代码。如果没有获得每一个年龄段需要的心理营养，孩子会耗尽一生的生命能量去探索，去寻找那未被满足的心理需求。比如，他们生命中太渴求肯定、赞美，他们就会千方百计去寻找赞美。只要别人赞美他，他们就会觉得这才是最理解自己的人。若太渴求尊重，他们就会竭尽全力寻求尊重，而把其他价值观放在一边。这些都导致他们不能展现那个年龄阶段最好的生命状态，不能通过全身心拼搏获取更好的未来，甚至可能会走很多的弯路。心理营养的给予当然是越早越好。但如果一开始没有给予孩子需要的心理营养，随时开始都可以。

　　同时，把每一种心理营养归于一定的年龄阶段，只是为了帮助父母们了解特定阶段孩子最渴求的心理营养。其实，对于这些心理营养，孩子在每个成长阶段都渴望从父母那里获得。

暗示的力量

心理学研究表明，通过强烈的心理暗示，能够使被期望者的行为达到预期要求。对一个人传递积极的期望，就会使他（她）进步得更快，发展得更好。反之，向一个人传递消极的期望则会使人自暴自弃，放弃努力。在家庭教育中，父母期望什么，就会得到什么。

社交恐惧的女孩

王丹（化名）是一名高一学生，自己找到班主任，要求找心理老师咨询。理由是不愿意上学，坐到班里就想哭。第一次咨询是王丹的妈妈陪她来的。我观察到，这是一个身高约一米六的女孩，皮肤呈现健康的小麦色。进来时，面无表情，眼睛盯着自己的脚尖。

在咨询室坐定后，妈妈就开始向我诉苦：有时周末想带孩子出去玩玩，可是她却不想去，不愿意到人多的地方去。与此同时，妈妈还给我拿出了一份某省级医院的诊断书，上面的诊断为社交恐惧。

就在妈妈喋喋不休地诉说的同时，王丹安静地坐着，眼睛盯着脚下的地板，好像妈妈说的是别人一样。很明显，这个孩子已经习惯了妈妈做自己的代言人。我请妈妈出去，让我和孩子单独谈。

她跟我说话时声音很小，吐字不清晰，好像嘴里含着东西一般。我们坐在间隔不到一米的距离内。我需要身体前倾，竖起耳朵，注意力高度集中，才能听清她的话。

她自述：不敢与人交往，目光无法与人对视，不敢到人多的地方去；不愿意上学，每周五是她最快乐的时光，因为马上要有两天的假期；每周日下午则是炼狱般的开始，因为马上又要上学了；嫉妒一切美好的事物，对于比自己长得好看的同学有异乎寻常的嫉妒心理，且不敢看，不敢接触，生怕自己伤害了同学。

看到孩子局促的样子，我决定运用表达性艺术治疗中的沙盘疗法，了解她潜意识里更深层次的东西。

沙盘疗法是一种游戏治疗方法，通过唤起童心，让来访者找到回归心灵的途径。基本配置有一个沙盘和许多沙具。来访者在咨询师的关注和陪伴下，自由地表现和创造出任何场景。同时，来访者摆放出的场景，能够投射出来访者深层次的问题，把潜意识的问题意识化。

在王丹的沙盘作品中（见图5-1假日），水波占据了大部分位置，几个贝壳在正下方。在左下角，童话人物史努克躺在沙滩上，在沙滩的右下角有一座灯塔。她给沙盘起名叫"假日"。她喃喃自语地说：史努克是她的偶像，善良、内心强大。突然，她的情绪开始有些失控，带着哭腔对我说："老师，我好怕失去这

图5-1　假日

样的景象。我不想好起来!"

其实,史努克在王丹的潜意识中,是自己过去形象的代表,善良、内心强大。同时,沙盘中的史努克是没有行动力的。她躺在沙滩上幻想自己拥有一切美好的特征,拥有美好的生活和超乎寻常的能力;同时,又幻想未来能有一个指引她前进方向的灯塔。唯独对于当下的现实生活,她认为自己什么都没有,一片茫然。所以,她担心自己从这个童话世界中醒来。她宁愿生活在自己的世界里,而不愿与外界发生联结。来访者的困惑往往源于他们宁愿生活在过去,也不愿意面对现实。

是什么使得王丹不愿意与外界发生联结呢?随着咨询的深入,谜底也慢慢地解开。作为独生女的她,生活在一个当下少有的大家庭里,一直与爷爷奶奶以及大爷一家人一起生活。让人好奇的是,生活在这样一个大家庭,应该性格开朗,可她为什么却社交恐惧呢?

原来看似热闹的一家人,从来没有人关注过她内心的感受。她在内心渴求关注,但却不知如何表达。爸爸妈妈认为她由爷爷奶奶照顾就放心了。所以,从小到大,她经历最多的场景是,每天早上,她还在睡梦中,爸爸妈妈就已经走了;晚上,她已经睡熟了,爸爸妈妈才能回来。而爷爷奶奶又极爱打麻将。只要她不哭不闹,就不会管她。因此,虽然表面看起来是热热闹闹的一家人,但其实,她内心是孤独的,没有人关注她内心想什么。

她上六年级时,大爷家的姐姐得了心理疾病,得到了全家人极大的关注。只要姐姐发病,全家人包括爸爸妈妈都为姐姐忙前忙后。当姐姐躁狂发作时,会跑出去。这时,全家人会出去找姐姐,只留下她一个人恐惧地呆在房间里,直到昏昏沉沉睡去。

看到姐姐因心理疾病而得到关注,她是既羡慕又嫉妒,羡慕姐姐得到了全家人的关注。可是，如何被家人关注又是她不知道的。心理疾病就在她幼小的心灵里种下了神秘的种子，成了一个获得关注的砝码。姐姐得心理疾病对心灵幼稚的她来说是一种暗示，她就这样把心理问题与获得关注联系起来。另一方面，她害怕被除了父母之外的人关注。因为她嫉妒长得好看的人，认为自己不够善良。大家的关注会引起她的内疚感。

嫉妒长得好看的人与大爷家的姐姐有关。因为从小爸爸妈妈、爷爷奶奶就经常夸大爷家的姐姐长得好看。其实，父母夸姐姐好看，并没有说她不好看，只不过她没有得到想象中的赞许而已。幼小的她把父母对她长相的忽视理解为自己不好看，所以她不照镜子，拒绝看自己，而且通过不见外人让别人看不见自己。在小孩子的心目中，最重要的人通常是爸爸妈妈、爷爷奶奶等抚养人。他们渴望得到父母和"重要他人"的关注和赞许。当得不到他们的关注和赞许时，就会很受伤，并会发展出替代行为来进行自我保护。王丹的替代行为是用不照镜子来拒绝看自己，用不见外人让别人看不见自己。同时，她嫉妒姐姐比她得到了更多的关注，错误地认为长得好看能够赢得别人更多的关注。但嫉妒别人又是自己不能接受的品质，所以她就纠结于其中，认为自己不够善良。

伴随着时间的推移，对姐姐的嫉妒泛化到其他长得好看的同学。上初中时，她曾有一个好朋友，漂亮，学习成绩好，脾气也不错。总之，在她看来很完美。好朋友的完美形象让自己在内心特别嫉妒她。后来，好朋友察觉到她的嫉妒心理，两个人的关系渐渐疏远。中考时，好友考上了某省重点中学，她则上了一所普通高中。虽然她通过父母向好友的父母表达过歉意，好友也表示并不介意她的嫉妒，但因没有朝夕相处的机会，她的自责情绪一直存在。上高中以后，发展到看到漂亮的女孩就怕自己的嫉妒心理伤害她们，不敢看她们，不敢与她们接触。

图 5-2　家庭治疗团体沙盘

与此同时，自从被确诊为社交恐怖之后，家长对她的态度有了一个明显的对比：一方面，父母开始高度关注她的一言一行，一发现她不高兴时就马上跟她谈心，遇到问题时帮她出主意、想办法。甚至父母还会以女儿有心理问题为由，给老师提各种要求。探寻到这里，我们就能知道王丹为什么不想好了，因为她从症状中获益了，获得了她想要的关注。这就是心理学上常说的症状获益。症状获益，是指一个人通过表现出某种症状，从别人那里获得自己身心上的好处。也就是说一个人潜意识里，希冀从别人那里获得更多的关注，以非正常的形式表现出来。王丹的姐姐是症状获益者，成功地得到了全家人的关注。王丹从姐姐身上得到启发，也通过症状获益博取全家人的关注。这一对可怜的姐妹只能用非正常的方式来获取父母的关注和爱。症状获益在随后的家庭治疗中，也得到印证。（见图5-2）王丹拿一个女孩沙具，妈妈赶紧拿一把伞让女孩打上（左上）；王丹拿个桥梁，爸爸赶紧拿一个在桥上招手的人（中）放在桥上；王丹拿把椅子，妈妈赶紧拿个小孩（右下）放在椅子上，并给孩子拿了一个大大的冰糕。对于爸爸妈妈的表现，王丹表示满意。

症状获益在生活中普遍存在，比如婴儿期的哭闹。宝宝一哭，大人就去抱。久而久之，宝宝就形成了条件反射，以哭闹换来自己熟悉的环境——母体。所以，婴儿的哭闹，不一定是饿了，而是想要妈妈温暖的怀抱。再如，有的孩子因某些原因不愿意上学，要求得不到满足。如果孩子发烧了，家长就同意了。所以，我们经常见到，有的孩子频繁地在周一或者假期快结束时，出现发烧、拉肚子、胸闷、心慌、头疼等躯体化症状。其实，这也是症状获益的表现。家长如果能够发现孩子症状背后的意义，满足他们的心理需求，症状就会慢慢消失。

王丹的症状则是因为渴望得到关注的心理需求得不到满足，恰恰在这个时候出现了一个消极暗示——姐姐因心理问题获取全家人的关注。同时，父母在孩子患病前后反差过大，从平时不关心孩子的心理需求，到孩子产生心理问题时完全跟着孩子转。这让孩子产生一个错觉，即心理问题可以给她带来很多的好处，从而让孩子产生"不想好"的想法。这就是通常我们所说的症状获益。所以，要想从根源上消除孩子的症状，首先要把这种症状获益的根源消除掉。父母对孩子的关注应该是稳定的、发自内心的，而不仅仅体现在生病时。

青春期的孩子出现问题时，孩子和家长同时调整，效果是最好的。

对于王丹的辅导，我是从以下方面进行的：

首先，从她"不想好"开始。因为一个"不想好"的来访者，心理咨询是不可能有效果的。首先，通过认知疗法来让她明白，症状带来好处的同时，也会有很多的弊端。如果长时间走不出来的话，最终会影响到她自己未来的人生幸福。同时，在家庭治疗中，引导父母向孩子不断地强化一个信息："我们爱你，只是因为你是我们的女儿，不需要任何附加条件。你有什么需要，可以直接跟我们表达，无需借助其他方式。"

其次，她认为善良、内心强大、以一颗平常心看待挫折是一个人的重要品质，也是她不可能拥有的品质。引导她认识到自己的表现并非不善良，每个人都会有一些嫉妒心理，只要在合理范围之内就是正常的，而她的表现恰好在正常范围之内，因为她并没有出现过有害的嫉妒，比如打击别人、诋毁她人。她只是在内心有一些嫉妒心理，不但无害，而且可以成为进步的动力。

再次，从她过于关注内心的感受开始，指出她这样做实际是一种自恋的表现。自恋有两种表现，即自卑和自大的反复交替出现，表现为遇到挫折时极度的自卑和取得成绩时的过于自大。接受了我对她的分析后，她开心地说："老师，我就是这样的，我也知道这样不好，那我怎么办呢？"我引导她多关注外部世界，而不是内心的感受。

真正的原因找到了，咨询的效果就卓有成效。第二次咨询时，她的眼睛就可以和我对视了；第三次时，她就改变了过去嗓音送不出喉咙的状态，可以清晰地说话，声音也大了很多。我由衷地说："你的嗓音很好听，如果唱歌一定很好听……"第五次时，不再是面无表情，而是有了灿烂的笑容。这时，我不失时机地拿了个镜子，让她照照自己有多美（平时她不敢照镜子）。半年之后，她特意到咨询室来告诉我她目前的状况：她已经开始爱上了班集体，也有了自己的好朋友。"在最近的一次测试中，在全年级1000名学生中，我还考了年级70名！"她兴奋地大声说。

周老师支招

家长要给予孩子心理上的关注。从文首的案例中，我们看到，孩子生活在大家庭中，看似热闹，实际上家人对孩子心理上的关注并不多，导致孩子寻求关注的过程中受到不良暗示的影响。消极暗示对孩子的不良影响及积极暗示带来的效果在心理学上早已得到验证。美国心理学家罗森塔尔在一次实验中，先对小学1—6年级的学生进行一次名为"预测未来发展的测验"，实际为智力测验。然后，在这些班级中随机抽取约20%的学生，并告诉老师这些孩子是有发展前途的学生，使教师对这些学生产生积极的期待。8个月后又进行了第二次智力测验。结果发现，被积极期待的学生，比其他学生在智商上有了明显的提高，而且年龄越小，效果越好。

家长要给予孩子积极的暗示。心理学研究表明，对一个人传递积极的期望，就会使他（她）进步得更快，发展得更好。反之，向一个人传递消极的期望则会使人自暴自弃，放弃努力。有一位母亲，虽然文化程度不高，但她运用爱的暗示，把孩子培养成了成功人士。从孩子出生开始，她就能不断发现孩子身上特别的东西，并总是以自豪的、不加掩饰的赞赏的口气说出来。比如，"这孩子太不一般了，她看一样东西总是目不转睛"；孩子手脚不停，她就说"看看，我们的孩子，他的精力多好""你看，我儿子的力气多大，这么重的东西她都能拿得起"等等。对于几乎所有孩子都有的表现，母亲也会本能地把它描述成自己孩子不凡的禀赋。母亲的暗示完全出于本能和爱，但孩子一旦接收到，就真的以为自己一定很出色，从而按照母亲暗示的方向一直走下去。最后，她的孩子成了著名的教育家。

在家庭教育中，父母期望什么，就会得到什么。当孩子确实在某些方面做得不够好，我们应避免用类似的语句："你怎么这么笨呢""你看人家小强比你小，做得都比你好""你怎么这么不争气呀"等。因为这样很容易给孩子一种"差"和"无能"的暗示，特别是由于它来自孩子所尊敬的父母、老师时，这种暗示会导致孩子出现挫败感。我们应该看到孩子的正面力量："我相信你已经尽力了，我相信你下次会做得更好""你一直就是我最爱的孩子"……如此，面对同样一件事，不同的期待会对孩子有不同的影响，带来的效果也不一样。

帮助孩子适应学校新环境

对孩子来说，每个学段的起始阶段都存在适应问题，尤其是刚入学的前几个月充满了机遇和挑战。如果孩子在新学期伊始适应良好，那么孩子就会充满自信，迎头赶上，实现弯道超车；如果适应不好，不但成绩会一落千丈，还可能会影响身心健康。

到学校身体就不舒服的孩子

李倩（化名）站到我面前时，低着头，含着胸，肩部也向内耷拉着，双手无力地下垂，整个身体都向内蜷缩着，像要蜷成一团，一看就是不舒服到了极点。看到她这个样子，我心疼地问："孩子，你的胃是不是很难受？"她用力点了点头，说："我的胃一直很难受，都很长时间了。"说着，眼泪唰地流了下来。我递给她纸巾，静静地等她安静下来。

十分钟后，她停止哭泣，整个人显得轻松了很多，开始打开了话匣子。原来，她是高一学生，在郊区一所寄宿制学校就读。她不喜欢目前这个学校的一切，认为这所学校周围的环境很差，因为学校边上就是制药厂，空气里弥漫着一股药味；她不喜欢学校的老师，认为他们不如初中的老师素质高，因为老师讲课带着很多方言，自己很多都听不懂；她还不喜欢这个学校的学生，认为他们只和学习好的同学交往。就在这种糟糕的状态下，她刚刚进入学校三个月，就出现了很严重的躯体化反应。每次周末爸爸要送她上学时，她的心情就开始变差。学校在市区的东郊。当车走到奥体中心时，她就感到胸闷、喘不动气。当车离学校还有几百米时，她甚至有了窒息的感觉。对于身体的反应，她跟父母说过，可父母认为她说的这一切都是为自己不上学寻找借口，坚持送她上学。直到最近，她的身体变得更差了，经常胃疼，心跳加快，胸闷，晚上睡不着觉，这才引起爸爸妈妈的注意。他们带她去了某省级医院的心理科，被诊断为中度抑郁。

李倩的症状属于入学适应不良导致的青春期抑郁。青春期抑郁有多种表现，且比较隐匿，不易引起家长和学校以及自身的重视。典型症状有以下几点：一是情绪低落，闷闷不乐、消极悲观，对任何事都不感兴趣，对生活失去热情，对学习失去积极性；二是不愿与人交流，喜欢独处，常闭门独居，疏远亲友，回避社交，更不愿意和陌生人接触；三是自我评价低，认为自己一无是处，无法融入班集体，有被排斥的感觉；四是极度悲观，觉得自己很无能，什么也不会干，什么也干不了，活着没意思；五是食欲差，表现为吃什么都没有胃口，什么都不想吃，身体日渐消瘦；六是失眠，每晚早早地躺下，但翻来覆去睡不着，只能在快天亮的时候睡两三个小时；七是身体不适，表现在胃不舒服，心脏跳动加快，胸闷等；八是行动力差，做什么都没有兴趣，什么都不想做。

入学适应是每一个学段的新生要面临的一种现象。刚刚入学的孩子，不能适应新的学习环境，又不知道该如何获取帮助；在每个学段开始的前两个月都存在一个过渡期，表现为人际关系的不适应，情绪上的低落、心理上的闭锁、学习上的困惑增多，行为上的惰性等不适应症状。绝大多数孩子伴随着时间的推移，经过一段时间的调整，会慢慢适应过来。极少数孩子则持续不适应，情绪低落甚至出现抑郁症状，无法自行缓解。这时就需要专业的心理咨询师给予辅导，帮助其走出困惑。

李倩的入学适应不良除个体的环境适应能力差、人际交往能力差外，还与父母专制型的教养方式是密不可分的。当李倩出现严重的适应问题并向父母求助时，父母不但没有给予理解支持，反而认为她在找借口，不愿意上学。于是就把她强行送到学校，持续时间长达一个学期。李倩在长时间里无力对抗父母，又无法融入新环境，学习状态很差，对自我的评价极低。当她看到身边的同学都经过调整，顺利适应了高中生活，而自己依旧不能适应时，她的无力感达到了极点。伴随着长时间的情绪低落，肠胃、心脏等对情绪敏感的器官功能会出现紊乱。

美国心理学家塞利格曼曾经做过一个关于习得性无助的实验。实验人员把狗关在笼子里，并安装了蜂鸣器。只要蜂音器一响，就给狗施加难以忍受的电击。这些被关到笼子里的狗又分为两组：一组被电击时可以逃跑，另一组被电击时无法逃跑。无法逃跑的狗，在实验时会在笼子里狂奔，惊恐无助地哀叫。多次实验后，蜂音器一响，狗就趴在地上，惊恐哀叫，不再有逃跑的意图和行为。到了后来，实验者在给狗施予电击前，把笼门打开，试图让狗逃跑。狗不但不逃，甚至蜂鸣器一响，就倒地呻吟和颤抖。它本来可以主动逃避，却绝望地等待痛苦的来临，这就是习得性无助。这项研究显示，反复对动物施以无可逃避的强烈电击，会造成它们的无助和绝望情绪。持续一段时间后，狗出现了严重的躯体化症状——胃溃疡，而对照组可以逃跑的狗则没有这种现象。

为什么到了实验后期，它们连狂奔、惊恐哀叫这些本能都没有了呢？

因为它们已经知道，那是无用的，它们终究逃不出坚固的铁笼。其实，人类也是一样。当一个人在学习和生活中总是失败，他（她）就会在这项工作上放弃努力，甚至还会因此对自身产生怀疑，觉得自己"这也不行，那也不行"，自己是无能为力、无可救药的。此时此刻，他（她）就陷入了习得性无助的心理状态中。这种心理让人们自设藩篱，把失败的原因归结为自身不可改变的因素，放弃继续尝试的勇气和信心。李倩中考结束报志愿时，本想报考环境相对宽松的市区学校，但父母认为这所学校抓得紧，将来考上双一流大学的几率更大。拗不过父母，才报考了这所学校。出现适应不良时，向父母求助又被拒绝，导致她认为自己的任何尝试都是无效的，陷入了深深的抑郁情绪中不能自拔。

针对李倩的状况，我给她制定了以下辅导策略：

第一，接纳当下的状态。李倩之所以会对新环境不适应，甚至发展到抑郁状态，一个很重要的原因就是不接纳自己的状态。不接纳自己由初中时的出类拔萃变得默默无闻，不接纳自己出现的所有症状。我做的第一步就是让她看到，自己出现的任何状态都是对自我成长的提醒。从长远看，都是对未来成长有利的。当她不纠缠于"过去多么好，现在多么差"的状态时，她就的心情就从谷底开始复苏了。

第二，释放负面情绪。当一个人长期处在负面情绪之中时，身体就会处在应激状态。这时，她是无力处理任何事情的。因此，当她能够接纳当下的状态时，我用抽离的方法帮她处理负面情绪：让她在放松状态下，想象自己分为两个部分，即"情绪的自己"和"智慧的自己"。"情绪的自己"负责提醒自己更好地成长，"智慧的自己"负责处理事情。"智慧的自己"肯定"情绪的自己"带来的成长，并且把所有的情绪都交给"情绪的自己"。经过这样的处理后，李倩感觉浑身轻松。

第三，在新环境中重新定位。李倩入学后表现出来的不良心理反应，主要是因为对新环境缺乏必要的心理准备。她在入学时，认为自己来自全市最好的初中，又是其中的佼佼者，上高中理应也能够像在初中时一样优秀。可是，进入高中后，她发现实际的学习生活与自己想象的并不一致。高中同学不但会学习，而且很努力。自己在他们中间不但不突出，反而显得落后。再加上对周围环境不熟悉，同学之间还没有建立起深厚的感情，内心的烦恼得不到适当的宣泄与排解，这让她产生了恐慌情绪，从过度自信跌进了自卑的深渊，对学习的热情骤减。在辅导过程中，我首先让她对自己有一个正确的定位，看到其他同学和自己一样，都面临着新环境适应的问题。同时，重新客观地审视自己，综合自己的能力、个性特点，制定出新的奋斗目标。

第四，建立良好的人际关系。良好的人际关系有助于学生快速熟悉新的学习生活环境，减轻心理压力和冲突，减少孤独和寂寞。李倩陷入抑郁状态的一个很重要的原因在于她没有建立起良好的人际关系。当她感到困惑和痛苦时，没有人可以倾诉。人际交往是一个互动的过程，一方的主动行为会引起对方相应的配合行为。一个人只有对他人付出真诚和信任，才能获得对方的尊敬、信任和帮助。我引导她看到老师的优点，虽然有的高中老师使用方言，但他们对学生认真负责任的态度是一样的，他们的专业水平也是一流的；周围的同学虽然存在这样那样的缺点，换个角度来看，就能发现他们的闪光点。并让她通过"记红账"的方式，记录生活中发生的美好瞬间。经过一段时间的调整，她对于同学老师的排斥感消失了，开始愿意主动与他们交往。

第五，适应高中老师的教学方法。让李倩认识到不同层次学校的教师讲授不同的知识体系，使用的教学方式也不相同，而且每位教师都有自己的讲课风格，即使传授同一知识，同一个学生对不同教师教学方式的接受程度也不同。因此，学会适应高中老师的教学方法，尽快找到适合自己的学习方法才是最重要的。

第六，培养自主学习能力。缺乏自主学习能力，跟不上高中教学的节奏是造成适应不良的重要原因。自主学习能力是高中生不可缺少的，也是自己改变当下困境的根本途径。我指导她从相对较强的英语学科开始，分单元自学；每完成一个自学任务，都给予鼓励。同时，当她完成一个单元的学习时，指导家长可以满足她一个愿望。从相对较为擅长的英语学科开始，当她尝到自主学习的甜头后，就开始指导她运用在英语中学到的成功方法，应用于数学、语文、生物、物理、化学等学科中。这样经过一段时间的努力，她开始在学习上重建信心，慢慢地找回了往日的自信。

◎ 周老师支招

首先，要注重每个学段的起始点。每个学段的起始点都是转折点，每一个转折点都充满了机遇和挑战。如果孩子适应良好，那么孩子就可能迎头赶上，实现弯道超车。如果适应不良，孩子成绩可能会一落千丈。如果不及时调整心态，还可能带来更严重的后果，甚至影响身心健康。初中和高中学段学生，因为处于青春期，更加关注内在感受。加上与前一个学段相比，无论是教学内容还是教学方法，确实变化很大。比如，对初中新生来说，从小学的语文、数学、英语三门考核学科，变成了语文、数学、英语、历史、地理、道德与法律、生物七门考核学科。对高一新生来说，从初中时老师手把手地教，变为对学生的自主学习能力有较高要求。因此，在孩子每一个学段的刚开始时，尤其是孩子刚上初中和高中的前两个月，家长一定要多关注孩子的身心状态，发现问题后及时给予支持。

其次，倾听孩子内心的声音。李倩之所以由对新环境的不适应发展到抑郁状态，还有一个重要原因就是父母凭主观臆断去处理孩子成长过程中遇到的问题，而没有俯下身子听听孩子内心的声音。李倩在上初中时，就听说目前所在的高中在全市以严格著称，内心对这所学校充满了恐惧和排斥。填报志愿时，她央求父母除了这所学校，其他学校都可以填报。孩子的心声不但没有被父母听到，反而在填报志愿时，被父母强迫选择了这所学校。这也为后来李倩出现问题埋下了一颗定时炸弹。后来在学校中遇到问题时，父母又凭主观臆断解决问题。所以，在李倩的习得性无助中，父母扮演了孩子无法跨越的藩篱。可见，父母抱着信任的态度，倾听孩子内心的声音多么重要。

李倩的父母在我的指导下，看到了自己的行为给孩子带来的伤害，后悔地流下了眼泪。他们开始调整对待孩子的态度，学会尊重孩子，看到孩子的内心需求，听到孩子内心的声音。经过半年的调整，李倩开始慢慢从抑郁中走出来，回到学校快乐地学习和生活。

如何应对青春期叛逆

青春期的孩子，伴随着自我意识的觉醒，要求被尊重、被认同、被允许。父母如果意识不到这一点，继续沿用小时候对待孩子专制式的教育方式，不但会导致孩子的极度逆反，还可能会给孩子带来身心伤害。因此，父母需要调整对待孩子的方式，用民主平等的方式帮助孩子平安度过青春期。

逼迫爸爸妈妈分居的孩子

苏林（化名）到我这儿咨询是班主任介绍的，班主任给我打电话说：班里有个学生突然不想上学了，想办理退学手续。最关键的是这个学生平时学习不错，在班里还是班干部。班主任跟他多次谈过话，都没起任何作用。

见到苏林后，我直截了当地说："你的事情我已经听班主任说了。作为高二的学生，已经是大孩子了，相信你能为自己做出正确的选择。无论你如何选择，我都会支持你。今天，只是想跟你聊一下，今后的打算是什么。"

很显然，我的态度让他有些意外。因为一直以来，班主任、妈妈和周围的人都在试图说服他，让他放弃退学的打算。"我的学习还行，在班里是班长。我这么做就是要向老爸证明：我不按照他给我设计的路线走，一样也可以成功。"

他很快就把自己的目的说了出来："我就是要用行动告诉爸爸，他不是万能的，他想控制我的人生，没门！他想让我读高中，我就是偏要上职业中专。"

"你上职业中专没有任何问题。上高中可以成才，上职业中专同样可以。而且，在职业中专里会有机会参加各种技能大赛。如果你专业技能学得好，成为社会上紧缺的专业人才，同样可以成功。"我着重给他介绍了一下职业中专的情况，他若有所思地点点头。很明显，他对职业中专并不了解。

"你能告诉我一个事实吗？上职业中专是为了和爸爸怄气呢，还是自己真的想去？你喜欢的专业是什么？"我继续问道。

他显然没有考虑过这些问题，陷入了沉默……

征得苏林的同意后，我约见了苏林的妈妈。苏林的妈妈说话柔声细语，温婉优雅。在苏林妈妈的叙述下，往事一幕幕呈现出来：

"我和苏林的爸爸生他的时候，年龄都比较大了。那一年，我36岁，爸爸40岁。当时，事业都比较成功。可以说，我们做好了要孩子的一切准备。生下孩子后，我们对孩子倾注了所有的心血，真的是含在嘴里怕化了，放在手里怕吓了。爸爸是一名高级军官，平时工作很忙，可是只要在家，注意力就全在儿子身上。从早上起来怎样整理卫生，房间内物品如何摆放，吃饭时碗筷如何摆放，再到练习琴棋书画，爸爸都亲自参与。也正是因为爸爸的尽心尽力，孩子小学时很优秀，还被评为本市的国学小名士。可是，不知这孩子怎么了，从上初中时就开始和爸爸对着干，初二时逆反心理达到了顶峰。有一天晚上，孩子忽然不见了。家里人非常着急，发疯一般地四处寻找。找到凌晨两点，突然在一座三层建筑物上，看到一个小小的黑点。我们慢慢靠近，发现是宝贝儿子。他坐在楼顶边上，腿就悬空在楼外。如果一不小心，后果不堪设想。我着急地大喊：'孩子，你干什么，赶紧下来！'估计当时声音都变了。黑暗中，孩子抬手指了指爸爸，说：'妈妈，今天你做个选择，要我还是要他？要我，咱们娘儿两个走；要他，我就跳下去。'我没有时间考虑，也没有考虑的余地，就答应他：'孩子，当然要你了！你赶紧下来，有话好好说！'"

那一晚，苏林从楼顶下来后，并没有睡觉，而是催促着妈妈收拾东西。第二天一早，娘俩就从军区大院搬到妈妈的单位宿舍里。谁也没有想到，这一搬，竟然是四年。夫妻二人虽然在同一个城市中，却做了四年周末夫妻。

在这个案例中，不仅是孩子出了问题，家庭互动也出了问题。我决定运用本土化精细式整合疗法给苏林一家进行辅导。本土化精细式整合疗法整合各种疗法的有效因子，在个案不同的阶段采取不同的疗法，是我在多年咨询过程中探索出的最为有效的疗法，具有快速有效的特点。在本土化精细式整合疗法中，每个人要对自己的问题各负其责。孩子自己要担负起对未来负责的责任，家庭中的问题则通过家庭治疗来解决。因为家庭是一个系统，系统出了问题，会从这个系统最薄弱的环节体现出来。通常来说，孩子是这个系统里最脆弱的，所以问题往往从孩子那里呈现出来。

为了更好地呈现一家三口的互动模式，我邀请他们

图5-3　孤岛

一家共同完成一个沙盘作品（见图5-3）。

爸爸、妈妈、儿子每个人都在沙盘里划了个地方作为自己的地盘。每一轮都自顾自的，好像别人根本不存在，毫无交流。儿子的主题是"孤岛"。"我和妈妈被困在孤岛上，生命危在旦夕。而爸爸却因为恐惧爬到了树上（图5-3右上），爸爸是个懦夫。"儿子说道。

听到儿子的话，妈妈哭了起来。爸爸狠狠地瞪了妈妈一眼，说："你哭什么？"他显然没有理解妻子内心的感受。妻子被他这一声吼吓一跳，停止了哭泣。儿子对爸爸显然不满，说："你一点都没有改变！你还是老样子！"爸爸慌忙解释："孩子，我和妈妈是爱你的，我也正在调整。刚才我们一起做沙盘时，我怕打搅你才没有和你一起做。"听到爸爸这么说，妈妈也开始给爸爸打圆场："儿子，爸爸很爱我们娘儿俩，而且爸爸是军人，是保家卫国的，爸爸怎么可能是懦夫？"苏林并不搭理妈妈，低下头，继续他自己的话题："在我们家，爸爸永远是对的。即使他不对，他也会想办法证明自己是对的！"

❧❧❧❧❧

咨询结束后，妈妈又专门到工作室一趟，解释刚刚一家人共同完成的沙盘作品。她说："周老师，刚才，我们家的互动模式呈现得特别清楚。孩子说得很对，他爸爸就是一个'永远对'的人。因为是军人的缘故，他把平时工作上的习惯和角色带回到家里，在家里说一不二。别说是孩子，就是我，也经常被他一句话噎得难受。原来我们一家三口一起住时，我们住在他单位大院内。为了维护他的形象，有事不能跟他吵，所以经常感到心里很堵，嗓子就像有什么东西噎在那里一样，很难受！我和孩子搬出来住后，我内心的感觉反而畅快了，仅周末与老公见面。他对我也很好，说话也注意分寸了。我们还能经常出去爬爬山，反而觉得感情融洽了。我身体上的症状也没有了。所以，我觉得儿子是我们家庭和睦的大功臣！"

在这个案例中，我们很容易看出来，爸爸在家庭里有绝对的权威，对孩子要求很严格。爸爸是军人出身，喜欢规律的生活。苏林小时候，爸爸就像训练战士一样训练自己的儿子，从被子的叠法、牙具的摆放，到练琴的时间、书法的练习、写作业的姿势，都规定得清清楚楚。在爸爸的训练下，苏林从小很优秀，但到了青春期，孩子伴随着自我意识的觉醒，要求被尊重、被信任时，爸爸没有认识到这一点，反而觉得："老子走的桥比你走的路都多！你有什么资格跟我讲条件！"爸爸的言行激起了孩子强烈的逆反，甚至以死相逼，这是苏林与爸爸对抗的主要原因。

妈妈的认同，也间接鼓励了苏林与爸爸对抗的行为。当苏林逼迫爸爸妈妈分居后，妈妈不但没有与爸爸沟通怎样才能缓和亲子关系，反而觉得自己的身体舒服多了，认为"周末夫妻"对缓和夫妻无法沟通的矛盾很有效果。正是妈妈行为上的认同，才导致苏林认为正是因为自己，才让"家庭更和睦"。

美国心理学家卡普曼认为，每个人心中都有一个这样的三角戏剧：受害者—迫害者—拯救者。迫害者把自己放在较高的位置，认为"我行你不行"。他们习惯贬低别人，把别人看得较为低下、不好。拯救者也是把自己放在较高的位置，认为"我行你不行"，把别人看得较低下、不好，但他们的方式是从较高的位置为别人提供帮助，他们相信"我必须帮助别人，因为他们不够好，无法帮助自己"。而受害者则把自己放在一个较低下、不好的位置，依靠拯救者提供帮助，认为"无法靠自己的能力来解决"。

苏林一家的相处中，爸爸扮演的就是迫害者角色，他在家里说一不二。这种风格让妈妈感到极为不舒服。因他身处高位，而且在部队大院里居住，为了维护他的尊严，妈妈就一直隐忍。她认为除了忍，没有别的办法。因为，她认为丈夫是爱自己和这个家庭的，总不能为了他的自以为是与他离婚，因为这和她的价值观不符，同时对孩子影响也不好。可是，这不意味着她就能接受丈夫的行为，虽然表面不反抗，但内心积累了很多负面情绪，以至于有了很多躯体化症状。此时，妈妈就沦为受害者角色，认为一切都是爸爸导致的。

苏林则在潜意识里扮演了拯救者的角色。他拯救家庭的方式是通过牺牲自己进行的。爸爸不改变，他就和妈妈离开家。而离开家，离开迫害者，其实也是妈妈潜意识里面希望的。在爸爸妈妈分居期间，苏林感受到爸爸变化不大，就用牺牲自己前途的方式来向爸爸抗议。爸爸觉得上职业中专没出息，那么他就偏要从高中退学上职业中专。

周老师支招

首先，调整自己的角色。苏林爸爸是军人，习惯了军营里"军令如山倒"的方式，把社会角色带回了家，要求妻子和儿子都服从他的指挥，用新兵训练的方式来训练儿子。其实，家庭里运行的规则是，不论在单位上是什么角色，在社会上再成功，在家里只能是丈夫、爸爸。苏林之所以能让爸爸妈妈分居达到四年，是因为当爸爸把社会角色带回家时，母亲与儿子结成同盟，共同反抗爸爸的行为。因此，提醒家长，在家里只有爸爸、妈妈、孩子，没有老师、医生、将军、总经理等，切勿把社会角色带回家。这一点在《孩子"多动"怎么办》中有详细的讲述，这儿不做赘述。

其次，相信每个人都能为自己负责。在一些没有觉醒的家庭里，当一个家庭成员感觉自己是受害者的时候，就会有另一个人扮演拯救者，从而导致角色混乱。其实，人生道路上，没有人能够替代别人的命运，也没有人能够在错位的家庭里独善其身。在家庭里，每一个成员能够发挥自己的作用，每一个人都能为自己负责，这个家庭才可以健康地成长。家庭成员一辈比一辈好，幸福感越来越强，这才是一个好的家庭。

在苏林的家庭里，爸爸在事业上较为成功。在他的心里，妻子和儿子都是弱小的，需要他保护，因此他想当然地认为，他们就应该听他的。因此，他在行为上武断，在思想上主观，经常给儿子和妻子灌输"社会上很危险"之类的思想。妈妈意识到自己无法与丈夫对抗，潜意识中与儿子结成了同盟。

爸爸不相信儿子能为自己的未来负责，事事都想控制，导致儿子极度逆反。这种案例数不胜数。因此，伴随着孩子的长大，父母要转变角色和教育理念，改变对待孩子的方式，改变居高临下、命令式的沟通方式，转变为尊重孩子的意见，相信孩子具备向上的力量，相信他能够为自己负责。

最后，在家庭里面，夫妻关系优于亲子关系是一个稳定的状态。现在很多家庭里，很具有代表性的就是"母子缠结"。爸爸在生完孩子以后就被家庭"开除"了，该忙什么就去忙什么；然后妈妈与孩子相依为命。其实，妈妈的很多焦虑、不满、失望即使不说，孩子也能够感觉得到。妈妈的每一滴眼泪，都会流进孩子的心里。如此，孩子自身的焦虑值就会非常高。如果情况很严重，孩子就会离不开家，他可能会因为各种理由不去上学。而根源在于，他离不开妈妈；或者说，这个家不安全，他需要守护这里。

在苏林家里，从他出生，亲子关系就优于夫妻关系，夫妻二人都认为孩子的事是最重要的。在孩子进入青春期后，母子结成同盟，把爸爸排除在外。母子二人搬出了三人共同的家。此时，孩子在很大程度上取代了爸爸的位置。这就给苏林一个错觉，他认为自己能控制一切，所以他就做出了前面匪夷所思的举动。

苏林问题的根源是家庭互动关系出了问题。除了解决苏林自身的问题，也要解决家庭互动问题。因为在家庭中，一个人的事情不仅仅是他（她）的事情，而是所有家庭成员的事情。牵一发而动全身，其他人就会用不同的方式来拉扯他（她）。解决问题的关键是要呈现事实关系，看看这个症状是在哪个环节上错位造成的。同样，当所有的家庭成员意识到问题所在，并开始调整的时候，症状很快就会消除。经过十次治疗，苏林和母亲搬回家里，结束了四年的分居生活；而苏林也认清自己需要的是上大学而非读职业中专，重新回到了高中学校。

好的关系胜过好的教育

　　心理学研究表明，好的关系胜过好的教育。父母若跟孩子建立了民主、平等、和谐、彼此尊重的关系，孩子就愿意听从父母的引导。相反，如果亲子关系紧张，孩子会因叛逆而做出各种出格的事情。

厌学的孩子

　　宇航（化名）在一所寄宿制学校上学，是初二的学生，学习成绩不错，在班里能进入前10名。不知为何，从暑假后就不想上学。在妈妈的劝说下，勉强在学校坚持了三周，就再也不去了。在家里，天天把自己关到屋里上网，晚上12点多还不睡觉。还有一次，因嫌弃妈妈唠叨，他干脆从家里跑出去上网，在网吧里过夜。父母对孩子的表现束手无策，打又打不得，训斥不起作用，焦虑得昼夜难安。

　　在咨询过程中，宇航对父母表现出很多负面情绪。"他们只爱我的学习成绩，所以我就不上学，让他们难受。"宇航说到这句话的时候，语气恨恨的。"在我的印象中，妈妈只管我的学习。如果我作业写不好，她会打我骂我，逼着我写得更好。我常常写到晚上十一二点。这时，妈妈又会嫌我效率低。"除了对他学习的管教之外，宇航对生活中的爸爸妈妈几乎没什么印象。"他们永远把工作放在第一位……"他说道，"从小学时，我就经常不写作业，因为只要不写作业，老师就会找家长。这个时候，妈妈就出现了……"这是宇航见到妈妈最快的方式。除此之外，对于爸爸妈妈的印象就是工作，永无休止地工作。

"小学四年级时，爸爸调到了外地，妈妈外出进修，把我寄养在亲戚家里。我就像一个没有家的孩子。我需要他们的时候，比如我生病的时候，我给妈妈打电话说'妈妈，你陪陪我'，妈妈会告诉我她很忙；我找爸爸，爸爸也很忙。慢慢地，我就不需要了。"说到这儿时，宇航的眼睛湿润了。"现在，爸爸妈妈有时候会说，今天我陪陪你。这时，我的心里就有一个声音在说：'我需要你们的时候，你们不在。现在我不需要了，你有空还有什么用！'"

"你觉得父母不爱你吗？"我问道。

"他们更爱我的学习成绩！"他低头思考了一下后答道。

"你现在为了报复父母，不惜牺牲自己的前途。"我帮助他澄清想法。

"我现在不上学，也很难受！想到同龄人都在上学，为了自己的理想而拼搏，有时也很恐慌。可是，每当看到父母着急的样子时，这恐慌就消失了，甚至会产生一种报复的快感。"宇航这样叙述。如果父母此时听到孩子说这些话，内心一定会很难过。辛辛苦苦把孩子养大，孩子不仅对父母没有感恩，内心还充满了怨恨。

"你这么做的时候，其实内心有一个声音，"我帮助他澄清他内心的真实感受，"爸爸妈妈，我很需要你们的爱！你们忽略了我的感受，让我很难受！"当我引导宇航说出这句话的时候，宇航的眼泪夺眶而出……

　　这是一例典型的由青春期逆反而导致的厌学案例。此类案例通常都有一个普遍的特点：亲子关系极为紧张，孩子对父母逆反到了非常极端的地步。父母说向东，他就偏偏向西，经常与父母对着干。孩子与父母之间几乎不沟通。父母不了解孩子心里想什么，孩子更不了解父母的想法。父母与孩子就像不同频道发出的电波一样，彼此收不到对方的信息。宇航对父母有很多误解，不知道如何沟通。需要爸爸妈妈的理解和爱，但又不知道怎样把自己的想法告诉父母。在他眼里，爸爸妈妈把工作放在第一位。小时候，父母为了工作把他放在亲戚家住了一年。他只有不学习的时候，妈妈才会出现，所以他认为妈妈爱学习成绩更胜过爱他。他不上学就是要让爸爸妈妈后悔。看到爸爸妈妈着急的样子，他内心里有一种报复的快感。

　　亲子关系本应是生活中最亲密、最能给人带来快乐满足的关系，但在现实生活中，因为亲子冲突，孩子对父母充满怨恨和报复，上演一幕幕闹剧。为什么宇航与父母之间存在这么多的对立情绪？这是因为在养育孩子的过程中，父母没有考虑孩子的内心感受，也与没有考虑到青春期孩子的心理特点。青春期孩子有如下心理特点：

　　首先，对父母爱的渴求与逃避的矛盾。作为一个孩子，都希望得到父母的爱和关注。可是，父母没有受过专业家庭教育训练，不知道如何满足孩子的内心需求。孩子就会用推开父母的方式来反向表现自己的内心需求。宇航内心其实很需要父母的理解和爱，可是嘴上却在说："我现在长大了，不需要你们的爱了。"与此同时，行为上却在用尽办法来引起父母的关注。青春期的孩子中，出格行为很多与此有关。

　　其次，成才欲望与厌学心理的矛盾。大多数青春期孩子对自己的未来有着美好的憧憬，但在学习过程中，许多孩子又会感到有心无力，无成就感，在学习过程有畏难情绪……当无法克服对学习的畏难情绪时，很多孩子出现了厌学心理，形成了想学与厌学的心理矛盾。因此，我在给宇航辅导的过程中，针对他的梦想，教给他如何在学习的过程中找到乐趣的同时，帮助他制定了由当前计划、短期计划、中期计划和长期计划组成的目标体系，让梦想真正成为推动他进步的动力。

再次，自制性与冲动性的矛盾。几乎每个青春期的孩子都有强烈的求知欲、自尊心和好胜心，宇航也一样。在生活中，他们希望自己能够遵守规则，成为同学们的表率。但实际上，又往往难以控制自己的情绪，经常带着浓厚的情感色彩去看待周围的人和事。比如，有时片面地固执己见。对于老师、家长的要求，符合自己意愿的就去做，不符合自己意愿的就盲目拒绝或对抗。凭一时冲动行事，事后又容易后悔。针对这种情况，我运用角色扮演的方法，让他看到，如果他是老师，面对同样的事情该怎么做；如果他是父母，面对这样的事情又会怎么做。在换位思考中对自己的行为有一个正确的定位。

周老师支招

青春期的孩子由于身体迅速长高，身高、体重均接近成年人。身体状态的巨变推动了他们自我意识的觉醒。伴随着自我意识的觉醒，他们的成人感日趋明显，在心理上对尊重的需求也日趋强烈。这一时期，他们开始试图摆脱成人的监督，自己独立思考和解决问题，但这一时期，他们处理问题的方式又极不成熟。所以，这一时期又被称为心理断乳期。面对孩子的变化，家长需要调整对待孩子的方式，满足孩子的心理需求。

首先，尊重孩子的需要。青春期孩子最重要的心理营养是尊重、信任和允许。宇航对妈妈最有意见的是唠叨、训斥和对他的不尊重。"她的那些话，说出上半句，我就知道下半句，可是她还是不停地说。"宇航这样描述妈妈。所以，当妈妈不断在宇航面前重复"上网有害""好孩子就应该好好学习"时，宇航的第一反应是"我又不是三岁孩子，你却还在拿对待三岁孩子的方式对待我"。为了表达自己的愤怒，干脆跑到网吧过夜。但他也说道："其实，看到爸爸妈妈不断给自己打电话找自己时，内心也很难受。自己平时最瞧不起的就是上网无所事事的小混混。可现在，自己却成了那样的人。"在内疚的同时，内心又有一个声音说："如果不这样做，妈妈就不知道自己很愤怒。"于是，带着对父母的愧疚，他在网吧待了一夜。"周老师，其实那一夜我过得很难受，上网也没上进去。之所以坚持，就是因为想让妈妈知道我也需要尊重。"

"和朋友交往，我内心里有一根弦！"宇航这样描述道，"我知道什么样的人该交往，什么样的人不该交往。可是，每当我把朋友带回家时，妈妈就带着审视的目光看我的朋友，好像我的朋友不是好人似的。每当这时，我觉得特别难受，我觉得不尊重我的朋友就是不尊重我！"所以，当妈妈又一次用审视的眼光看宇航的新朋友，并让朋友给家里打个电话时，宇航爆发了，拉着朋友去了他的家。

其次，调整与孩子相处的模式。青春期孩子心理上的巨变，给家长提出了更多的挑战。他们在心理和行为上表现出强烈的自主性，迫切希望从父母的束缚中解放出来，开始尝试脱离父母的保护和管理。面对拥有强烈自主愿望的孩子，家长需要调整与孩子的相处模式，给予孩子尊重信任和适当的权力。

给予孩子独立的空间。家长要调整与孩子的相处模式，充分尊重孩子的自主性，不要硬性要求孩子按父母的想法做事，因为他们有自己的爱好，有自己的处事方式。这个时候，家长最好能给孩子空间，把孩子看成一个独立的个体；从孩子的角度出发，尽可能支持他们。尤其在他们遭遇困难、失败的时候，帮助他们分析，心平气和地与孩子探讨一个两全其美的方法。

给予孩子自主选择的权利。多给孩子一些自主选择的权利，让孩子可以为自己的事情负责。同时，对于家中的大事，可以召开家庭会议，让孩子也可以对家中的大事进行表决。针对孩子被尊重的需求，家长可以趁机培养孩子的主观能动性。培养孩子的过程，就是让孩子学着自己长大，学着独立，最终可以离开父母，靠自己的力量获取幸福生活的过程。

宇航的父母调整了与宇航的相处方式后，宇航从不排斥父母进入他的房间开始，到可以跟父母说说心里话。经过两个月的调整，家里的氛围从紧张沉默到能够深层次探讨一些话题，再到充斥着欢声笑语。

最后，工作忙的家长也可以高质量地陪伴孩子。工作忙是很多家长面临的现实问题，其实工作忙的家长只要用心就完全可以突破这个瓶颈。比如，每周两天的休息日里，父母完全可以多与孩子交流。同时，现在的通信手段多种多样，距离已不是问题。如果父母有一方出差在外，甚至在外地工作，利用微信、QQ等聊天工具，每天与孩子视频聊天，让孩子感受到父母虽然不在身边，但爱他（她）关注他（她）的心不变。

宇航的父母调整了与宇航的相处模式，注意在生活中表达关爱之情，更多地理解和欣赏他，与他做心无芥蒂的朋友。过去，妈妈只和宇航交流学习的事情。现在，妈妈在单位遇到难事时会认真听取宇航的建议；家里有需要搬运水桶等力气活儿时，会请宇航帮忙。慢慢地，宇航觉得自己是个男子汉；爸爸不在家时，自己应该承担很多家庭责任。经过三个月的调整，宇航又回到同学们中间；经过一个学期的努力，还因学习进步大获得"腾飞奖"。

厌学女孩的名校之路

　　培养孩子成为栋梁之材，是无数家长对孩子的美好愿望。但在培养孩子的过程中有很多波折。当孩子出现叛逆甚至厌学行为时，会给家长带来极大的焦虑。这时，家长需要静下心来思考孩子出现问题的原因是什么，并根据原因对症下药。这样孩子才能尽快回到正常轨道，为实现人生目标而努力。

极度逆反的高中生

　　"周老师在吗？"伴随着清脆的声音，办公室的门被推开，露出一张似曾相识的脸。我努力搜索着记忆中的线索。这清脆的声音又响了起来："周老师，你还记得我吗？我是小云（化名）的妈妈。我是特意向您报喜的，小云已考上中南大学了。现在，她和我的关系也很好，很理解我。今天，我特意赶过来，就是为了向您表示感谢的！"说着她拿出手机，给我展示孩子上大学的照片，照片中的女孩阳光自信。"好一个青春美少女！几天不见，变成大姑娘了！"我由衷地赞叹。"周老师，这几年，我也在学习心理学，我觉得孩子的心理健康真是很重要！在这方面，我深有体会。当时，孩子出现了问题，我越着急，越想控制孩子，想让孩子按照我的要求做。结果，我越想控制她，她就越反抗，形成了恶性循环。当时，我对孩子的成长规律和心理需求一点都不懂，走了弯路。正好单位有个从事心理工作的机会，我主动报了名。想借着这个机会，学习提升自己的同时，也希望能帮到别人，不希望其他家长像我当年那样无助了！"

この位妈妈的话，把我的思绪拉回到三年前的一个冬夜。

"叮咚——叮咚——"，家里的门铃响了起来。我抬头看一下表，时针已指向十点。这么晚了，会是谁呢？我透过对讲电话看到，门前站着一个40多岁的女性，个子不高，瘦瘦的身材，在冬天里显得更加单薄。"周老师，是我！请您先给我开开门！我就在您家外面。我被孩子锁到外面了，您能让我进去说吗？"正在思索时，门外的她带着哭腔说道。这么冷的天，被孩子锁到外面。我顾不上多想，就给她打开了门。她带着一身寒气进来，穿得很单薄。她是一位初中老师，平时在业务会上见过几面。

"周老师，我这是造了什么孽啊，养孩子还养出仇敌来了……"她开始边哭边叙述。我递给她一杯水，等她的情绪慢慢平复下来。"实在对不起，我知道您从来不在家中接待来访者，但今天的事儿实在太着急了，就从同事那里要到了您的住址……"她打开了话匣子。

"今天晚上，我刚下班回家，她就一脸不高兴，问：'谁让爸爸回来的……'"

"老公没有和你们一起住？"我疑惑地问。

"老公以前和我们一起住，但已经被孩子赶出去两个多月了。从她爸爸搬出去，她就一直没有去上学……"

"孩子平时和我关系还行，打打闹闹的，像姐妹一样。和爸爸的关系则很紧张。最近,孩子叛逆得厉害,经常和我顶嘴。当我们两人有冲突时,老公就会训斥她没礼貌。因此,孩子与爸爸关系很僵,不让他回家住;还威胁爸爸,如果他不搬出去,就离家出走……爸爸担心孩子意气用事,就搬到奶奶家住。"

"今天晚上下班,爸爸回家拿衣服。还没走,孩子就回来了。爸爸吓得赶紧躲到阳台上,结果还是被孩子发现了。孩子为此事大发雷霆。爸爸走后,她就把气撒到我身上。吃过饭后,她在房间里喊我给她倒水。我正在忙着洗衣服,过去晚了点。结果,她竟然端起那杯水,泼到我身上!我很生气,就质问她为啥那样做。她不觉得自己做错了,反而说都是我惹的。我气得直掉眼泪。都 17 岁的大姑娘了,还这么不懂事……我想下楼散散心,结果刚出门,她就把门反锁上了。我已经在外面待了两个小时了,回家时门还没开……"说到这里,她痛苦地哭了起来。

"周老师,你说这孩子是不是疯了?她怎么这样对待自己的爸爸妈妈!我真想把她送到精神卫生中心鉴定一下精神是不是不正常!"她边哭边说,"这孩子最近发起脾气来,就好像疯了一样,一点理智没有。还有一次,都晚上九点多了,还不写作业,只顾玩手机。我实在看不下去了,就说了她几句。她疯狂地把手机摔在地上,说我故意惹她。我气急了,大声跟她吵了几句,并说:'我是你妈,你怎么对我这个态度!太不知道感恩了!'她就疯狂地左右开弓打自己的耳光。作为妈妈,看着她这样心里真是难受……"

孩子为何会出现这样反常的行为呢?

小云曾到咨询室找我咨询。印象中的小云内向、腼腆,和她妈妈介绍的形象相去甚远。说话声音很小,要身体前倾,集中注意力才能听到。班主任的反馈是小云在班里很内向,不喜欢与人交往;上课时常恍惚走神,注意力不集中。班主任跟她谈话,她会频频点头,但班主任让她复述自己的话时，她又说不上来。

在她的绘画作品中，发现她有很多紧张和对抗情绪。是什么刺激得她像一个斗士一样，把愤怒发泄在她妈妈身上呢？

当我问到妈妈这个问题时，妈妈说："我也很奇怪，小时候和我很好。两个人经常打打闹闹，就像姐妹一样。反而是爸爸板着脸，女儿从小比较怕爸爸。"

"你和爱人关系怎么样？"我问。

"我和爱人的关系很好。从认识到现在，他一直像心疼孩子一样心疼我，我也很享受这种感觉。可是，据说夫妻关系不好才会影响到孩子，可是我们的关系这么好，孩子怎么也会这样？"她疑惑地问我。听着她的叙述，我的疑惑慢慢解开。

在妈妈眼中，女儿像个恶魔一样，不懂事，不懂感恩，做事不可理喻，以至于妈妈想把女儿送到精神卫生中心去做精神鉴定。那么，在女儿眼里，爸爸妈妈又是什么样子的呢？

在小云的绘画中，她内心的投射展示得清清楚楚。她把爸爸画成一位穿着制服的男子，她和妈妈都画成了一个穿粉色裙子、扎着可爱小辫的小女孩。

"可以解释一下为何妈妈是穿着粉色裙子、扎着小辫的小女孩吗？"我问道。

"妈妈本来就像个小女孩，而且是需要我照顾她情绪的小女孩。如果她不高兴了，无论我做的是对还是错，都要给她认错。妈妈喜欢唱歌，每天晚上都在'唱吧'唱歌，吵得我无法学习。还有，她喜欢苹果手机。每出一款新手机，她都要买，我和爸爸用的手机都是妈妈用剩的……从小到大，我和妈妈之间的战争从来没有赢过。每次好东西都是她先抢了去，而且爸爸总是向着妈妈。周老师，别说她不像妈妈，连姐姐都算不上。她不讲道理，什么都要我让着她。她在我家最多能算个妹妹……"小云对妈妈一肚子意见。

原来，小云的妈妈从结婚后，就一直处于小女孩状态，什么事情都需要丈夫照顾。丈夫恰好也能包容妻子的这种状态。在心灵深处，二人不知不觉一个扮演了父亲角色，一个扮演了女儿角色。在这种状态下，夫妻二人相处是没有问题的。只是女儿出生后，她需要的是妈妈而非姐姐或妹妹，她需要妈妈的爱和包容。对于女儿的需求，妈妈没有觉察。她以为和女儿打打闹闹，是与女儿做朋友，这样与女儿的心理距离才更近，才更有利于孩子的成长。每次和妈妈争抢东西的时候，爸爸都训斥小云："你看你和你妈抢东西，没大没小的，像什么话！"

爸爸本来是想引导女儿尊老爱幼的，可是在女儿心里，妈妈太不像妈妈了，反而更像是妹妹。所以，她和妈妈的竞争，表面上看来，是亲子冲突，但实质上成了"同胞竞争"，是在争夺爸爸的爱。小时候，因体力的关系，无法和妈妈对抗。到了高二，小云对妈妈积累的情绪终于爆发。她首先用威胁的方法逼迫爸爸离开家。爸爸搬到奶奶家后，小云就开始了与妈妈的战争。

对于小云的心理变化，爸爸妈妈的第一反应是恐慌。这么小就不听话，那还了得，大了之后怎么办？一定要想办法把她的气焰压下去。这也是一般家长通常的反应。打压的办法在孩子10岁之前表面看来是有效果的，只是孩子心灵上受的创伤要在青春期或者年龄更大一些才能显现。对于青春期的孩子，则恰恰相反。青春期的孩子自我意识增强，需要成人对他们的尊重。这时，他们的情绪具有两面性。当被激惹的时候，很容易做出极端的事情。因此，当父母运用小时候对待他们的方式试图控制他们的时候，反而容易激起孩子的逆反心理。成年人越试图控制孩子的所作所为，他们逆反得就越厉害。

在咨询过程中，我感受到小云对自己的行为是有认知能力的。如果没有自我认知能力，就不属于心理辅导的范畴了，必须要转介到精神卫生中心进行药物治疗。她知道自己的行为不好，事情过后也很后悔，只是情绪上来时很难控制。原因是她从小到大，积累了很多的负面情绪和无助的感受。此时的小云，就如同一个充满气的气球，任何一点刺激都可能引爆。此时，最好的办法就是帮她释放负面情绪。于是，我采取回溯的方法，调动她在小时候经历的一系列事件，先帮她释放掉负面情绪，然后让她看到在这些事件里的正面意义：当时的自己，虽然很小，虽然有不被爱的感觉，虽然有无助的感觉，但还是坚强地挺过来了。正是那份上进的力量让她成长成了现在的自己。同时让她看到，其实，妈妈除了在这些事情上没有照顾到她的感受外，还是很爱她的。

通过释放情绪，小云的情绪慢慢稳定下来，不再做出极端的行为。在她负面情绪释放到合理范围时，我引导她看到，妈妈在家里的角色不像妈妈，那是妈妈需要成长的部分。但作为孩子，对待妈妈的态度，不能凌驾于妈妈之上。

释放情绪后的小云，已经懂得自己的行为带给妈妈的伤害。她很诚恳地给妈妈道歉，表示自己已经懂得控制情绪，以后再也不会做出极端的行为。

 **周老师支招**

家庭中，遇到因父母错位而导致孩子出现问题的情况，该怎么办呢？

首先，回归自己的位置。在家庭系统里，每个人都有自己的角色和位置。一个人如果不能扮演好自己的角色，势必会造成家庭角色的错位。小云的妈妈就是典型的例子。在她的心里，老公被投射成了父亲角色。这种现象在青年男女的恋爱初期是常见的，因为他们对异性的最初认知来源于异性父母。男性参照理想母亲的样子找妻子，女性参照理想父亲的样子找丈夫。因此，会不自觉地希望对方对待自己像父母对自己一样宽容和呵护。但在后来的相处中，双方都认识到对方都承担不了父母这样的角色。通过一段时期的磨合，自己和对方都回到妻子和丈夫的位置上。小云妈妈的小女孩状态一直持续到小云16岁，老公也很享受她这种状态，孩子却无法适应妈妈这种状态。因此，无论是爸爸还是妈妈，都要有一个觉察：与孩子相处时，自己在心理上是否是成人状态。因为孩子需要能为她的成长助力，能够给她包容、爱和支持的父母。小云的妈妈知道孩子对自己的情绪竟然是基于这个原因，非常震惊。她说："原以为夫妻感情好就可以，没想到夫妻如何相处还会影响到孩子。"经过努力，她调整自己的角色，成为贤良的妻子、慈爱宽容的母亲。小云在母亲的配合下，也回到正常轨道上。

其次，尊重孩子的心理需求。因为妈妈的错位，小云幼年时的心理营养没被满足。父母只能在现有基础上，慢慢满足孩子的心理需求。归纳起来有三点：一是需要爱与归属感，二是需要尊重，三是需要实现自我价值。在这些心理需求中，被爱的感觉处于最重要的位置，因为孩子只有体会到被爱的感觉时，他们才会感到发自内心的喜悦；才能够有归属感；才能够体会到尊重；才能发展出爱的能力，学会爱和尊重他人；才能找到自我价值感。反之亦然，当孩子体会不到被爱的感觉时，他们就会发展出很多极端的行为，来引起父母的注意。很多父母认为对孩子非常关爱，但这些关爱却没有让孩子体会到。因为父母从自身角度出发，评判着孩子的价值，用"你要争气""你要听话""你要比别人家的孩子优秀""你要让我有面子"等类似的话语传递自己认为的关爱，同时更多地传递着不尊重的信息，让孩子感觉如果自己不像父母说的那样，就是没有价值的。如果一个人找不到属于自己的价值，那么对他（她）来说，世界则是一个冰冷孤独而令人厌烦的地方。所以，爱孩子，学会满足孩子的心理需求，是家长的必修课，也是孩子实现自我价值，走向幸福快乐人生旅途的必经之路。小云的案例给到家长们的启示是，当孩子出现极度叛逆、厌学等行为时，家长要静下心来思考孩子出现问题的原因是什么，对症下药。只有这样，孩子才能回到自己的轨道，为实现人生目标而努力。

第三部分

爱的方法

第六章

如何说，孩子才肯听

　　父母常常无法理解：为什么和孩子讲了很多道理，到头来孩子却什么都记不住？为什么明明已经跟孩子说得很清楚了，但最后孩子的表现却依旧事与愿违？父母为孩子不明白自己的良苦用心而困惑，孩子因父母对自己不够尊重信任而烦恼。父母与孩子如同不同频道发出的电波，彼此无法听到对方的心声。我们的话语到底要怎样才能传递到孩子心里，并得到回应？要学会与孩子进行积极有效的沟通。当我们的表达不再成为负面情绪的宣泄口，当我们的建议不再被孩子认为是说教，当孩子可以感受到我们的爱与尊重，那么我们也将收获孩子的感恩与成长。

孩子为何不听话

有的家长经常抱怨孩子不听话，却很少考虑孩子不听话的原因。孩子不听话的一个很重要的原因就是父母不注意说话方式，让孩子产生叛逆心理。贴标签、夸大其词、情绪化、横加比较等是家长常用的沟通方式。父母的语言就如同催眠，时间久了，会让孩子朝着父母表述的方向发展。

不听话的孩子

"周老师，我家孩子特别不听话，说什么都不听。一件事不重复七八遍，他就不会去听！"一位家长生气地说道，"这孩子小时候挺乖的，越大越不听话了！""其实，我倒挺好奇你是如何做到一件事说了六遍后，还能坚持说第七遍的。能告诉我你是怎么想的吗？"我问道。"跟孩子特别难沟通。不管说什么，他都说'烦死了'。现在，孩子是怎么了？他学习压力大可以理解，但是我们关心他一下，他从来不领情。天冷了，让他多穿一件衣服，他都不耐烦，好像我们要害他似的。"

像上面案例中抱怨孩子不听话的家长是我接触最多的一类。还有的父母跟我抱怨："现在的孩子真是不像话，跟他讲道理，他却不以为然，道理比你还多，还经常把我们父母的话看成是没有意义的唠叨，总之一个字——烦！"

还有的家长直接找我："周老师，我孩子玩手机的时间太多了，你能跟他谈谈，让他把手机交上来吗？"我问："你为什么不直接跟他谈呢？""谈了，他不听我的。这孩子小时候挺好的，大了后也不知怎么回事，说什么都不听。我也不知道该怎么办了！"

家长的困惑主要集中在，伴随着孩子的年龄越来越大，孩子也越来越难以沟通。问题到底出在哪里？是孩子倾听的问题，还是父母表达的问题，或者是沟通方法出了问题？

图 6-1　沟通漏斗

原来，在人际沟通中有一个信息遗漏或者信息被过滤的现象，这种现象被称为沟通漏斗。如图 6-1 所示：在与人沟通的时候，对于表达者自己内心的想法，脑子里想的内容是百分之百，可是当表述出来的时候，信息就出现了遗漏和偏差，只剩下信息的百分之八十。

当信息传递到对方那里后，被对方接收的内容又会大打折扣。因为每个人都是在自己原有的倾听背景下接收信息的，只接收自己关注的那部分信息。倾听的人还会按照自己的理解接收信息，所以接收到的信息往往又被遗漏和出现偏差，只剩下百分之六十的信息被倾听的人接收到。随着这些信息再往下传递，真正能够被听懂的可能只剩百分之四十了，最后落实到行动的只有百分之二十。

沟通漏斗产生的最大原因是，当对方跟我们沟通的时候，我们会用自己的想法和感受去猜测对方，也就是以己度人。因此，要克服沟通漏斗现象，需要站在对方的角度考虑问题。当沟通后没有达到想象的效果时，要接受已经发生的事实，在这个基础上分析到底问题出在哪里，主动调整表达方法，通过沟通使孩子更加清晰地了解父母的想法。

其次，父母与孩子的沟通方式不当，导致孩子不愿意听父母的建议。

我曾在中学生中做过调查："什么情况下，你最愿意与父母沟通？什么情况下，你不愿意与父母沟通？"

"他们能够听我说话的时候。"孩子们七嘴八舌地说道。"过生日时，他们尊重我的意见，我说怎么过就怎么过！""信任我，别老把我当成小孩子……"他们的意见大多集中在能听他们说话，信任他们和尊重他们方面。

当说到"什么情况下不愿意与父母沟通"时，他们就像炸开了锅，七嘴八舌地说："我爹妈太能唠叨了，一件事唠叨得耳朵都起茧了！本来想做的事情也不想做了！""我爸妈张口学习、闭口学习，好像不谈学习就没法说话似的！""他们总爱训人！""他们不尊重人，总认为自己是对的！""他们说话让人不舒服！""无法沟通，不理解我。"……

调查结果发现，大部分孩子不愿意和家长沟通的原因是，父母过于唠叨，爱教训人，让自己感受不到被尊重，产生逆反心理。

其实，不管有意与否，父母说出来的任何话，对孩子来说都是一种催眠，让孩子朝着父母表述的方向发展。

很多父母，当孩子做错了事或者达不到自己的期望时，习惯于带着情绪说话。以下是孩子们最反感的几类说话方式，也是最不愿意沟通的方式。家长们可以自查一下自己有没有类似的表达方式。

◦○◦ 周老师支招

第一，贴标签。当孩子做错事情，父母不分青红皂白，就给孩子贴上"不知感恩""不懂礼貌""马虎""懒""磨蹭"等标签时，孩子最容易产生逆反心理，顶嘴、叛逆的行为就可能出现了；还有的孩子连反抗的念头都没有了，因为他感觉"反正你都以为我是这样的人了，一切都无所谓了"，从而丧失了改变的动力。类似的语言有"爸爸妈妈这么辛苦，你还不好好学习，真不知道感恩""你真马虎""你真不懂礼貌""你太懒了""你真磨蹭"等。因此，父母主观地给孩子贴标签，不但无法和孩子探讨问题、解决问题，反而会适得其反，失去了孩子的信任，让孩子不愿意和父母沟通。

第二，夸大其词。有的父母夸大了问题出现的频率，让孩子觉得父母不公平，看不到事情的真相，无法与父母客观讨论事情，从而不愿意沟通。类似的语言有"你怎么总在玩手机""一天到晚就知道玩，你学习这样用功多好"等。"你总是……""你一天到晚……"这样的语言导致双方更有可能把争论的重心转移到事件的出现频率上，而非事件本身，从而忘记了沟通的初心。

第三，反问式指责。经常被反问式指责的孩子容易感觉焦虑不安。他们长大以后，做事情和做选择的时候会觉得很艰难；在一些关键点上，不能主动地抓住机会，因为他们的内心总是有两种声音在说话。类似的语言有"你怎么还不去学习""你这孩子怎么这么不懂事""看你考这么点分数，对得起我们吗"等。这种反问式指责，让孩子不知道该如何和父母进行沟通，造成安全感下降。孩子只听到了"怎么不去学习"，而父母的语气和肢体语言又告诉他"你不学习是错的"，于是孩子的心中会出现双重信息，导致矛盾的困惑心理。他们不知道该不该回答，该如何回答。这时容易产生对父母的逆反心理，甚至恨意，觉得"你故意找茬"。

第四，把自己的情绪归到孩子身上。很多父母习惯于把自己的情绪归到孩子身上，让孩子为自己的不幸负责，会让孩子充满了内疚。他们的焦点会放在父母的感受上，而不是问题本身。类似的语言有"你太让我伤心了，你太让我失望了""我的命怎么这么不好，摊上了你这么个孩子"等。另外，孩子不断承担父母的负面情绪。当他觉得过于痛苦时，可能会反弹到另一个对立面去——不再愿意考虑父母的感受，产生"我太不幸了，怎么摊上了这样的父母"的心理，甚至开始怨恨父母。

第五，横加比较。有的家长喜欢比较，经常使用类似的语言"你看别人家的孩子，你看你，怎么这么不争气""邻居家洋洋这次考试又考了第一，你咋考的"。这些家长看不到孩子的长处，拿其他孩子的优点来与自己孩子的缺点比较，导致孩子的自尊心严重受挫，越来越没有自信。孩子会感受到无论如何努力都无法超越别人家的孩子，自身的积极性受到了打击。长期得不到家长正面评价的孩子，成就感缺乏，挫折感强烈，因此产生自卑、价值感低、不擅社会交往等心理困惑。

第六，诅咒式评判。有的家长很情绪化，当处于情绪之中时，会说出类似"你不好好学习，大了只能扫大街""以后都人工智能化了，你不好好学习，大了搬砖都没人要"的话。其实，工作本没有高低贵贱之分，关键是父母的语气语调、肢体语言里面透露出强烈的不接纳。这是级别最高、最容易让孩子产生受伤害感觉的语言。家长说这些话时，虽说恨铁不成钢的心情可以理解，但孩子收不到家长的任何爱意，只感受到"父母都这样看我了，我的努力还有什么意义"，从而陷入自暴自弃的深渊里，导致沟通的效果极差。

父母的语言就如同催眠，时间久了，往往会成为孩子自我实现的预言。如果父母在孩子的潜意识中种下了某种预言，孩子就会按照这个预言不自觉地呈现相同的行为给父母。因此，父母需要注意与孩子沟通的方法，通过语言让孩子感受到父母的爱。只有感受到被爱、被理解、被接纳，孩子才会更发自内心地爱父母，接受父母的建议。

如何听，孩子才肯说

日常生活中，父母怕孩子走弯路，会喋喋不休地给孩子讲道理，但效果却不佳。其实，在沟通中，倾听更重要，正确的做法是停、看、听。正确的倾听方法可以让孩子感受到被理解、被重视，更愿意向父母表露心声，更愿意听取父母的建议。

不跟父母沟通的孩子

"周老师，你能帮我问问孩子是怎么想的吗？他回家天天拿着手机，也不和我们沟通。我们都怀疑他是不是有网瘾了。作业也不好好写，马上就中考了，真让人着急！小时候，我们也没少给孩子讲道理。现在，这么不懂礼貌，一说就烦！"

经常会有家长跟我抱怨无法和孩子沟通。他们不能理解孩子为什么与朋友聊天时兴高采烈，说起话来滔滔不绝，而跟父母却无话可说。其实，不是孩子不愿意跟父母说心里话，而是父母不懂得沟通的技巧，没有给孩子倾诉的机会。孩子的心里话没有机会说出来，也就不愿意再跟家长沟通了。

心理学研究表明，每个人在内心深处，都渴望被别人接受，得到他人的尊重。人们喜欢善听者甚于善说者，因为人们都喜欢发表自己的意见，喜欢被人倾听、被人接纳。所以，如果有人愿意给他们一个机会，让他们尽情地说出自己想说的话，他们会从内心深处产生一种愉悦感与满足感。

日常生活中，父母会经常喋喋不休地给孩子讲道理，告诉孩子自己的经验，告诉他们什么该做、什么不该做，却很少花时间去倾听他们的心声，因为父母往往觉得自己的经验对孩子比较重要，可以避免他们走弯路。孩子给了父母太多练习倾听的机会。当他们遇到事情时，总是大声跟父母说玩具丢了，头发该剪了，在学校不快乐了，需要帮助了等，但是父母总有比倾听孩子更重要的事情。

在生活中，常见的场景是父母一边忙自己的事情，一边听孩子诉说。

> 孩子说："妈妈，我要和你说个事情。"
>
> 妈妈说："说吧，我听着呢。"边收拾家务边听孩子说。
>
> 孩子说："今天发生一个很好笑的事情……妈妈，你在听吗？"
>
> 妈妈回答："你说就行，我能听见！"妈妈边拖地边说。
>
> ……
>
> 孩子开始还兴致盎然地说，但看到妈妈忙碌的身影，慢慢地就觉得兴趣索然，不想说了。

其实，当父母一边忙自己的事情，一边听孩子诉说时，给孩子传递的信息是"我很忙，你的事情没有那么重要"。同时，妈妈的这种倾听方式也会潜移默化地影响到孩子，让孩子无法学会正确的倾听方式，影响到孩子的人际关系。

我把这个场景变成一个沟通练习，让家长们来做。具体做法是这样的：两个人一组，一人为诉说者，另一人为倾听者。诉说者说一件事；倾听者一边忙着看手机里的信息，一边听诉说者说。结果，没有一个诉说者能够坚持把事情说完。谈到感受时，这些家长说，想把对方的手机抢过来，摔到地上。可是，他们在日常生活中却经常用同样的方式对待孩子的倾诉。成年人尚且如此，孩子的内心感受可想而知。这些孩子长大后，也会运用父母对待他们的方式来处理人际关系。

> 我有一个学生叫小成，是个高中生。他在一次上课时迟到了，我问他为什么迟到。他脸对着墙，低着头，说："……"我无法听清他的话，就又让他说了一遍。结果，他又用同样的方式说了一遍，我还是无法听清。于是，我对他说："小成，你转过身来。"他转过身来后，我模仿他的姿势和说话的语调跟他说话，他很吃惊地对我说："老师，你这样跟我说话，我听不清楚！"

小成之所以用这样的方式跟我交流，究其原因是父母是开水果超市的，工作特别忙。小时候，他每次跟父母说话，父母都是边忙边跟他说。于是，他以为与人交流就是这样的。结果到了高中，他还用同样的方式和同学们交流，同学们都不愿意理他。可见，父母不注重倾听，不但直接影响到沟通效果，还间接影响孩子的人际交往模式。

周老师支招

如何倾听，孩子才愿意说呢？具体做法是停、看、听。停是指父母暂时停止进行中的工作，给孩子提供表达感受的时间和空间。看是指仔细观察孩子沟通时非语言的行为表现。如果孩子很小的话，父母需要蹲下来，保持目光与孩子平视。与孩子保持目光平视，还会给孩子一个心理暗示："你的事情很重要，爸爸妈妈愿意与你平等地交流。"听是指用心倾听孩子说了什么。

当孩子跟父母说事情时，父母首先需要停下手中的工作，然后观察孩子，因为沟通中，有很多非语言信息，如面部表情、眼神、手势、身体姿势、语气语调等，都传递着沟通的信息。在沟通的有效成分里面，肢体语言占55%，语气语调、面部微表情占38%，语言信息仅占7%。因此，沟通过程中，非语言信息比语言更重要，更具真实性、可靠性和代表性。

通常，孩子会借着下列行为表现传递着不同的情绪和感受。

第一，面部表情。孩子的面部表情会随着情绪和感受的不同而有所变化。哭泣表示孩子心理或身体受伤、难过、委屈、失望、受挫折、生气等；笑表示愉快、高兴、紧张、焦虑、掩饰或蔑视他人等；摇头表示否认、不同意等；点头表示同意、承认、认同等；皱眉表示不满意、思考等；打呵欠，表示无聊、没兴趣、困等；眼神集中，表示专注、有兴趣等；避免目光接触，表示冷漠、逃避、没有安全感、恐惧或紧张等；眯眼表示不同意、厌恶、鄙夷等；咬嘴唇，表示紧张、害怕、焦虑、忍耐等。

第二，语调语速。语调语速传递很多语言不能传递的信息，能够反映出孩子内心真实的想法。说话结巴，表示紧张、害怕、悲哀等；沉默表示正在思考或悲伤、沮丧、郁闷、不高兴等；语速快，表示得意、高兴或紧张、焦虑等；声调加重，表示强调某些内容等；说话过程中声音放大，往往表示厌烦或者警告；声音变小，表示心情不悦或者失望等。

第三，肢体动作。肢体动作包含了很多非语言信息。比如，扭绞双手，表示紧张、不安或害怕等；身体向前倾，表示注意或感兴趣；僵直不动，表示恐惧、害怕、怀疑等；坐在椅子边上，表示不安、厌烦或提高警觉等；坐不安稳，表示不安、厌烦、紧张等。

孩子非语言行为的表现方式有很多种，相同的感觉可以借着不同的非语言行为予以表达；一种行为亦可能代表各种不同的感受，具有不同意义。父母要了解孩子的情绪与感受，一定要结合当时的语境，了解孩子非语言行为的意义，并注意观察孩子当下的表现与平时有什么不一样。

倾听不是简单地听孩子的叙述，而是通过孩子的叙述，理解孩子内心的感受，然后帮助孩子真实地呈现他们想要表达的情感和需求。父母倾听时，在观察孩子非言语信息的同时，要保持目光和孩子平视，眼神接触，但不是紧盯不放地注视；同时要避免打断孩子的说话，表现出注意、轻松、饶有兴趣，并不时地用"是的""嗯""哦""这样啊"等词来回应孩子，鼓励孩子继续说下去。

我们通过日常生活中，父母与孩子的三个常见的对话场景来说明如何正确地倾听。

情景一：

儿子说："妈妈，今天上课时，我被老师批评了。"

妈妈问："你是不是违反纪律了？"

儿子答："没有，我只是上课想请假去厕所而已。"

妈妈说："为什么下课不去？这是基本的常识。和你说了多少遍了，下课后要先去厕所，你就是不听！"

儿子答："算了！不想和你说了！"

妈妈说："怪不得老师批评你！你这孩子真是不懂事！"

以上这段对话中，当妈妈听到孩子被批评时，很着急，急于指导孩子怎么做，于是就通过主观臆断猜测孩子被批评的原因。当孩子感受到妈妈的不理解和指责时，很难有清晰的思路去考虑解决问题的办法。

情景二：

儿子说："妈妈，今天上课时，我被老师批评了。"

妈妈答："哦？"

儿子继续说："我上课时要请假去厕所。"

妈妈回应："嗯！"

儿子说："可是，老师说上课时不允许请假去厕所的。"

妈妈说："是这样啊！"

儿子最后说："以后下课后，我一定要先去厕所，然后去再玩，这样就不会再发生今天这样的事情了。"

当妈妈保持平静的心态，使用"哦""嗯""是这样啊"这样简单的话来回应孩子，鼓励孩子说下去时，孩子就感受到妈妈的关心，就能在叙述过程中理清自己的思路和感受，从而自己想出解决问题的办法。

情景三：

儿子说："妈妈，今天上课时，我被老师批评了。"

妈妈答："哦？"

儿子继续说："我上课时要请假去厕所。"

妈妈回应："嗯！"

儿子说："可是，老师说上课时不允许请假去厕所。"

妈妈说："是这样啊！"

儿子接着说："以后下课后，我一定要先去厕所，然后去再玩，这样就不会再发生今天这样的事情了。"

妈妈笑着说："你是想告诉我，在这件事情里，你已经找到解决办法了，对吗？"

儿子回答："嗯嗯，就是这样，妈妈你真好！"

在第三个场景里，妈妈不仅保持平静的心态，使用"哦""嗯""是这样啊"等简单词来回应孩子，鼓励孩子把事情说下去，而且还用一句话总结出孩子跟自己说的话，让孩子感觉到妈妈重视自己说的话，理解自己，是自己的良师益友。这样，孩子有心里话时更愿意和妈妈说，妈妈就会得到更多指导孩子的机会。孩子得到妈妈更多帮助后，有心里话时更愿意跟妈妈说，从而形成良性循环。

五步沟通法

——会说，孩子才肯听

孩子不听话，是家长们困惑的问题。如何说，孩子才肯听，是家长们关心的问题。五步谈话法从描述客观事实开始，理解孩子的感受，看到孩子行为的正面意义，激发孩子行动的动力，轻轻松松让孩子按照父母的引导去做。

磨蹭的孩子

我孩子今年上初中了。为了孩子上学方便，我们在学校附近租了房子。但是，我每天早上从六点开始叫孩子起床，她不磨蹭到最后一刻就不起床；起床后慢慢腾腾的，半天吃一口饭，急得我都想喂她！每天早上不断催促，她还是磨磨蹭蹭地踏着铃声进学校。怎么说，孩子才肯听呢？怎么做，孩子才肯改掉磨蹭的习惯？

这位家长的困惑是日常生活中常见到的。家长经常会用催促的方式希望孩子按照自己的要求去做。比如，"快点吃""快点睡觉""快点写作业"

"别磨蹭""别乱扔衣服""别玩手机""小声点，别吵"等。家长运用这样的语言，试图让孩子按照自己的要求去做，竭尽全力阻止他们制造麻烦。父母的态度很明确，就是"按照我说的去做"。结果，孩子的态度却成了"我就要干我想干的"。父母和孩子的态度就对立起来，沟通变得充满了硝烟的味道。当孩子还在上幼儿园或者小学低年级时，父母用强硬的态度或许还会起作用，但伴随着孩子不断长大，这种强硬的态度不但起的作用越来越小，还容易激起孩子强烈的对抗情绪。

下面是几个家长很熟悉的场景。

情景一：

孩子说："妈妈，这儿好热！"

妈妈回应："这儿冷，有风！快点穿上衣服！"

孩子说："不，我热！"

妈妈哄道："乖，听话，穿上外套！"

孩子又说："不，我热！"

……

情景二：

孩子说："我不喜欢妹妹！"

妈妈回应："妹妹多可爱！"

孩子再次说："我就是不喜欢妹妹！"

妈妈说："这孩子真不懂事！"

孩子哭闹着说："我讨厌妹妹！"

……

我们可以看到，上面场景中所有的对话都变成了争吵。这种沟通属于无效沟通，家长说家长的，孩子做孩子自己的。那么，如何说，孩子才肯听呢？这是家长们很关心的问题。

周老师支招

五步谈话法从理解孩子的感受出发，在建立良好亲子关系的基础上，轻轻松松让孩子按照父母的建议去做。

第一步，描述客观事实。这是指家长在沟通的过程中要如实把看到的、听到的说出来，又称为客观描述性语言。与之相对应的是主观评判性语言，即说话者对事情有自己的主观评判，沟通时会习惯性地带着评判说出来。比如，"今天早上你又起晚了"是主观评判性语言，"我看到你今天早上七点钟起的床"是客观描述性语言。再如，"你的坐姿真难看"是主观评判性语言，"我看到你把双脚放在椅子上"是客观描述性语言。因为每个人对事情的看法都是不一样的，当我们用主观评判性语言沟通时，很容易引起对方的反感，从而导致沟通的焦点转移，让双方陷入争论。因此，放下主观评判，客观描述事实，是表达的第一步，也为后面的沟通奠定了基础。

第二步，帮助孩子澄清感受。感受是一个人对外界活动影响的内在感觉。当一个人感到难过或受到伤害时，最不想听的就是大道理或者别人的看法。那样，只会让他（她）感觉更差，更加否定自己。此时，父母只有帮助孩子澄清自己的感受，孩子才能够说出自己的困扰，更好地面对问题。

在情景一与情景二中，妈妈与孩子的对话之所以变成争吵，是因为妈妈一遍遍地告诉孩子不要相信自己的感受，而要相信妈妈的判断。这就让孩子会陷入无助中，不知道是该相信自己的感受，还是要听妈妈的话。"有一种冷是妈妈觉得冷，有一种饿叫妈妈觉得饿"说的就是这种现象。父母的感受是自己的感受，而非孩子的感受。所以，试着理解孩子的感受，说出自己的感受和孩子感受的不同，如"我觉得冷，但你觉得这儿很热"。孩子会很开心地说"是的"。当孩子说不喜欢妹妹时，父母站到孩子的角度去问他："妹妹惹你生气了？"他会立刻大声告诉父母："对！妹妹弄湿了我的作业本！"这样父母就能快速知道两个孩子之间发生了什么，了解孩子行为背后的真正原因，引导两个孩子正确处理关系。

父母和孩子是独立的个体，对同一件事的感受可能是不一样的。感受没有好坏对错之分。能够站到对方的角度，了解对方的感受，让对方感受到被理解、被接纳，是共情的能力。学会共情，让孩子感受到被理解，才能够促进孩子更多地进行自我表达，对父母敞开心扉，才能让双方更深入地交流。所以，父母只有帮助孩子澄清感受，孩子才能够快速消除戒备心理，把心里话说给我们听。

第三步，看到孩子的正面动机。我们要相信，没有孩子想故意把事情搞糟，即使孩子的行为做错了，孩子的出发点和动机也是好的。我们需要把这个正面动机找出来，肯定孩子。比如，孩子这次考试不及格，回家后很不高兴。不高兴是父母能够看到的外显行为。透过这个行为，父母可以看到孩子其实是想考好的，否则考成什么样就都无所谓了。考试想考好就是孩子的正面动机。再如，5岁的孩子把玩具小汽车从桌子上推到地上摔坏了，心疼得哭了。摔坏玩具后哭是孩子的行为表现。这时，有的家长不分青红皂白就训斥孩子："玩具都摔坏了还哭！你自己摔的玩具，你还好意思哭！"通常家长这样的训斥会让孩子停止哭声，陷入自责中。与此同时，家长也丧失了进一步探究孩子把小汽车推到地上的缘由，以及进一步引导孩子的机会。事实上，孩子或许只想看看将小汽车推下桌子会发生什么，它会不会跟飞机一样会飞。对事情充满了好奇心是孩子的正面动机。

第四步，说出自己的观点。对孩子来说，父母的态度很重要。所以，对于发生的事情，父母如果能够站在孩子的角度，带着信任的态度说出自己的观点，这对孩子是最大的支持。比如，对于孩子考试不及格，回家后不高兴这件事，父母表明自己的观点："无论如何，妈妈相信你能行。"再如，对于孩子把小汽车从桌子上推到地上摔坏了这件事父母表明自己的观点，"妈妈相信你能修好小汽车"，或者"有了好奇心，妈妈相信你能探索很多新奇的事情"。孩子得到鼓励后，就愿意在后续的行动中通过努力来证明妈妈的观点是对的。

第五步，指出未来行动的方向。在引导孩子的过程中，父母在表明自己的观点后，一定要给孩子指出未来努力的方向。未来努力的方向可以有很多，但选择哪一条路，最好由孩子自己来决定。还是以孩子考试不及格为例，关于未来的方向，可以分析一下考试失利的原因；根据原因可以报辅导班，也可以自己查漏补缺或者找老师聊聊等。妈妈只需说一句："未来，你打算怎么办？妈妈能帮你做什么？"剩下的让孩子自己思考就可以了。此时，切记不要武断地强迫孩子按照自己的思路走。

情景三：

孩子考试不及格。

妈妈生气地说："你真马虎！"

儿子委屈地点点头。

妈妈说："你怎么就不如邻居家的孩子洋洋？"

儿子不知如何回答："……"

妈妈继续生气地说："再这样下去就完了！"

儿子低头不说话。

妈妈又说："你不好好学习，长大了只能扫大街。"

儿子依旧无言："……"

妈妈接着说："我给你报个辅导班，你一定要好好学……"

儿子沉默："……"

情景三的沟通过程，其实只是一个单向沟通。整个过程中都是妈妈一个人在说。妈妈带着指责，运用了贴标签、比较、预言等不恰当的批评方式，让孩子报一个辅导班，好好学习。儿子在妈妈的指责下，没有任何发表意见的机会，也失去了发表意见的愿望。在孩子心目中，因为自己没考好，所以被罚上辅导班。当孩子带着负面情绪去参加课外辅导时，效果好坏可想而知。

情景四：

妈妈说："考试不及格，我知道你很难过。"

儿子点点头，开始哭……

妈妈安静地等儿子心情平静下来，说："这说明我们还有很大提升空间。你想考好，对吗？"

儿子点点头。

妈妈接着说："不管怎样，妈妈相信你能行。"

儿子感激地看着妈妈。

妈妈问："你看，妈妈在哪些方面能够支持到你？"

儿子回答："妈妈，你给我报个辅导班吧！"

在情景四的对话中，可以很清楚地看到妈妈和儿子之间是双向沟通，妈妈时刻关注孩子的情感反应和行为变化。妈妈首先看到孩子因为考试不及格很难过，把沟通的重点放在孩子的感受上。孩子呢，因为妈妈理解了自己的感受而哭了起来。此时的哭既是释放情绪，也是为妈妈的理解而感动地哭。这时，儿子已经向妈妈敞开了心扉。而妈妈平静地等孩子哭完后，帮助孩子说出自己的心里话："你想考好对吗?"这是孩子的正面动机。妈妈接着说："不管怎样,我相信你能行!"这句话给了孩子很大的力量,让孩子感受到妈妈这么相信自己,自己应该拿出点行动来给妈妈看。所以,孩子主动提出要报辅导班。虽然谈话的最后结果都是报辅导班,但不同的是,场景三中是妈妈要求孩子报辅导班,孩子带着负面情绪被动接受;场景四中是孩子带着感动的情绪主动提出要报辅导班。效果肯定是不一样的。这时,情景四中孩子的学习就从"要我学"变成了"我要学"。有了自觉自愿学习的愿望后,孩子的学习就不需要家长操心了。

七步解决亲子冲突

伴随着孩子不断长大，自我意识增强，孩子越来越渴望自己的事情自己做主。当孩子的观点与父母的观点不一致时，如果处理不当，往往会演变成亲子冲突。如何解决亲子冲突就成为父母关注的问题。运用七步解决冲突法，可以解决孩子屡教不改的问题，也可以解决父母与孩子意见分歧较大的问题。

激烈冲突的母女

我是一名中学老师，孩子上六年级了。最让我困惑的是女儿的变化：她小时候聪明可爱；大了后，体内就像有一个恶魔一样，认定的事情不达目的不罢休。为此，我们发生过多次冲突。有一次，女儿在同事的办公室里玩儿。已经下班很久了，她就是不愿意走。我担心耽误同事下班，就想拉着孩子走，可是她死活不走，情急之下竟然还抱着桌子腿儿坐在了地上，弄得同事的桌子都倒了，桌子上的书和办公用品落了一地，让我又急又气。遇到这种情况，我该怎么办？如何解决亲子冲突？

亲子冲突是指父母与孩子因心智、学识、经历不同而在对事情的处理、问题的解决方面表现出来的不一致。一般表现为态度、观念的差异及情绪的对立、回避等；行为上可表现为由消极的情绪对立发展到身体冲突，甚至离家出走、违法犯罪等。亲子冲突的出现是父母与青少年双方需要调整的重要信号，要求双方都去重新构建或更改他们对彼此行为的期望。

亲子冲突既有积极作用，也有消极作用。积极作用在于青少年会逐渐减少对父母的依赖，独立自主性日益发展起来；消极作用是它与青少年心理健康的各个层面都有密切关系，如焦虑、抑郁、愤怒、生活满意度、生活目标、自尊等。长期激烈的亲子冲突会严重影响青少年的心理健康，导致青少年偏离生活目标，甚至会导致青少年自杀行为的出现。一位初三女孩，由于长期和家长意见不合，在一次争吵后，吞食了大量妈妈治疗失眠的安眠药。多亏妈妈发现及时，把孩子送到医院急救才得以生还。

亲子冲突还会给父母及家庭带来不良影响。很多亲子冲突严重的父母会因此影响自己的工作和生活，有疲劳感、挫败感、孤独感等。有时，父母会感觉到很难应对来自青春期子女的压力，一位高中生母亲甚至说出过这样的话："孩子的叛逆已经严重地影响了我正常的生活和工作。他不但在家里叛逆，跟我对着干，而且在学校里也会跟老师对着干。我还经常被老师叫到学校训斥，天天处理他的事情，感觉自己太失败了，活得一点意义都没有！"激烈的亲子冲突已严重影响了这位妈妈生活的意义感和幸福感。

因此，合理解决亲子冲突对家庭和谐与孩子的身心健康都是很有必要的。如何合理解决亲子冲突呢？在解决亲子冲突的过程中，有几个问题需要引起父母们的关注：第一，父母是否允许孩子做出选择？第二，父母是否能够看到事物发展的多种可能？如果父母的教育理念并没有跟着社会的发展而变化，还在用多年前自己成长经历中的经验来教育孩子，当这些观念跟不上现在社会发展的需求时，就可能成为孩子发展的禁锢。

协商解决亲子冲突的过程中需要遵守三个原则：一是允许孩子与父母有所不同。因为孩子与父母生活的年代不同，成长经历不同，年龄不同，需求也不一样。二是就事论事。仅对某一件事协商，不把事情扩大化或者把协商变成抱怨大会。以孩子考试没考好为例，有些家长就会说"上不好学，以后没人瞧得起你""找不到好工作就没有幸福人生"等。实际上，一次考试考得不好，跟幸福有什么关系呢？一次考试成绩不好就与未来的幸福人生联系起来，这种扩大问题的方式，只不过徒增孩子的压力，让他们对学习增加反感罢了。三是允许孩子尝试。因为没有机会尝试的孩子，永远无法学会为自己负责。在这个过程中，父母要建立底线思维，作为孩子尝试的边界。让孩子尝试，并让他们为自己的行为负责，就要给他们一定的权利范围。父母可以告诉孩子自己的底线，让孩子在底线范围内尝试。

○◎ 周老师支招

针对亲子冲突的具体协商可以分为七个步骤：

第一步，学会舒缓情绪。当自己还处在负面情绪之中时，不要试图与孩子协商谈话，因为情绪状态下的谈话，可能会演变为发泄情绪，从而忘记了沟通的目的。可以在家庭里设置一个情绪暂停角，提醒自己或家庭成员，有情绪时就在这里慢慢让自己安静下来，暂时不要沟通。当自己的情绪平静下来后，确认谈话的动机，再找一个让彼此都能放松的时间、地点，并邀请孩子一起谈话。

第二步，讨论孩子的感受和需要。运用本书中的倾听技巧引导孩子说出自己的需求。在表达观点时，一定要让孩子先说，因为父母相对于孩子，有更强大的地位。允许孩子表达自己的问题和观点，能让孩子感受到父母对谈话内容的重视。

第三步，说出家长自己的感受和需求。对于孩子的要求，父母因为各种原因，不一定能够全部满足。这时，父母就需要说出自己的感受和需求。比如，妈妈上了一天班，感到很累，需要休息一会儿。孩子这时过来缠着妈妈，让她陪他玩儿。这时，妈妈可以明确表达："妈妈很累，需要休息一会儿。"

第四步，共同寻求解决办法。可以把孩子的需求、父母的需求以及能够想到的解决办法都写下来。注意写这些办法时，要保持中立态度，客观地描述，不添加任何评论。

第五步，选择双方都能接受的解决办法。把所有的办法都写下来后，挑出哪些建议是双方都能接受的，哪些建议是不能接受的，哪些是可以付诸行动的。在选择解决办法的时候，要告诉孩子："既然决定了，那我们就尝试着这样来做。如果出现问题，记得及时告诉我，我们一起解决。"而不是说："必须按照这个规则来做。"因为孩子年龄小，经验不足，需要时间来思考和验证自己的想法。有时在选择解决方案时，有可能过于乐观或欠缺考虑，方案实施未必顺利。

第六步，采取行动。所有双方能接受的解决办法都要付诸行动，并约定实施多长时间再来总结。

第七步，评估总结。当实施期限结束，父母和孩子双方重新评估解决方案的效果，并且给予总结。在每一次和平解决冲突后，要举行一个仪式，庆祝一下，进行总结。这样的仪式有利于下一次冲突的和平解决。如果方案在实施过程中出现了新的问题，影响到方案的顺利实施，需要在总结后重新进入下一轮协商流程。

这个方法可以用在双方制定共同的约定和规则上，也可以适用于孩子屡教不改的问题上，或者父母与孩子意见分歧较大的问题上。人数可多可少，可以适用在爸爸妈妈和孩子单独交流，也可以家庭中多人参与。

在"幸福家庭"智慧父母课程中，一位妈妈叙述了她面临的难题：儿子刘洋是初二的学生，下午放学后总不能按时回家吃饭。他会找各种理由，也不遵守自己的承诺。她说的这个问题，引起了父母们的共鸣，说明父母和孩子之间遇到这样的事情几率很高。

场景一：

这天，刘洋回家又晚了。他下午放学后喜欢和同学在操场上玩儿，他知道6:00该回家，但有时和同学玩起来就忘了。昨天和前天，他都回家晚了。妈妈很生气。

刘洋回家后看到妈妈虎着脸坐在沙发上。

儿子说："我真的问同学时间了！问了后，我就马上跑回来了。"

妈妈生气地说："每次都找理由！听够你的理由了！"

儿子解释："是真的，我已经用最快的速度跑回来了"！

妈妈大吼："我再也不相信你了！"

儿子无奈地说："你不信就算了……"

妈妈继续生气地说："不能再这样下去了，从下周开始，每天放学就回家，我去接你！回来后不能再出去！回你自己的房间吧！"

儿子生气地站起来，回到房间把门重重地关上。第二天早上起来依然不理妈妈。

上面的场景中，妈妈和儿子争吵的情景经常发生。时间久了，孩子就不当回事了，他认为："反正妈妈就这样了，我能怎么办呢？"妈妈也会无奈。无数次的争吵，效果越来越差。

其实，之所以发生争吵，是因为母子二人都把对方放到了对立面。争吵时，每个人都有一个预设："我是对的，你是错的。"其实，在家庭里，没有绝对的对错，父母要尽可能地让孩子看到事物发展的多种可能，相互协调，尽量找到共同的目标。

下面的场景是刘洋妈妈学习了解决亲子冲突七步法后，与儿子进行对话。

场景二：

妈妈问："刘洋，妈妈想和你说点事，你现在方便吗?"

儿子迟疑地说："行啊，啥事?"

妈妈说："关于放学后按时回家吃饭的事。"

儿子激动地说："我已经说过很多次了，我已经尽力了。每次玩到一半的时候，我就得离开!"

妈妈作出回应："哦?"

儿子继续强调："我是同学里面离开最早的，最早!"

妈妈回答："嗯。"

儿子说："我还得不停地问别人时间，我的破表也坏了! 他们还冲我喊:'烦死了，下次你别来了!'"

妈妈表示理解："哦，确实让人挺难过的。"

儿子继续说："林子轩还叫我'妈宝'!"

妈妈回应："太过分了，听到这些我也很生气……你今天在学校受到了来自小伙伴的压力。"

儿子附和："就是!"

妈妈问："刘洋，你知道我的想法吗?"

儿子回答："你不就是想让我早点回家吗?"

妈妈说："这只是一部分，主要是你回来晚了，我很担心你!"

儿子安慰道："你不用担心!"

妈妈提议道："我也希望自己不担心……我们一起想一想有什么办法，我们都能接受。"

妈妈拿出笔和纸，说："我把我们的观点都记下来，你先说。"

儿子想了想说："我回来晚了，你别担心！"

妈妈问："嗯，我写下来了，还有吗？"

儿子答："没有了。"

妈妈说："我有个想法，下次，你再回来晚的时候，我可以去叫你！"

刘洋着急地说："别去！"

妈妈接着说："我先都写下来，一会儿再看哪些是能实行的，哪些是不能实行的。还有吗？"

刘洋说："我的表坏了，给我买块表吧！"

妈妈回答："写下来了，还有吗？"

刘洋继续说："干嘛要等我一起吃饭？能把晚饭给我留着吗？"

妈妈说："写下来了。现在快到夏天了，天黑得晚了，我们可以把吃晚饭的时间推迟20分钟。"

儿子表示不同意："就20分钟啊。太短了！"

妈妈问："你想再延长些？你想延长多长时间呢？"

儿子说："30分钟！"

妈妈回答："好的，我们一起看看哪些想保留，哪些想去掉。"

儿子说："好的。"

妈妈读刚刚写下的观点。

儿子说："我想去掉'你出去找我'！"

妈妈说："好……我想去掉'回来晚，妈妈不担心'。我们看下一个，'把晚饭推迟30分钟'。这样就不需要留饭了对吗？"

儿子回应："嗯，留下买表。"

妈妈说："好的。现在，我们看一下我们协商的结果：晚饭推迟30分钟，这样你就可以多玩30分钟；买表。这些办法怎么样？"

儿子高兴地说："好！"

妈妈总结："好，从明天开始，我们晚饭推迟30分钟。剩下的，看你的行动了！"

儿子充满自信地说："没问题！"

妈妈说："我们以一星期为限。一星期后，我们再来探讨执行的结果。"

儿子表示同意："OK！"

在场景二中，妈妈和刘洋的协商充分考虑到了儿子和母亲两个人的观点。即使两个人的观点有所不同，母亲也能尊重孩子的意见。两个人相互探讨，彼此让步，最后得出了双方都能接受的结果。一周后，妈妈反馈，刘洋执行得不错，困扰妈妈的问题圆满解决。因此，在亲子关系中，求大同，存小异，民主协商，才能建立良好的亲子关系，解决亲子冲突。

值得注意的是，父母需要用平等的态度与孩子协商，而不是居高临下的态度。如果父母一直分析问题，一直给出解决方案，然后自以为是地认为"我在跟你商量"，当孩子不同意就会很生气，那么在这种情况下，孩子不得不同意的方案其实很难执行下去，然后父母就会认为"他答应得好好的，就是做不好"。这不但解决不了问题，还会影响亲子关系。

孩子早恋怎么办

过早卷入恋爱的孩子，有一个共同特点就是家庭的情感不和。比如，夫妻关系不和，孩子体会不到家庭的爱与温暖；男孩跟妈妈的关系不好，他渴望女性的温暖；女孩跟爸爸关系不好，渴望男性的支持。找到孩子早恋的原因，有针对性地给予孩子支持，帮助孩子从情感漩涡中摆脱出来。

恋爱女孩的疯狂行为

李颖（化名）是一个高高瘦瘦的女孩，沉默寡言，长相清秀，眉宇间难掩忧色。来到我这儿的原因是情感困扰。原来，女孩目前在 J 市区一所著名的高中就读，已上高三，与郊区某高中的一名男孩正在谈恋爱。

"我和王奇（化名）是初中同学，在初中时没觉得有什么特别的感情，上了高中后反而不知不觉有了好感。"她这样开始了自己的叙述，"我对感情很执着，想见男友时总是难以抑制内心的冲动。"每当这时候，她就感觉内心有两个小人在打架，一个说："冷静，等到周末的时候再见男友也不迟！"另一个说："我立刻要见到他……"可是，纠结到最后还是抑制不住自己，常常自己偷偷跑出去见男友。

男友的学校实行军事化管理，平时不允许学生出校门，对男女生的交往有严格规定。有一次，女孩想见男友，就打车30多公里去学校看他，想给男友一个惊喜。结果，男孩知道她到来的消息后很生气，拒绝见她。

还有几次，时间已经是晚上两点多了，自己突然想见男友，就打车到男友家所在的小区。就因为这事儿，两人的恋情被双方父母知道了。男友的父母坚决反对他们来往。为此，男孩一直埋怨她做事不理智。

"见不到他时，我内心里有一种说不出的感觉，这让我很抓狂。直到见到他，我才放心！"她说，"为了随时能见到他，我做什么都在所不惜。可是，他却不领情……"说着哭了起来。

对于女儿的行为，父母充满了担忧。父母不赞同女儿在高中期间谈恋爱，但再三劝说女儿没有效果。他们只能退而求其次，认为只要不影响学习就可以接纳。但她的表现显然与父母的期望值相差甚远。只要想见男朋友了，无论什么时间，不管在干什么，她都不会考虑，直接打车就去找男孩。李颖是高三学生，面临着即将到来的高考，好像并没有什么想法，内心里只有男友。学习成绩也由原来的班里前10名，倒退到班里40多名，这对她好像没有触动。相反，只要想见男友，她就连课也不上了，径直跑到男孩所在的学校。白天还好说，最让父母受不了的是晚上。只要想见男友，不管几点都要去。好几次凌晨两点多，她跑到男孩的住所，父母吓得开车偷偷在后面跟着。让父母苦闷的是，孩子目前不但学习成绩直线下降，还经常深更半夜出去，安全都无法保证。在父母看来，好端端的孩子变得神经质，脾气极端暴躁，尤其在亲密关系方面如同着了魔一般。

❦✿❦

是什么使得一个成绩优秀的学生，变成了神经兮兮的女孩呢？难道恋爱真的可以让一个人变痴变傻吗？女孩中邪了吗？答案是否定的。女孩感情上的困扰，实际上为不安全的依恋关系所致。李颖的依恋类型为焦虑—矛盾型。她在人际关系中非常没有安全感，对自己的伴侣和亲密的朋友没有足够的信任；渴望友情与爱情，但是又患得患失；希望自己能够融入对方的生活圈，但又有很大困难。这种依恋类型的人容易焦虑，敏感多疑，稍有风吹草动便害怕被抛弃，因此在亲密关系中变得非常粘人。

　　女孩想见男友的时候，不分时间、场合，就一定要见；不管是上课时间还是深更半夜，都会很冲动地去找他。为什么会这样呢？因为只要看不见男友，她就没有安全感，对双方的关系充满了担心，所以她才要千方百计地见到男孩。这严重影响了双方的学业与正常生活，所以无奈之下，男孩才多次采取不见的方式来应对。在李颖看来，她无法忍受男孩的冷漠。她无法理解，自己为了他不惜一切代价，而他为什么这样冷漠无情呢？其实，她太缺乏安全感了，希望从男友那里得到"永远爱她的验证"，但用力过猛，反而让男友不知所措。

　　不安全的依恋关系往往源自童年。李颖的爸爸是一名军人，对她非常溺爱。只要女儿想要的东西，就会想方设法满足她，养成了她任性的性格。对于喜欢的东西，她一定会想法弄到手，否则会一直哭。最长的一次哭了整整一天，整个人都快虚脱了，直到父母就范为止。父亲作为军人，常年在外。为了减轻对女儿的内疚感，休假在家时，他会对女儿百依百顺。只要女儿想要的，就会千方百计满足。但爸爸的工作性质决定了他随时会出发。为了避免女儿哭闹，他会给女儿买一堆好吃的，然后悄悄离开。爸爸的举动，使得女儿对爸爸充满了不确定感。小小年纪的她，担心爸爸不知道什么时候就消失了。

　　伴随着年龄的增长，她在人际关系中的不安全感体现得越来越明显。

平时只要妈妈不在家，她就会拼命打电话给妈妈，一遍接一遍，无论怎样劝告都无法停止。为此，妈妈很愤怒，甚至还打骂过她，摔坏过三个手机，仍不奏效。妈妈无法理解女儿的行为，觉得女儿不懂事，不体谅妈妈的辛苦。

她平时很乖巧，连穿什么衣服、用什么文具都要询问妈妈的意见，唯独感情这件事特别让妈妈操心。心理学的研究发现，幼年的不安全依恋往往会持续到成年，影响成年后的人际交往与亲密关系。从女孩的经历中，我们也可以看到，小时候与爸爸妈妈相处的行为模式，长大后也出现在男友身上。为什么会这样呢？

当爸爸不在家时，妈妈是她唯一的依靠。但妈妈因工作关系，也经常外出。妈妈外出时，就会把她交给外婆。当妈妈外出时，她不确定母亲能不能按时回来，会不会也像父亲一样，在对自己百般宠爱、百依百顺之后，忽然消失很长一段时间，所以她要不停地打电话确认。虽然妈妈一再地承诺，但仍不能减轻她的焦虑与恐惧。再看李颖对物品的态度，对于喜欢的东西，非常的任性，一定要弄到手；否则会一直哭下去，直到得到为止。她是在用对物品的控制证明父母对自己的爱。她认为："如果你满足我了，那就证明爱我；如果不满足我，那就证明不爱我。"对一个小孩来说，如果父母不爱自己是非常了不得的事，这要关系到自己的生死存亡，所以她要一直哭，直到把自己哭到虚脱了，引起父母重视，答应自己的要求，以此来验证父母对自己的爱。在这个过程中，即使父母打她也无所谓，因为在她看来，挨打只是皮肉之苦，但如果不能确定父母是否爱自己，这才是最要命的事。

她对男孩的态度，其实是与父亲关系的投射。她担心男孩在自己看不见的这段时间里，会像父亲在自己幼年时那样消失得无影无踪，不知道什么时候会重新出现。所以，她就要不停地找他，验证在两个人分开的这段时间里男孩还爱他，还会准时出现。这种现象在心理学上被称为强迫性重复，是指我们在幼年的一些感觉与行为模式，在成年后不知不觉中出现，并影响我们的生活。比如，我们特别容易与某一类型的人产生深刻而强烈的互动。换句话说，我们会特别容易被他们吸引，不由自主地与他们发生或爱或恨的关系。这极有可能是因为这些人身上具备我们成长经历中重要人物的心理特征。当这些人在我们的生命中出现时，就给了我们第二次机会。我们可以借着与他们或快乐或痛苦的深度情绪互动过程，去疗愈以前的心理创伤，弥补过去的遗憾，满足小时候对自己特别重要却在父母身上未能得偿的一些心理需求。

因此，当李颖在亲密关系中又被勾起强烈的不安全感时，对于疗愈成长经历中的缺失是一次全新的机会，借着她与男友的深度情绪互动，疗愈心理创伤的同时，看到成长的资源。比如，在一次咨询过程中，她突然表现得很痛苦，问我："老师，我可以接电话吗？"看她的表情，我知道她在等男友的电话，就点点头，说："你可以出去接。"她点点头，感激地走了出去。十分钟后，她回到咨询室，表情沮丧，满脸泪痕。一看她的样子，我明白他没接到男友的电话，觉得咨询有了新的转机。等她坐好后，我握住她的手，关切地说："没接到他的电话？"她神情落寞地点了点头。我帮她澄清感受："很难受，但最痛苦的一段已经过去了，对吗？"她又点头表示赞同。"虽然痛苦，但你也挺过来了……"她点头，沉默了一会儿之后，痛下决心似地说："老师，我懂了。如果我不做改变的话，我可能什么也得不到，感情不能维持，大学梦也破灭了。所以，从今天开始，我会努力改变。"

同时，女孩有依赖他人看法做决定的习惯。比如，对于穿什么衣服，用什么文具，都要询问妈妈的意见，不能为自己做决定，属于小孩子的心理状态。作为成年人，需要学会为自己的决定负责。关于这一点，我建议她在日常生活中要一点点纠正。父母尽量让孩子自己做主；同时引导孩子每天做记录，清查自己的行为，看看哪些是自己做的，哪些是靠父母去做的，并每周一小结。这样，父母和孩子可以互相监督，看哪个地方自己做得不够好，让孩子慢慢养成自己做决定的习惯。

经过一段时间的咨询与父母的积极配合，女孩已摆脱了情感的困扰，将精力完全投入到学习中来，安全感大大增强，不会再为一点小事而依赖妈妈，也不再为别人的一句评价而耿耿于怀了。

从李颖的经历中，我们可以看到，幼年时的依恋关系会保持到成年，并在亲密关系中显现出来。也再次给父母提一个醒：童年的养育方式很重要，一定要给孩子合适的心理营养。心理营养在前面的章节有详细的叙述，在这里不做赘述。每年我都会接触很多类似的案例。他们大多都有小时候因父母工作忙，被祖父母带大的经历；或者父母一方因工作关系常年出发在外的经历。他们与抚养人形成了不安全依恋关系。这种不安全依恋不仅影响孩子的人际关系，让他们在人际交往中处于高敏感状态，还会影响到亲密关系。有很多父母像李颖的父母一样，原以为辛苦点是为了给孩子创造一个良好的环境，没想到无意中却伤害到了孩子。

◎◉。周老师支招

对于早恋的孩子，家长如何做才能更好地帮助到孩子呢？

构建和谐的家庭氛围。通常来说，过早卷入恋爱的孩子，都有一个特点，就是家庭的情感不和。比如，夫妻关系不和，孩子体会不到家庭的温暖；男孩跟妈妈的关系不好，渴望女性的温暖；女孩跟爸爸关系不好，渴望男性的支持。这是补偿。有补偿要求的孩子有强烈的情感欲望，想要得到更多，就会不停地让两人的关系往前走。女孩如果没有稳定的亲情，得不到稳定的安全感，渴望父亲的关怀，就会喜欢成熟、稳重的男孩；反之，男孩也是如此。生活在情感良好的家庭中，孩子即使喜欢上别人，也不会走极端，不会过早与人形成依恋。

如果发现孩子早恋了，先不要忙着制止，因为很多孩子可能只是交往密切了一点儿。父母的盲目干预可能让处于叛逆期的孩子失去了理智，反而促成了他们。这时，需要父母冷静下来分析到底发生了什么，原因是什么。

如果确定要干预，也请家长想清楚自己担心的是什么，是学习成绩变差？如果两个孩子在一起可以相互鼓励，共同进步，家长是否同意他们来往？如果答案是否定的，那家长还在哪些方面有担心？然后，父母二人共同商量一下，统一思想，谈话时告诉孩子界限在哪里；必要时可以配合一下，演一出双簧戏。比如，当儿子对某个人表露出好感时，妈妈可以带着欣赏的语气对儿子说："我儿子长大了！不得不说，你的眼光真的很不错。你可要加油，好好学习，让她保持对你的欣赏。要知道优秀的女孩身边从来不乏优秀的男生。你只有足够优秀，一起考上大学，才有可能更长久哦。"这是资源取向的谈话。凡事都能从行为背后找到正面意义，并用夸大的方式让孩子从早恋的情感中获得向上的动力。

父亲参与到家庭教育中来。中国传统中，有男主外、女主内的观念。因此，很多父亲认为自己只要努力挣钱养家就可以了。实际上，在家庭教育中，父亲的角色至关重要。在教育子女的过程中，有父亲参与，孩子的独立性更强。而且，父亲的参与，对孩子性别角色的认同带来不可磨灭的影响。对男孩来说，父亲是男性的典范。父亲要引导孩子承担责任，加强对事情后果的预见，知道什么事能做，什么事绝对不能做。对女孩来说，伴随着生理机能的逐步成熟，她们开始注意周围的异性朋友，对异性的行为举止有特别的感受，也想了解异性的心里想什么。父亲的参与恰好满足了女儿的心理需求。父亲更多地陪伴女儿，教给她们男性的生活方式以及如何与男性相处。女儿往往更容易接受父亲给予的建议。

改译孩子的负面行为。改译是心理学上常用的技术。可以先认同孩子；当孩子的防御减弱时，再观察孩子的变化，弄清孩子的真实想法；再改译孩子的行为。比如，一位父亲向我求助：班主任跟他反映，上高二的女儿谈恋爱了，问我怎么办。在我的指导下，成功改译了孩子的行为。

一天晚上，父亲回到家，看到女儿斜躺在沙发上，脚放在茶几上。父亲看到这种状态，没有像往常那样指责女儿，而是到了沙发的另一头，用和女儿一样的姿势躺在沙发上。女儿看到爸爸的样子，开始没有理他，但过了一会儿，女儿忍不住问爸爸："今天，你怎么了，老爸？没发烧吧？"爸爸回答："没有啊！""以往我这样躺着，你早骂我了。今天，你不但没说我，还和我一样躺着……"爸爸真诚地说："以前忙工作，没有关注到你。现在意识到了，想体会一下你这样做的感觉，努力做个好爸爸……"就这样，父女二人聊了很久，一直聊到女儿的"小男友"。爸爸说："能谈谈你哥们王良（化名）吗？""也就是不高兴了吐吐槽，下了课帮忙接个水，下雨天送个伞……"爸爸说："哦，真是好哥们。以前老爸做得不好，以后老爸会加油做个好爸爸，你觉得老爸能做你哥们吗？"女儿回答："没问题！"

这位父亲就通过改译女儿行为的方式，成功解决了女儿的早恋问题。

另外，孩子的早恋有时是寻求别人认同的过程。青春期的孩子非常在乎同龄人的评价和认同。如果孩子周围的朋友都有恋爱的倾向，为了求认同，孩子也可能会早恋。比如，一位初二的女生，因为自己的好朋友有男朋友，为了和好朋友一样，竟然央求好朋友给她介绍一个男朋友。这种情况是很危险的。作为父母，要及时发现苗头，给予孩子正确的引导。

第七章

培养孩子的情绪力

    21 世纪，人类面临的最大生存挑战是长期被焦虑、紧张、急躁、愤怒、抑郁、恐惧等负面情绪困扰。所以，能够有效觉察自己的情绪反应，管理好自己的情绪，并根据他人的情绪做出恰当的反应，对孩子未来的成功和幸福是至关重要的。一些父母在面对孩子的负面情绪时，不仅无法帮助到孩子，还控制不住自己的情绪，把孩子进一步拉入到情绪漩涡的中心。

培养孩子的情绪力

能够觉察并识别自己的情绪反应，能够管理好自己的情绪，并根据他人的情绪做出恰当反应的能力，称为情商，是一个孩子未来成功和获得幸福的必备能力。家长能够理解并帮助孩子识别情绪，对陷入负面情绪中的孩子有很大的帮助。

陷入情绪困惑而无法自拔的大学生

"老师，我很难受，但不知道跟谁说！"坐在我面前的小蕾（化名）边哭边说。小蕾是大三的学生，主动到我所在大学的心理中心求助。"疫情居家隔离期间，我情绪一直不太好。有一天晚上，我突然感到胸闷、心慌、喘不动气，有濒死的感觉。情急之下，我拨打了120。但是，过了一段时间又好了，所以就没去医院。后来，一切正常。虽然有时候还是情绪急躁，着急时会有手抖的现象，但没再出现疫情期间那么严重的情况。可是，就在期末考试前一周，因为复习紧张，那种熟悉的感觉又来了：胸闷，喘不动气，天旋地转，有濒死的感觉。我很无助，只能大口呼吸。同学看我难受的样子，就拨打了120。在医院的急诊科没有查出任何问题，医生建议到心理科看看。爸爸妈妈怕到心理科就诊会影响我的未来，拒绝去。但私底下到外面的一家民办医院看了一下，说是急性焦虑障碍，给开了很多药，但妈妈怕药物有副作用，不让我吃，可我又实在难受，不知道该怎么办……"

※※※※※

从案例中，我们可以看到，当孩子出现情绪障碍的时候，很多家长视若洪水猛兽，不愿意承认孩子的问题，甚至不敢带孩子到正规的医院治疗。孩子哪怕是上了大学，也会因为父母对问题的否认带来极大的情绪困扰。 21 世纪，人类面临的最大生存挑战，不是污染、战争、饥荒或瘟疫，而是长期被焦虑、紧张、急躁、愤怒、抑郁、恐惧等负面情绪困扰，找不到幸福感。从心理学角度来讲，出现负面情绪是正常的，甚至这些负面情绪在最初产生时还有正面意义，但负面情绪持续时间太长，则会影响心身健康。

负面情绪的产生从进化论上来说，与人类的生存本能有关。心理学上有一个著名的战斗—逃跑—僵住模式（Fight, Flight or Freeze Response）理论。当机体经历压力事件时，体内的神经和腺体会引发应激，使躯体做好战斗、防御、挣扎或者逃跑的准备。人在经历应激事件后的两秒钟内，机体发生变化：大脑将信号传递至肾上腺；肾上腺会分泌肾上腺素到血液中；肾上腺素会在体内引发很多变化，调动全身的能量，为人脱离危险采取快速行动做准备。比如，处于应激事件下的人会呼吸频率加快，输送更多的氧气到细胞中，以便为肌肉提供更多的能量；心跳加快，血液流动加速，有更多的血液为四肢所用；双眼的瞳孔放大，使人能看得更清楚。有机体根据对环境的认知进行战斗或者逃离危险。心理学家们认为，这种战斗或逃跑反应，对面对野兽的攻击和其他类似危险的原始人来说是非常重要的。如今只要有任何危险，相同的反应过程仍然会产生。无论是面对一只狂吠的狗，还是一个一闪而过的黑影，身体都会立刻处于应激状态，机体的各个器官会做出面对危险时的反应。例如，呼吸加快，提供额外的氧气；循环系统运输更多的养料到身体需要的部分；肌肉系统轮流为骨骼及四肢提供服务，使人能快速做出反应。

战斗或逃跑反应和情绪有什么关系呢？应激状态下，身体释放去甲肾上腺素，不仅引起战斗或者逃跑的行为反应，还引起愤怒或者恐惧的情绪。美国心理学家理查德·拉扎勒斯认为，愤怒和恐惧如同一枚硬币的两面，是有机体在进化过程中产生的一种适应性反应。比如，当一只羊与一头狮子在非洲大草原上相遇，它们都会表现出神经内分泌细胞分泌的增强。羊的反应是逃走，狮子的反应是追赶，这就是机体本能的战与逃反应。荷兰心理学家尼科·弗里达认为，愤怒和恐惧的区别在于愤怒引起攻击，而恐惧引起逃离。实际上，这两种情绪的最终目的均是试图把自己与危险的事物分开，只是作用的对象不同：愤怒是作用于危险事物，与危险事物战斗；恐惧是作用于自己，让自己迅速逃离危险环境。

需要注意的是愤怒和恐惧可以互相转换。愤怒引发战斗，战斗失败引发恐惧而逃离危险情景。如果实在无法逃离危险情景，则会出现机体僵住的现象。这是生物进化过程中延续下来的天生能力。机体的本能预警系统，在远古时期大大提高了我们祖先的存活率，但在现代已经解决了生存问题的社会，应激反应过度反而会带来负面效果。对一些孩子来说，这个预警系统会由于过于敏感而发送错误警报。这套预警系统主要由大脑的杏仁核调控，旨在识别危险，让我们的身体做好准备应对危险。当它正常工作时，它应该只在存在真正危险时才发送信号。如果过于警觉、担忧和恐惧，在判断和选择上也容易受负面情绪的影响，而偏离理性。

如果孩子在成长过程中，没有建立起安全感，他们的感觉触发器会在没有真正危险时引起警报传感器发声，每周、每天，甚至每天多次将其发送到杏仁核，从而爆发战斗—逃跑—僵住模式。也就是说，现在孩子所面临的威胁，并不会造成真正的生命威胁，但他们过度反应了。在生活中，我们常常见到，有的孩子进入一个新环境，碰到摩擦和不适应，就进入战斗模式，如同一头小斗牛，尖叫，踢打，吐口水，时刻准备动手；还有的孩子到了一个新环境，坐立不安，躁动游离，启动逃离模式，千方百计想溜走；还有的孩子在新环境里启动僵化模式，出现无力感与濒死感。这都是因为他们在新环境里感受到了不安全，所以反应过度，需要引起家长的重视，帮助他们从过度反应的状态中走出来。

导致这种情况出现的原因有三个：一个原因是生物进化性不匹配。自然选择让生物适应过去的环境，但无法预见未来的环境。当环境变化时，适应过去环境的特性会在当前的环境中造成不适应。当环境变化极其迅速时，这种不匹配便十分严重。生理上，生物进化性不匹配的现象会让我们的身体由于不适应环境污染以及大量含各种添加剂食品的摄入而患病。心理上，过去曾经预示着生存危险的体验虽然在现代社会已经不会危及生命，但仍然会让我们的大脑产生恐惧，进而激发求生模式，造成过度的心理压力。小孩认知的发育形象地说明了这个过程。孩子五六个月，会出现认生现象，会对与母亲分离产生巨大的恐惧，并害怕陌生人以及某些动物（在原始环境中，这些都意味着生存的危险）。他们会因此大哭大喊。但短时间后，他们经验丰富了，就不会那么过度反应了。相对应的是，对于街上飞奔的汽车或者墙上的电插座，还没有足够时间写进进化的基因中，所以孩子们毫无防备，需要父母或看护人格外小心照顾。

第二个原因是儿童早年创伤导致的。对经历过儿童早期创伤的儿童来说，创伤的提醒通常是他们触发过激反应的根源。如果孩子目睹了家庭暴力或父母激烈的争吵，那么孩子可能会对巨大声响或大声说话产生过激反应。而对于小时候被忽视或被遗弃的孩子，感觉被遗忘或孤独则会诱发他们的不良感受而发出警报。有心理创伤的儿童可能会将变化或不可预测性与他们的创伤联系起来，只是常规的变化或混乱感就可能引发这种警报。

小蕾属于最后一种情况。从小爸妈对她要求很严格，尤其是妈妈，对她经常吹毛求疵。在她的记忆中，妈妈从来没有抱过她，只是不断地要求她。当她做错事情时，轻则斥责，重则打骂。小蕾从小没有形成安全的依恋关系，对于周围环境习惯性地过度紧张。急性情绪障碍的发作，既与幼年时期经常被打骂造成的创伤有关，又与新冠疫情隔离诱发的不安全感有关。

第三个原因是孩子在成长经历中被忽视和缺乏关注度。例如，对于那些因家庭破裂被忽视的儿童，缺乏关注可能是一个触发因素。他们会在课堂或集体活动中千方百计生出事端。他们对关注的索求，要到成长的时间线里寻找线索。

> 有一个四年级的小学生，上课时一刻也停不下来，要么发出声音，要么随意离开座位，要么扰乱课堂秩序。老师为此很困惑，建议家长带孩子找心理老师咨询。我在跟孩子父母交谈的过程中，发现孩子在7岁之前发展完全正常。在生了二胎后，父母把精力集中在妹妹身上。从那以后，孩子变得注意力不集中。他写作业时多动，一会儿离开座位喝水，一会儿吃东西，一会儿玩玩具。家长对此则采取打骂的方式，结果不但没有帮到孩子，孩子的症状反而有加重的趋势。在指导家长关注孩子的心理需求后，仅仅经过两个月，班主任反馈孩子如同变了一个人一样，家长也反馈没有想到孩子变化这么快。

周老师支招

负面情绪在人类进化过程中让我们的祖先更容易生存下来，但在现代社会，过于警戒则不利于人们获得幸福感。而觉察情绪、管理情绪的能力也成为一个人情商高低的标志。对家长来说，需要理解孩子的状态，并帮助他们识别与改变情绪。

首先，改变对孩子情绪状态的认知。当孩子处于恐惧中时，他们不具备像小动物那样通过放松肌肉或身体抖动释放出压力的能力。孩子通常因为没有很好地处理自己恐惧情绪的能力，从而让自己卡在压力无法排解这个环节；时间久了，就容易把负面情绪累积为毒性压力，对身体健康造成不良影响。比如，长期处于负面情绪下的孩子容易罹患胃溃疡、肠胃炎等疾病，还有的孩子会出现胸闷、心慌、呼吸困难等症状。如果孩子常年遭受语言暴力，战斗—逃跑—僵化机制会不断引发脑部释放皮质醇等压力荷尔蒙。长期释放高剂量的压力荷尔蒙会令脑中的海马体缩小，而海马体掌管的正是学习和记忆的关键区域。海马体的缩小会导致记忆减退，这种现象一般在经历过创伤后应激障碍（PTSD）的儿童和成年人身上见到。与此同时，高剂量的压力荷尔蒙会阻碍脑部神经突触之间联系的发展，并给人带来不良后果。比如，掌管"信任"的脑神经网络被破坏时，孩子信任关系的形成与发展就会受到影响，带来不安全感，让人变得多疑、多虑、多惧。

其次，理解并帮助孩子。教给孩子情绪的相关知识，使孩子能够理解自己的反应并更好地觉察自己。向孩子解释杏仁核的作用，它是负面情绪的中枢。提供有关情绪表现的准确信息，可以减少迷惑或羞耻感。这也为其提供了科学理由，说明他们为什么会这样，而不仅仅是孩子感觉糟糕或失控。比如，向孩子解释愤怒、恐惧或者焦虑时会出现的肢体反应，并让他们理解负面情绪是一种常见的正常体验，可以成功地加以控制。一旦孩子明白这一点，他们就会更加积极主动地调控情绪，令自己活得轻松自如。

当父母察觉到孩子出现焦虑的一些征兆时，可以通过描述最近发生的一件事情来开始和孩子谈心："昨天芳芳来我们家时，你显得非常安静，坐在妈妈身边。今天，我们家来客人时，你好像就会有一点紧张。你当时是什么感觉？"当然，如果仅凭你的力量无法让孩子从焦虑中走出来的时候，找专业的心理咨询师是一个好的选择，而不是讳疾忌医，延误治疗。

孩子乱发脾气怎么办

　　孩子大脑的不断发育，为情绪调节能力奠定了物质基础。要让孩子学会识别自己和他人的情绪，帮助孩子选择合适的情绪表达方式，提高孩子的情绪调节能力。最终帮助孩子在成长过程中，形成在合适的时间、地点，自如地表达自己情绪的能力。

乱发脾气的孩子

　　周老师，您好！我儿子今年5岁了，常常因为一点小事乱发脾气，遇到一点事情就歇斯底里地哭，边哭边扔玩具。他发脾气时，我们家分成两派：爷爷奶奶觉得，小孩子不懂事，凡事顺着他就好了；我和爸爸则认为，这孩子这么小，脾气就这么大，长大了可怎么办！有时气急了，也会给他一巴掌，但这么做有什么用呢？不但爷爷奶奶会责骂我们，而且我自己也心疼，会产生很强烈的愧疚感。请问我该怎么办？

　　5岁是孩子情绪发展的重要阶段。在这一阶段，大脑不断发育，为儿童的情绪调节能力奠定了物质基础。杏仁核是产生情绪、识别负面情绪的脑区。相关研究表明，杏仁核在负面情绪反应方面起着重要的作用，尤其是与恐惧、焦虑、厌恶等负性情绪密切相关。前额叶对未来情绪性事件具备预测能力，是控制情绪冲动的脑区；前扣带皮层是整合内脏信息、注意信息、情感信息和监视信息冲突的脑部位，而这些信息对自我调节和适应又非常重要。这些脑区从2—3岁开始发育，一直持续到6岁达到高峰，之后发育趋缓。

正是因为大脑的发育，孩子在体验快乐、满足、信赖、安全等正性情绪的同时，还需要体验愤怒、焦虑、悲伤、抑郁、挫败等负性情绪。但孩子对情绪的调控能力差。当孩子被负面情绪困扰时，不知道如何表达，就会用发脾气的方式来表达。上面案例中，奶奶采取的方式是在孩子发脾气时顺着他，显然是不可取的。这会让孩子觉得发脾气是解决问题的好方法，以后遇到事情就用发脾气来解决。妈妈在孩子发脾气时，则采取惩罚的方式，因为她觉得无端发脾气是个坏习惯，并且如果不制止，长大了会越来越糟糕。其实，这也是不对的。

孩子乱发脾气，最重要的原因是他们不知道如何表达自己的情绪。这个时候，如果他们觉得发脾气能够牵制父母，会觉得找到了一个好方法。哪怕就是被批评或被打骂，对孩子来说也是一种亲密获益，并乐此不疲。从心理学意义上说，5岁孩子正处于对父母的依恋分离期。一方面，他们要摆脱父母的控制；另一方面，又想依赖父母，担心父母会离开自己。在趋避冲突下，孩子出现情绪不稳、乱发脾气的现象，其实是对父母关系的控制。

研究表明，社会交往能力受到情绪调节能力的影响。情绪调节能力强的孩子，社会交往能力也较强。因此，在这一阶段，父母有一个重要任务，就是帮助孩子学会情绪调节。比如，让孩子能够识别自己和他人的情绪，帮助孩子选择合适的情绪表达方式，提高孩子的情绪调节能力。最终帮助孩子在成长过程中，形成在合适的时间、合适的地点，自如地表达自己情绪的能力。

了解了情绪调节的重要性与孩子乱发脾气的原因，父母怎么做才能帮助孩子调节情绪呢？

周老师支招

第一，父母应以身作则，调节好自己的情绪。孩子是父母的镜子。父母调节情绪的能力为孩子做了示范。俗话说："身教胜于言教。"如果父母在工作、生活中遇到不顺心的事时，动不动就大发雷霆，相互指责，迁怒对方、大动干戈，那么孩子就会觉得发脾气是解决问题的方式，也学会了乱发脾气。所以，父母要提升自己调节情绪的能力。当生活中有了情绪事件，可以直接表达出来。比如，生活中遇到开心的事情了，可以告诉孩子："妈妈今天很高兴！"工作中遇到挫折了，可以说："我现在很难过，想一个人静一静。"既可以通过与家庭成员诉说的方式释放情绪，也可以通过幽默的方式化解情绪，还可以通过运动的方式宣泄情绪。在潜移默化中，让孩子懂得，每个人都有喜怒哀乐，可以用适当的方式表达情绪、释放情绪。

第二，帮助孩子识别情绪。当孩子发脾气时，父母保持平和的心态。伴随着语言表达能力的增强，孩了开始能够清晰地表达自己的愿望。当他们情绪不好时，可以借助语言向他人求助。可以告诉孩子"妈妈知道你很生气"，或者告诉他"妈妈知道你心里很难受"。这样，孩子会觉得被理解，觉得妈妈懂自己的喜怒哀乐。等他们平静下来，跟他们探讨发脾气的原因是什么。是因为愿望没有得到满足，比如想要的东西没有如愿；还是因为遭受限制，比如玩手机没玩够，爸爸就把手机要过来了；或者因为遭受挫败，比如用积木搭房子，但房子突然倒了？同时，对孩子说清楚，哪些情况发脾气是被允许的，哪些情况发脾气也没有用。

对于乱发脾气的孩子，仅仅做这些是不够的。因为他们已经习惯了通过发脾气来获益。所以，当他们发脾气时，父母可以走开，去忙自己的事情。等孩子发完脾气，父母就当什么都没有发生，该满足他们的就满足他们，不该满足的还是不满足。相反，如果他们能够心平气和地表达自己的要求，父母就立刻满足他们。让他们知道，好好说话可以达到更理想的效果。时间一久，孩子乱发脾气的毛病自然就消失了。

第三，教给孩子用合适的方式表达情绪。孩子没有调节情绪的技巧，需要父母教给他们选择合适的方式表达情绪。可以采取转移注意力、合理地表达情绪以及幽默化解的方式。我女儿5岁时，有一次要去看表演。离演出只有30分钟了，时间比较紧张。我对她说："丹丹，你穿好衣服到客厅来，速度快一点；否则，我们就迟到了。"5分钟以后，女儿出来了，气呼呼地对我说："妈妈，你看，你催得我把裤子都穿反了！"看她生气的样子，我说："对不起，妈妈太着急了！让我看看裤子怎么不听话，惹我女儿生气了。"并顺手把她拉到怀里帮助她。一看裤子没穿反，但裤腿那儿确实鼓起来一个大包，我伸手一掏，掏出来一条团成一团的秋裤。原来，她在匆忙中，没有穿秋裤，反而把秋裤弄到一条裤腿里面了。我拿着秋裤大笑，她也跟着哈哈大笑起来。在这个秋裤事件中，我就采取了幽默化解的方式。女儿从此记住了这种方式，到现在已经上大学了，说起秋裤事件，依然开心不已。幽默化解也成了她调节情绪的方式。

帮孩子走出抑郁的阴霾

　　抑郁症是一种常见的心理疾病，被称为 21 世纪的"心理感冒"。很多家长缺乏对抑郁症的基本认知，往往会认为孩子淘气、不听话或者学习压力大等，甚至用打骂的方式对待孩子，延误治疗。运用科学的方式对待患抑郁症的孩子，帮助孩子走出抑郁的阴霾。

学习压力大的孩子

　　"周老师，我的孩子上初三。可能学习压力有点大，孩子又不愿意努力，就做出一些奇怪的事情……请您帮助孩子减减压！"王子凌（化名）的妈妈找我求助时说道。当我问孩子有什么奇怪的行为时，她竟然说，孩子有自残行为，用小刀在胳膊上划得一道道，有四五百道。"你说这孩子怎么这么傻，高中就是不考了，也不能这么伤害自己啊！"妈妈哭着说道。我建议妈妈先带孩子到医院的心理科做诊断。医院的鉴定结果为重度抑郁。医生给开了抗抑郁的药物，并建议心理咨询。

　　在咨询中，我得知，孩子从小很优秀，琴棋书画样样精通。初中时以优异的成绩考入了某双一流大学附中。在学校里，面对强手如林的优秀同学，孩子第一次觉得自己学习很吃力。初二时，又遇到了一位非常严格的数学老师。只要她做错了题，老师就罚站。有一次，班里一位男生淘气，竟然被老师用打扫卫生用的笤帚打了一顿。从那以后，她变得极度害怕上数学，从数学作业无法完成，到所有的科目都亮了红灯。父母无法理解她的行为，认为她是淘气，不愿意学习，对她严加管教。孩子觉得没有人能理解她，就在一天晚上把所有的感冒药都集中起来，全部吃了下去……这件事情的发生，不但没有引起父母的重视，反而认为孩子是为了逃避学习才这样做的，训示孩子："再发生这样的事儿，如果死了，就算我白养你这么多年。如果死不了，你还要继续学习！"孩子听后，很难过，觉得爸爸妈妈不理解自己，爱学习比爱自己更多。再有负面情绪的时候，不愿意和别人说，就在自己的手臂上划一下。强烈的疼痛感，才让她感到自己是活着的，才有存在感。

好好的孩子为什么会抑郁了呢？这是很多家长发自内心的追问。抑郁症是一种常见的心理疾病，全球范围内有 3.5 亿人患有抑郁症，全球抑郁症的年患病率约为 11%。我国的情况同样不容乐观，抑郁症患者约有 4000 万人。正因为数量庞大，抑郁症又被称为 21 世纪的"心理感冒"。世界卫生组织的数据表明：抑郁症仅次于心脏病等重大疾病之后，在全球十大疾病中位居第五，是人类生命的主要杀手之一。

抑郁症的成因很复杂，与父母的教养方式、孩子的性格以及成长经历中的心理创伤有密切关系。通常来说，如果父母在教养孩子的过程中比较严厉，看不到孩子的心理需求，听不到孩子发自内心的声音，这样家庭里的孩子发生抑郁的可能性更大一些。这类孩子的性格通常极度敏感，多愁善感；在意别人的眼光，容易对自己或周围环境产生不满，产生担忧和焦虑情绪；看待问题时有悲观倾向，凡事总看到消极的一面；太过于严于律己，出现事情时易把责任往自己身上揽，产生自责情绪；有自卑心理，自信心不足；人际交往过程中，往往处于被动的位置，主动性不高等。他们在成长经历中通常有心理创伤。这些创伤也许在成年人看来是一件微不足道的小事，但对孩子来说，却是一件直击心灵深处，甚至是觉得威胁到生存的大事。这些心理创伤当时或许并没有引起重视，但对心灵的伤害却累积在体内。后来遇到类似的创伤事件，会诱发以前积累的抑郁情绪，产生无力感和绝望感。如果得不到及时的干预，可能会导致抑郁症。比如，上面案例中，数学老师惩罚淘气的男生，勾起了王子凌关于小时候爸爸惩罚哥哥的记忆。

当老师打那个淘气的男生时，我很害怕。我怕我的数学成绩不好，有一天他也会打我。这让我想到小时候，哥哥很淘气，经常逃学，完不成作业，还把爸爸的名贵收藏品打坏。每当这时，爸爸都会拿笤帚打哥哥。我在一边看着，吓得瑟瑟发抖。我从小都很优秀，小学时是班里的班长，语数英三科的学习成绩经常考满分。我的钢琴弹得非常好，书法也练得很棒，我还是学校的大队委……我很努力地让自己更优秀一些，就是想让爸爸高兴些，这样他就少打哥哥一点儿……这些念头在我头脑里面挥之不去，让我觉得很绝望。我努力了这么多年，就是想让自己优秀点儿。这样，爸爸高兴了，就不会生气打哥哥了。可是，现在我的数学成绩不好了，我也变得不优秀了，我担心有一天爸爸也会像打哥哥一样打我……这还是次要的，最关键的是，爸爸是成功人士，跟爸爸来往的人都是很优秀的人，他怎么可能会要我这样不争气的女儿……

从案例中，我们可以看到，孩子的认知存在很大的偏差，承担了不属于自己的责任。比如，她以为只要自己足够优秀，就可以让爸爸不再打哥哥；如果不优秀，就不配成为爸爸的女儿等。这些错误认知，让她越努力，越无助，因为她无力改变爸爸，她压根就控制不了爸爸的行为，也改变不了哥哥淘气的本性……因为类似这种情况的青少年性格敏感，而且受家庭的影响巨大，父母的情绪随时都会影响到孩子的疗愈过程，所以我决定采用个案咨询与家庭治疗相结合的方式来帮助她。

第一，接纳自我。从小到大，她经常与别人比较，用"别人比我优秀"来勉励自己努力奋斗，但同时也带来了大量的负面情绪和内耗。因此，在接纳王子凌的情绪，与其共情的同时，引导她看到自己行为的正面动机，是为了"自己的未来更美好"而做出的努力。引导王子凌注重过程，只要努力了，结果都可以接纳。开始，她担心接纳自己并不完美，会让自己失去上进心。经过反复实践，她发现，接纳自我并不会让自己沉迷当下，反而可以让自己减少内耗，轻装上阵，为实现下一个目标奠定基础。经过一段时间的咨询，她开始接纳生活中的不完美，接纳不完美的自己。"我知道生活中还会有许多艰难的时候。我虽然害怕失败，但我会尝试积极行动。我知道我不完美，别人也是这样。我要继续去做当下该做的事情，朝着自己想要的生活方向前进。"

第二，觉察自我。王子凌有自我要求过高的习惯，习惯把时间安排得过满，直到把自己累到精疲力竭才会罢休，才会觉得这一天没有浪费时间。但每当这时，她就会出现很无力的感觉，情绪陷入极端的痛苦之中。最严重的时候，她把自己累到虚脱，甚至连走回宿舍的力气都没有了，哭着让妈妈到学校里接她……因此，让她学会观察自己内在的感受。当头脑里出现那个指责自己的声音时，就果断地对自己的思维喊"停"。做事效率开始变低时，就学会停下来，切换另外一种活动，让疲劳的身心得到休息。

第三，承诺行动。每次咨询结束时，都会与她探讨在哪些方面可以改变，接下来一周要采取怎样的行动，并让她承诺回去采取行动，把行动结果在下次咨询时进行探讨。比如，王子凌比较自卑，常常认为自己毫无是处。于是，就与其探讨行动方案，让她找自己的优点，想想自己在哪些方面做得比较满意。记录下来，下次咨询时跟咨询师分享。开始练习时，她很难发现自己的优点，一周仅能记录一两件能带来好的感觉的事情。经过一段时间的练习，她能随口就说出自己的十几个优点。

第四，家庭治疗。王子凌的负面情绪很多时候来自与父母的互动。父母的情绪回应方式，导致她原本就低落的情绪更加恶化。在征得其同意的情况下，邀请父母定期参与到王子凌的心理治疗过程中来。一家人针对某个话题进行讨论，澄清家庭成员的问题，改善家庭成员的互动关系，增进彼此之间相互了解，让家庭成员之间的关系变得融洽，从而加快其疗愈过程。

经过半年的疗愈，她已经能够走出抑郁的阴霾，没有再出现因为负面情绪而不能上课的状况或不能考试的现象，社会功能明显提升。母亲反馈孩子比以前自信了，没有再出现因为负面情绪要求父母接回家，耽误课程的状况；亲子关系变得融洽，能够主动帮助父母承担一些家庭责任。在结束咨询后一年的追踪中反馈，来访者情绪稳定，自我价值较高，觉得生活很美好。自述偶尔出现的困惑和情绪波动与其他人一样正常，能很快从负面情绪中走出来。目前已进入某双一流大学学习，对未来充满期待。

 周老师支招

首先，改变对孩子的教养方式。抑郁的青少年中，绝大部分与父母无

法关注孩子的心理需求有关。王子凌在成长过程中虽然得到了主要抚养者母亲的照料，但母亲功能的缺失使得她并不能为孩子提供一个稳定的客体，无法对孩子的情绪给予充分的关注和回应。她小时有被寄养在亲戚家的经历，有一幕场景在她脑中挥之不去：亲戚带着大自己2岁的哥哥在床上睡觉，而自己在沙发上看着这一幕，内心充满了被遗弃感。而她只能压抑自己的情感，选择讨好的方式来让自己生存下来。这种外在环境的不确定性，导致她无法了解、面对和调节自己的内在状态，形成稳定的自体和安全的依恋关系。

因为信任感和安全感的缺失，当被接回父母身边后，孩子对分离十分焦虑。一方面，她"猛力"地扑向母亲，试图与母亲建立更强的联结，加强自身的安全感；另一方面，也试图推开母亲，完成与母亲的分离。对于这种矛盾心理，孩子也充满了不接纳，认为"自己不正常"。每当母亲无法理解而"推开她"的时候，她会有强烈的自责感，认为自己的"不懂事"给母亲带来了麻烦。

其次，父母保持情绪平和。对抑郁症的孩子来说，父母情绪不稳定，是一场灾难。王子凌的母亲情绪很不稳定。每当她做错事情时，母亲都会对她大吼大叫。母亲的情绪化反应，每次都以孩子的认错而结束，使得孩子认为自己一无是处，逐步习得了分裂的防御机制。一方面，对自己有过高的要求。无论任何事，认为自己做得好很正常，"因为大家都是这样的"；做不好则不正常，就"比不上别人"。另一方面，又极度地否认自己，认为自己一无是处。认知上，有绝对化倾向，往往认为非黑即白，无法忍受一点点的模糊性。

学龄期到来后，孩子专注于学业，希望通过学业的努力被看到、被认可。母亲的情绪依旧不稳定，无法给她稳定的支持。每当她考试成绩好时，父亲认为很正常，不给予任何鼓励；如果考得不好，则会训斥她。这使得她对自我的要求越来越高，越来越不会去合理表达自己的需求。有时通过压抑需求来避免得不到回应和受到伤害；有时又通过故意强化自己的负性情绪，甚至伤害自己的方式希望被看到、被理解，但往往事与愿违。

最后，关注孩子的言行。孩子患上抑郁症的表现有心境低落，感觉高兴不起来，经常会无缘无故哭泣；思维迟缓，感觉好像脑子不好使了，记忆力减退；意志活动减退，不像平时那么自律了；认知功能受到损害，自我评价降低，产生无用感、无望感、无助感和无价值感，常伴有自责自罪现象；出现睡眠障碍，睡眠总睡不醒或者睡不着，睡眠中经常性地伴随着做噩梦的状况；出现头晕、头痛等躯体症状；严重者感到悲观绝望、生不如死、度日如年。如果关注到孩子出现上述症状，一定要引起高度重视。在及时就医的同时，配合心理咨询，切忌讳疾忌医！需要强调的是，一旦罹患抑郁症后，到专业医院的心理科进行专业治疗的同时，还必须同步找专业的心理咨询师进行心理咨询，因为绝大部分抑郁症患者是由心理原因导致的，仅靠服用药物是无法完全治愈的。

五步轻松管理负面情绪

在养育孩子的过程中，经常会面对各种各样让人焦虑，愤怒，甚至抓狂的情境。还有的家长不懂得如何调节压力，有很多无名的愤怒压抑在心里而长时间得不到释放，就对孩子发脾气，给亲子关系带来很多伤害。管理负面情绪"五步法"，从观察自己的身体变化开始，以解决问题为目标，轻松管理好负面情绪。

情绪容易失控的妈妈

从孩子出生开始，我就读了不少育儿书，学习了不少教育理念，根据书上介绍的教育理念教育孩子。孩子小时候聪明伶俐，乖巧可爱。但自从孩子上小学后，做事拖拖拉拉，作业不催不做，每天写作业都熬到深夜12点，学习就好像给我学的！除了作业之外，想让他多看点书，比登天还难。每当看到这些，我就忍不住自己的暴脾气，对着孩子一通吼。看到孩子害怕的样子，我也很后悔，知道这样对孩子不好。可是，我好像管不住自己的负面情绪，下次再有类似的情景还是忍不住发火。我平时的脾气挺好的，与同事、朋友相处的关系也很好；唯独对待爱人和孩子，总是控制不了脾气。我这是怎么回事呢？

～～～～～～～

　　这位家长的困惑具有很大的典型性。在养育孩子的过程中，经常会面对各种各样让人焦虑、抓狂、愤怒的情境。比如，上班要迟到了，孩子还在磨磨蹭蹭，不肯出门。我们忍不住对他（她）大发雷霆。或者晚上临睡前，孩子因为一点儿小事哭闹不已，我们耐着性子劝说、引导，就是没效果。眼看到了睡觉的时间，孩子却毫无睡意。这时，我们忍不住发火，对孩子又吼又叫。因为惧怕父母的吼叫，孩子可能会加速行动或者停止哭泣，但他们内心的消极情绪并没有得到很好的释放，孩子的不良情绪会积聚或隐藏起来。一旦有诱发事件，坏情绪就如同火山爆发一样，甚至会造成严重的后果。

　　还有的家长有压力时不懂得如何调节，把无名的愤怒压抑在心里而长时间得不到释放，就对孩子发脾气，对他们抱怨、指责，甚至打骂，把最坏的情绪留给了最爱的人。因为在孩子面前发脾气是安全的，基本不需要付出任何代价。在其他人面前发脾气则需要付出相应的代价，尤其是在自己的领导、同事面前，因为这可能会影响自己的工作是否顺利，甚至会影响晋升等。

　　还有一种情况是，成长经历中有创伤的父母，自己的心理创伤很容易在类似的事件中被勾出来。比如，当孩子做事达不到自己的要求时，很容易想起自己小时候父母是如何对待自己的。如果小时候是在打骂中长大的人，成为父母后很容易勾起自己的这部分。当孩子达不到自己的要求时，会很愤怒，经常会边指责孩子边说："小时候，我如果像你这样，你姥姥早就打我了……""我小时候，放学后还要带你舅舅，还要帮你姥姥干活，晚上干完活才能写作业。不像你，只让你学习，还让我这么操心……"类似的语言从父母的嘴中说出来。我们可以看到，父母面对的是孩子，勾起的却是自己小时候的内在感受，想起的是小时候自己是如何被对待的。所以，家庭教养方式有代际传承性。家长自己小时候是如何被对待的，长大成人后就会用同样的方式对待孩子，或者用相反的方式对待孩子。比如，小时候有被寄养经历的父母，会对孩子特别溺爱，唯恐照顾得不周到，给孩子带来伤害。其实，就是想到自己小时候的经历，不希望孩子再产生类似的感觉。但无论哪种方式，都对孩子的成长不利，因为爸爸妈妈满足的不是眼前孩子的需求，而是记忆中自己的需求。

周老师支招

作为父母，该怎样管理好自己情绪的同时，正确地引导孩子，帮助孩子提高情绪调节能力呢？

第一，关注自己的身体变化。人处在情绪状态下时，身体会发生一些变化。比如，当我们愤怒时，心跳会加速，呼吸会变快，脸会发热。身体的自主神经系统，分为两个亚系统，一个叫交感神经，一个叫副交感神经。这条神经系统正好对应我们的呼吸：呼气时，交感神经被激活；吸气时，副交感神经被激活。当我们受到外界刺激时，信息经由下丘脑、脑垂体传至肾上腺时，肾上腺就会分泌比平时更多的肾上腺素，引发我们身体的一系列反应。比如，血涌上头部，脸部发热，心跳加速，呼吸加快，口干舌燥，浑身颤抖等。如果不能正确解读身体变化的信号，很容易让人失去理智，攻击性变强，甚至做出伤害他人或自己的举动。所以，一旦感受到身体的变化，如心跳加速，呼吸变快，就说明情绪要爆发了。在这种情况下，要想缓解内心的情绪，最有效的办法就是深呼吸。吸气时，感觉自己的腹部在鼓起；然后慢慢呼气，呼气时让小腹部凹下去。几次深呼吸后，心率就会慢慢下降，焦躁、愤怒的情绪也会慢慢平和下来。

在深呼吸的同时，也可以运用数颜色的方法来控制情绪。具体操作方法是，当对某件事而感到怒不可遏，想要大发脾气时，暂停手中的工作，离开让自己愤怒的情景，找个没人的地方，无论是办公室、卧室还是洗手间都可以，做下面的练习：首先，环顾四周的景物；然后，在心中自言自语，如"那是一面白色的墙壁，那是一棵绿色的植物，那是一张褐色的桌子，那是一把深色的椅子，那是一个白色的钟表，那是一个蓝色的文件夹……"，大约数30秒。当自己情绪平静下来后，再去安抚自己，帮助孩子处理情绪。

第二，察觉自己的状态。当情绪暂时平稳后，我们就可以对情绪进行深入的觉察。可以采取自我提问的方式觉察。比如，问自己"我怎么了""我出现了什么情绪""是什么引起了我的情绪""我为什么会出现这样的情绪，勾起了我内在的哪部分"。事实上，当我们觉察到自己的这些负面情绪后，情绪就已经缓解了大半。

第三，全然接纳自己和孩子的情绪。情绪本身没有对错，因此无论出现什么样的情绪都不必苛责自己。诺贝尔和平奖获得者曼德拉因反对白人种族主义而被监禁了20多年。他后来说："当我走出监狱，迈向通往自由的大门时，我已经清楚地意识到，如果不能把悲痛和怨恨留在身后，那么我其实还生活在监狱之中。"这句话显示了曼德拉对自己遭遇的全然接纳和对生活的领悟。我们也一样，出现消极、负面的情绪不可怕，可怕的是不理解这些情绪，完全被坏情绪控制，出现伤害性的行为，造成无法挽回的损失。所以，面对孩子的负面行为时，全然接纳自己和孩子当下的状态和情绪，因为这些本来就是人的正常情绪反应。

第四，积极调整对事件的认知。在情绪理论中，有一个著名的"ABC理论"，A表示发生的事件，B表示当事人对这一事件的认知，C是指基于这种认知而产生的个体情绪和行为反应。"ABC 理论"认为，引起人们情绪困扰的并不是外界发生的事件，而是人们对事件的态度、看法与评价等。比如，对于孩子考试考了 85 分这件事，不同的人会出现不同的情绪。有的家长认为，孩子考试才考了 85 分，竟然还有 15 分没有达到满分，于是出现焦虑情绪，急忙打听孩子在班里排名如何。如果孩子的排名不好，就更加生气，更加着急。还有的家长则认为，孩子考试考了 85 分，已经掌握了绝大部分知识，已经很不错了，欣然接受。可见，困扰人们的不是事件本身，而是对事件的看法。要解决情绪困扰，不应该只致力于改变外部事件，而应该积极调整认知，通过改变不合理的认知，进而改变情绪和行为。因此，可以通过调整不合理的认知达到调整情绪的目的。

什么样的认知属于不合理的认知呢？一般来说，不合理的认知有三个特征：过分概括化、绝对化和灾难化思维。

过分概括化是一种以偏概全的不合理思维方式。其典型特征是以某一件或某几件事来评价自身或他人的整体价值。比如，当一件事情没有达到自己的期望值时，常常会认为自己一无是处或毫无价值。这种片面的自我否定往往会导致自罪自责的心理、焦虑以及抑郁等情绪。而一旦将这种评价转向于他人，就会一味地责备别人，对别人产生愤怒和敌意的情绪。

绝对化要求是指人们在看待一件事时，总是以自己的意愿为出发点，认为某件事必定发生或不会发生。它通常与"必须""应该"这类字眼联系在一起。比如，家长认为孩子必须每科考 90 分以上。一旦考不了 90 分，家长就会感到焦虑、愤怒。孩子的桌面必须保持整洁。一旦孩子的桌面不整洁，家长就会想孩子拖沓的毛病改不了怎么办，就会陷入焦虑之中。可见，当一个人存在绝对化思维时，一旦事情走向与自己的绝对化要求相悖，就难以接受和适应，继而陷入情绪困扰。

灾难化思维是指把事物可能产生的后果想象、推论到非常可怕、非常糟糕，甚至是灾难化的境地。如果一直坚持这样的信念，那么当看到糟糕的事情发生时，就会陷入极度的负面情绪体验。比如，有一位家长看到孩子晚上十一点还没有完成作业，就断言孩子这么晚了还不睡，会影响身体健康，进而想到影响身体健康太可怕了，于是赶紧给孩子买了褪黑素，强迫孩子吃。孩子不愿意吃，又引发了新一轮的亲子冲突。这就是灾难化思维促使我们做出的一些不科学、不合理的判断，进而出现不合理的行为。

要避免以上这三种不合理的认知，一个有效的方法就是学会辩驳。比如，当觉察到自己的这些不合理的想法后，就及时在心中自我辩驳："孩子写作业拖拉是不对的，但我不能因为他犯错，让自己也犯错……如果我控制不好情绪，对孩子大吼大叫，孩子会哭闹反抗，结果可能会更糟糕。"通过对不合理认知的辩驳，家长的情绪就会平静下来，从而避免与孩子因为某件事发生争吵，加重彼此的消极情绪。

第五，选择积极的行动。通过前面积极地调整认知，家长就能清楚地看到一些错误行为可能引发的后果，然后冷静客观地面对当下处境，再去寻找积极有效的方法来解决问题。比如，家长可以这样劝慰自己：孩子拖拉磨蹭是不好，导致孩子拖拉磨蹭的原因是什么呢？有没有可能是因为在课堂上没听懂，遇到了不会做的题目呢？有没有可能是平时孩子写完作业后，家长又给他（她）布置额外的作业，他（她）为了逃避额外的作业，而拖拉磨蹭呢？有没有可能，家长对他（她）的学习干预太多，导致孩子的责任转移，认为是给家长学的呢？找到原因后，家长再去与孩子沟通，问他（她）是否需要帮助。

如果孩子表示没有不会做的题目，那么他是习惯性拖延，这时再询问他（她）为什么这样做。有一位家长就是这样解决了孩子的拖延问题的。

妈妈问孩子："妈妈很好奇，按照你的能力，完成这些作业只需要半个小时，但你却写了三个小时，你能告诉妈妈原因吗？"

孩子低头不说话。

妈妈语气平和地说："有什么话你尽管说出来。如果妈妈有做得不好的地方，妈妈会改正。"

儿子回应："我做完作业后，你给我额外布置的作业太多了，我不想做……"

妈妈说："好的，从今天开始，你写完作业后，妈妈不单独再另布置作业。你如果提前写完，节省的时间奖励你做自己喜欢的事情！"

儿子眼里闪着光问："真的？"

妈妈坚定地说："真的！"

儿子高兴地说："一言为定！"

妈妈与孩子击掌，说："一言为定！"

当父母能够不带负面情绪与孩子沟通时，孩子的消极情绪也会得到缓解，不再故意与父母对着干，并且更愿意说出内心的想法。用接纳孩子情绪，寻求解决问题的方法，代替吼叫的方式来应对孩子的问题，让孩子感受到父母是愿意理解他（她）、帮助他（她）的朋友，而不是动不动就站到他（她）对立面教训自己的敌人。

当父母采取解决问题为目标的积极行动，不再用发泄情绪的方式对待孩子时，亲子关系会更加密切。孩子从父母的言行中也可以学到更多科学地解决问题和管理情绪的方法，成为理性平和的人。

让孩子理解父母并不难

　　很多父母反馈，孩子不懂得体谅父母。把最好的东西都给予孩子，为他们付出了全部，他们却不能理解，不但不感恩，还在怨恨父母。运用六步沟通法与孩子沟通，让孩子学会理解父母，感恩父母，配合父母实现教育目标。

怨恨父母的大学生

　　程梦（化名）是大三学生，因为考试焦虑找我咨询。说起父母时，对父母充满了怨恨，觉得现在的痛苦都是父母带给他的。在一次咨询中，他想起了小时候的一件事。他要买一盒彩笔，妈妈带着他跑了六家商店。比较价格后，妈妈终于买了最便宜的那盒。他觉得妈妈太算计了。"如果我们家经济条件很差就算了，问题是我们家的经济条件在我们当地还算是不错的。"他说。

　　"也许妈妈是要教会你货比三家。"我说。

　　"她的初衷也许是这样的。可是，当时我并不知道她的想法。最讨厌的是，我讨厌妈妈的算计，我也变成了这样的人。有一天晚上，我和同学到市区去看电影（学校在郊区），电影结束时已经很晚了，公交车都停运了。我和同学打车往回走，同学的家就在市区。到同学家附近，他先下车。他下去后，我看到出租车计费器上的数字伴随着司机师傅开车一个劲往上蹦。每蹦一下，我的心就加速跳动一下；数字再跳一下，我的心跳又加速……后来，我实在受不了这种折磨，便让司机师傅在路边停下来。付费后，自己走回学校。那晚，我步行走了10多公里回学校，回去已经12点多了……我也不知道为何变成这样。我讨厌母亲的'算计'，我竟然也变成了一个'算计'的人！"

在征得孩子同意之后，我与妈妈进行了交流。当妈妈知道这件事后，很吃惊，说："孩子从小到大，吃的用的都是最好的。我们自己不舍得买的，只要孩子提要求，我们都会给他买。孩子说的买彩笔的事我已经忘了，也许当时是为了教会他如何买东西……"妈妈做梦也没有想到，原本是想教会孩子学会如何买东西，孩子却收到这样的信息，并身体力行，把自己累得够呛……最可怕的是孩子还积累了一肚子负面情绪，认为都是父母害得自己变成了自己讨厌的样子。

像以上这种情况在日常生活中经常见到。作为父母，平时在单位努力工作，希望给孩子创造更好的生活环境。周末，还要打扫卫生，陪伴孩子，看望老人……辛苦自然是无需多说。孩子的要求会尽力满足。想要学习用品或者玩具，二话不说，买！想吃好吃的，不用啰唆，做！孩子生病了，整宿陪伴……父母总希望把最好的东西给孩子，希望他们成功快乐。可是，作为父母，却很少与孩子谈自己的感受，也很少让孩子知道自己这么做的初衷。

生活中常见这样的场景：面对父母辛辛苦苦准备的丰盛晚餐，孩子皱着眉，撇撇嘴，抱怨没有自己爱吃的。有一位爸爸对我说："周老师，现在孩子不知道体谅父母。都上高二了，还是很任性！我知道孩子喜欢吃牛肉面，特意给她在楼下的餐厅点好，然后给她打电话，希望她下楼吃。结果，她一句不想吃，就把电话挂了，真是心寒！"每当这时，父母也会有很多负面情绪，会指责孩子："你这孩子真不懂感恩，爱吃不吃！"结果，对于父母的爱心，孩子没有感受到；对于父母的辛苦，孩子也没有看到。孩子只收到了"爸爸妈妈真不尊重我，不拿我的意见当回事"，感受到"爸爸妈妈不理解我"。

孩子的价值观和父母也有很大差异。比如，孩子买东西时从来不看价格，想买什么就买什么。父母会觉得"花钱这么大手大脚，将来如何管理自己的财务"，或者会说"我们再去转转别的商店里有没有"。孩子收到的信息是"爸爸妈妈就是不想给我买"，却没有看到父母希望孩子学会买到实惠东西的愿望。

父母与孩子就像不同频道发出的电波，你发出的信号我收不到，我发出的信号你也收不到，彼此不能理解，各自活在自己的世界里。有些父母也许会认为，对于为孩子做的一切，不说他也会知道。其实，往往是这种想法造成了父母和孩子的隔阂。

还有很多父母不会说自己的感受，有情绪时憋在心里，以为孩子不知道。其实，有负面情绪积累在内心的时候，父母即使不说，孩子也能感受到。在《怎么说，孩子才肯听》中，我们已经知道在沟通中，面部表情、语气语调、肢体语言对人的影响会更大。当孩子感受到父母的负面情绪时，反而不知该如何面对。如果父母在情绪状态下，用不恰当的方式来表达，反而会让孩子感到父母不接纳自己，对自己的爱是有条件的。

那么，如何沟通才能让孩子理解父母呢？最重要的是父母调整自己的说话方式，与孩子调到"同一个频道"说话，彼此能够听到对方想说什么。

◎◎。周老师支招

以日常生活中我们常见的一个场景为例，来说明如何让孩子理解父母。

妈妈上了一天班，感到很累。这时，5岁的儿子过来缠着自己，让妈妈陪他搭积木，并不断地摇晃妈妈。

第一步，舒缓情绪。妈妈很累时，儿子过来缠着妈妈，还不断摇晃妈妈，让妈妈很有情绪。其实，情绪本身没有错，但父母如果带着负面情绪表述问题，就会让孩子感受到不舒服，容易产生误解，使问题变得复杂。因此，谈话前，先处理情绪，再解决事情。时刻记得谈话是为了解决问题，而非发泄情绪。

第二步，邀请孩子了解自己的情况。比如，在上面的场景中，妈妈可以直接告诉孩子："我知道你很想让我陪你玩，但今天我上班确实感到很累。你先去看一会儿而漫画书，等妈妈休息十分钟就过来陪你玩。"

第三步，描述孩子的行为给自己造成的影响。比如，妈妈说："这会儿我很累，你在我身边不断地摇晃我，让我感到头晕。"需要注意的是，描述时一定要客观表述，切忌夸大其词。此时的影响是真实行为带来的后果，而不是情绪。再如，孩子放学回家，把书包往床上一扔。影响是"把床单弄脏了，这样不卫生"，而不是表达"太让人生气了"。

第四步，表达自己的期望。家长的需求和期待一定要正向表达，不要以为家长什么都不说，孩子会理所当然地知道家长的需求和期待。家长只有教会孩子看到自己的需要，孩子才会真的长大。比如，妈妈可以说："现在，我很累，希望能在沙发上躺一会儿。"切忌说："你这孩子真不懂事！"再如，"我的电脑上不了网，一会儿等你忙完了，我需要你帮我看看电脑。"

当家长把需求说出来时，孩子是愿意配合的，而且当他们能够满足家长的需求时，会很有成就感。

第五步，提供选择。批评孩子行为的同时，告诉他们怎么做，父母是接受的。比如，"你可以去看会儿漫画书，也可以自己搭积木。等十分钟后，妈妈就来陪你玩。"

第六步，采取行动。沟通是为了行动。沟通结束后，要看到孩子结束问题行为，采取正确的行动。比如，当妈妈说完之后，儿子去搭积木了，这就是行动。

在如何让孩子理解自己方面，家长一起来看下面的场景。

李丽是幸福家庭智慧父母班的学员。她女儿高考报志愿时，她找了一位很有经验的老师来辅导女儿。可是，当老师给她辅导时，她却表现出了不耐烦的神情，让老师很难堪，匆匆结束了指导。这件事让她很生气。她觉得孩子很不懂事，在填报高考志愿这样的大事上都分不清轻重。在我的指导下，她跟女儿进行了交流。

回家后，等自己的情绪平静下来后约她谈话。

妈妈问："潇潇，你现在有空吗？"

女儿说："有空，啥事？"

妈妈继续说："我想跟你聊聊，今天下午请人指导填报志愿的事儿。"

女儿回应："嗯！"

妈妈接着说："邀请伯伯给你指导志愿填报，你是同意的，对吗？"

女儿回答："是的！"

妈妈又说："伯伯平时特别忙，找他指导填报志愿的人很多。我费了很大劲儿才联系到他的！"

女儿说："知道了！"

妈妈说:"你跟伯伯谈话时的态度,让妈妈感到很难堪。"

女儿回答:"嗯?"孩子抬起头,疑惑地看着妈妈。

妈妈继续说:"伯伯专门抽出时间来给你辅导,你的态度让伯伯也感到浪费时间。"

女儿回应:"哦!"

妈妈接着说:"你不需要指导填报志愿的话,我们可以直接跟伯伯说取消,或者你可能又有了新主意。这个时候,你可以直接跟伯伯说出来。"

女儿回答:"妈妈,我知道了。跟伯伯约好后,我感觉我要填报的志愿已经很确定了。可是我又不知道该怎么办!"

妈妈又说:"好的,我理解了。相信你以后遇到类似事情,可以直接告诉我,我取消预约。这样就不会浪费你的时间,也不会浪费别人的时间了!"

女儿说:"嗯嗯,谢谢妈妈!"

经过这次谈话后,李丽反馈女儿明显长大了很多,愿意主动与妈妈沟通。当家里有事情时,总会主动问一句:"妈妈,需要我做什么?"

所以,家长有需要并敢于说出来的时候,孩子其实很乐意接受父母的邀请。同时,也有父母担心,这样做会不会侵犯到孩子的精神边界,让孩子承担自己不该承担的责任。其实,每个人都有权利为自己的需求做争取。只要家长说出自己需求的时候,不把自己的责任推到孩子身上,或者强制孩子执行,就不会侵犯到孩子的边界。

第八章

让孩子爱上学习

　　绝大多数父母都很关心孩子的学习。为了让孩子上一个好学校，不惜重金买学区房；为了让孩子有一个好成绩，不惜一切代价请名师，上各类辅导班。"双减"政策下，父母们极力寻找让孩子爱上学习和提高孩子学习成绩的方法。其实，人天生具有学习的愿望和潜能。激发孩子学习的动力，让孩子学会规划自己的未来，学会自主学习，才是一劳永逸的方法。

每个孩子都是爱学习的孩子

父母为了让孩子好好学习，用尽了各种办法，可谓八仙过海，各显神通。其实，人天生具有学习的愿望和潜能，它是推动一个人最大限度地实现自身各种潜能的动力。父母要做的是激发孩子实现自我的潜能。

每天陪孩子写作业到深夜的妈妈

我的孩子今年上五年级了，天天就跟学习有仇似的，每天晚上写作业都要写到十二点多。每次我陪着他写作业，磨磨蹭蹭的，半天写一个字。有时，我要干点儿家务。我离开多长时间，他就多长时间一个字也不写。我吼一句，他写一点儿；一会儿要喝水，一会儿要上厕所。好不容易写的那点儿作业还歪歪扭扭的，让人不忍直视。楼上楼下都能听到我们娘俩的动静。我真是奇怪了，孩子写个作业怎么这么难呢？

不提学习，母慈子孝，又搂又抱；一提学习，鸡飞狗跳，又喊又叫……这句话生动地反映了孩子的学习现状与家长的焦虑状态。

家长们为什么焦虑呢？因为在他们眼里，孩子的学习问题很多。比如，注意力不集中，心思不在学习上；学习态度不端正；学习不主动；写作业磨蹭；上课不认真听讲，老是做小动作；特别粗心，会做的题还出错；不喜欢课外阅读；学习没自信；怎么说都没用，还老是顶嘴……总之，不谈学习，什么都好；一谈学习，什么都不对劲！

于是，家长们开始积极想办法，试图帮助孩子们学习。如陪孩子写作业，延长孩子的学习时间；每天晚上写完作业后，再给孩子单独布置作业，亲自辅导孩子。如果学习成绩还没有提升，家长就开始多方面请家教，给孩子报各种类型的辅导班。有一个四年级的学生，妈妈抱怨孩子天天写作业写到晚上12：00。我觉得很奇怪，因为小学生的作业不会很多，于是就单独跟孩子聊。孩子的反馈是，"如果我早写完作业，妈妈还会给我另外布置作业。写不完，她就没有办法了"。可见，家长的错误方法导致孩子没有学习动力，即使打着学、骂着学，收效也甚微。在我们的日常工作中，经常见到为给孩子报各类辅导班花大量资金的家长。当他们收不到预期效果的时候，他们就会叹息着说："我该做的都做了，我孩子就不是学习的料。"

不得不说，父母在给孩子报辅导班方面是尽力了。在求助的家长中，给孩子报辅导班动辄花几十万甚至上百万的家长比比皆是。可是，很少有家长愿意静下来思考：孩子为什么不爱学习？学习成绩为什么上不去？

人本主义学习理论认为，人类具有天生的学习愿望和潜能，人具有"自我实现"的动机，它是推动一个人最大限度地实现自身各种潜能的动力。它可以在合适的条件下释放出来，即在具有心理安全感的环境下可以更好地学习。当孩子了解到学习内容与自身需求密切相关时，学习的积极性最容易被激发。

人本主义心理学家马斯洛将人的需求划分为五个层次：生理需求、安全需求、爱和归属需求、尊重需求和自我实现的需求。（见图 8-1）他认为只有低层次的需求得到满足后，人们才能关注并致力于满足高一层次的需求。这些需求是强大的内在驱动力，人们所做的事情正是为了满足这些需求。而通过学习实现理想，发挥潜能，属于最高层次的需求。

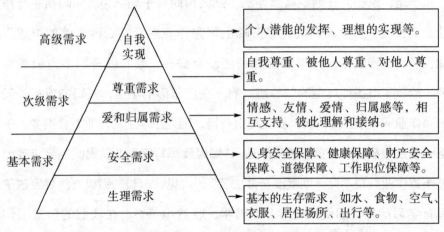

图 8-1　人本主义学习理论

人本主义学习理论认为，基于生存需求的驱动力最强。在中国五千年的历史长河中，20 世纪 80 年代之前，整个社会处于物质条件比较匮乏的年代。基于满足生理需求的驱动，人们会努力做很多事情。比如，古代读书人努力读书，有的甚至达到了"凿壁偷光"的境界，是因为他们深信"书中自有颜如玉，书中自有黄金屋"，希望通过读书改变自己的命运。这种状况一直延续到改革开放后，人民群众真正富裕起来。

伴随着经济的发展，中国已步入小康社会。人们的物质生活已从过去的吃饱穿暖，到吃得营养健康，穿得舒适好看；住房条件也从经济适用房发展到生态性住宅……很多人认为孩子学习没有动力是因为生活条件太好了，就试图用自己小时候的贫困生活状态做比较，给孩子做思想工作。

有一位爸爸来自贫困山区，靠自己的努力成为一名大学老师。他语重心长地对孩子说："孩子啊，你要珍惜现在来之不易的生活。爸爸小时候，放学回家要先上山放羊，等天黑才能回家吃饭……"孩子听到后竟然羡慕地说："爸爸，你小时候好幸福啊，放学后能够到山上去玩。不像我们现在，放学回家只能写作业，周六周日还要上各种辅导班！"一席话说得爸爸啼笑皆非。还有一位小时生活在贫困山区，靠自己的努力成为企业家的妈妈，痛苦地对我说："我们小时候吃不好，穿不好，还要努力读书。现在孩子生活条件这么好，就这几本书竟然不能好好读。周老师，你说现在的孩子怎么了？"

以上两位家长的困惑也是绝大部分家长的困惑。家长们认为物质条件好了，孩子更应该喜欢学习才对。但事实并非如此。更让家长们困惑的是，物质激励的效果也不好用了。有的家长向孩子承诺"你如果考好了，给你买名牌服装、豪华文具、出去旅游等"，发现收效甚微。那么，怎么做才能够激发孩子的学习动力，让孩子爱上学习呢？

周老师支招

首先，更新自己的教育理念。绝大部分家长没有随着物质条件的改善更新自己的教育理念，没有按照孩子的成长规律和心理需求去养育孩子，反而依旧像过去一样关注孩子的吃穿用度等生理需求。孩子表现好时，家长们奖励的名牌服装、豪华文具、外出旅游等都是物质层面的，基本没有考虑孩子的心理需求。很多家长在孩子不听话时会斥责、吓唬，甚至打骂孩子。这种方式在孩子小时候很容易奏效，所以家长会误以为这种方式好用，但没有考虑到这种方式会对孩子产生伤害，导致孩子缺乏安全感。

其次，满足孩子的心理需求。有的家长忽略孩子爱和归属感的需求。孩子体会不到无条件的接纳；相反，体会到的是有条件的爱。比如，有一个初三的女孩得了严重的抑郁症。她在回忆自己的成长经历时，说道："爸爸是一个企业家，事业很成功。他对我们要求也很严格。小时候，当我和姐姐达不到他的要求时，他会经常当着我的面打姐姐。姐姐挨打的时候，我就暗下决心：我必须要优秀，这样他就不会打我了！"不优秀就要挨打，也许不是爸爸的本意，但孩子收到了这样的信息。因为爸爸与孩子互动过程中，姐姐犯错误的时候，爸爸"杀鸡儆猴"，希望通过教育姐姐让妹妹以后不再犯类似的错误，没想到孩子收到的却是"不优秀就要挨打"的信息。好在爸爸及时觉醒，并改变了对待孩子的方式，孩子才从抑郁的泥沼里走了出来。另外，如果父母处理不好夫妻关系，吵架、肆意地贬低另一半等，也会让孩子缺乏爱和归属感。

还有的家长认为"我是你的父母，你就要听我的"，没有考虑孩子作为独立的个体，有被尊重的需求等。当孩子较为低级的心理需求得不到满足时，就很难上升到更高一级的需求。而通过学习，实现个人理想，发挥潜能，恰恰在最高级的需求自我实现层面。所以，很多孩子没有学习的动力，原因在于家长们依旧在用过去的经验，用希望通过物质激励的方式满足孩子。但孩子的物质需求平时已得到了满足，所以这种激励方式的作用就不明显了。

这就要求父母思考，在满足孩子吃穿住行等低层次生理需求的基础上，是否给到孩子足够的安全感，让孩子感受到是被爱的；同时，尊重孩子作为一个独立的个体，允许孩子有自己的想法和追求，让孩子在学习和生活中体会到成就感。如果父母在这些方面能够满足孩子，每一个孩子都可以是爱学习的孩子。

以过去的经验无法培养未来的精英

很多父母习惯于用过去的经验教育孩子，不理解自己小时候就是这样的，为什么现在就不行。其实，用过去的经验是无法培养出未来的精英的。只有根据孩子的个性特征和现实状况，因材施教，用科学的知识培养孩子，才能够达成教育目标。这就要求父母们不断学习成长，跟上孩子的成长步伐，用科学的方法引领孩子的成长。

叛逆的孩子与焦虑的父母

与天宇父母是在一次智慧父母课程中认识的。天宇的妈妈是其中的学员，认识爸爸则是课程第二天中午下课的时候。我正要去吃饭，忽然，听到背后有人在大声喊："周老师——周老师——"我回头一看，一个中年男子气喘吁吁地跟在后面，中等个，瘦削的脸上布满皱纹，眼睛里布满血丝，满脸的焦虑让人不忍直视。见我回头，他大声说："你什么时间给我孩子安排咨询？"我吃惊地看着他，问："先生，您是不是认错人了？"他没有回答我的问话，自顾自地继续说："下午能给我孩子咨询吗？"直到这时，我才确信，他没有认错人，是在和我说话，而且要求我给他的孩子咨询。我本能地反应："不可能，下午还有好多家长等着我上课，怎么可能给你的孩子咨询呢？""周老师，你骗人，你骗我和孩子跑了400里路，却不给我的孩子咨询！"中年男子操着一口方言大声嚷嚷着。我如同坠入云雾里，不知道他究竟在说什么。这时，站在我身后的一个学员说："周老师，都是我的问题，和您没有关系。这是我老公，因为您上课时讲得特别实用，我就想让他来听听。怕他不来，就骗他说可以找老师给孩子咨询。我们家离这里400里，是W市的。他早上5点就起来赶车，到现在才刚刚到。孩子不上学，还天天闹情绪。我们也是太着急了，对不起！"我这才明白是学员设计让老公来的。

到底发生了什么，让夫妻二人对孩子的事情这么着急呢？原来，这对夫妇的儿子正上初三。从春节后，儿子就经常逃学；写作业更是想写就写，不想写就不写；情绪还非常极端，经常会做一些出格的事儿。最严重的一次，因为作业没有写完，爸爸一生气打了他，他竟然把自己关到屋里，整整好几天不吃不喝。妈妈非常着急，敲门不开，说好话也不理睬。妈妈急得搬了梯子，从门上方的小窗户往里看。发现放在屋里的一包饼干不见了，妈妈这才放了心。终于不用担心儿子因赌气不吃饭，会饿死在屋里。

夫妻二人是蔬菜种植商，有100多个大棚，雇用了20多个人种植和管理蔬菜大棚，每年有几百万的收入。那一年，夫妻二人面对着频频闹情绪的儿子束手无策。谁也没有心情打理蔬菜大棚和管理工人。蔬菜该卖了，他们也没有心思联系经销商，眼睁睁看着蔬菜烂到地里。爸爸着急地说："挣钱是干什么的？我孩子都这样了，我的钱有什么用？我恨不得把钱扔了！谁能把我孩子教育好，我就把钱给谁！"

天宇的爸爸说出了绝大多数人的心声。他文化水平不高，全凭吃苦耐劳、努力奋斗才有今天的成果；希望孩子能够学好文化知识，凭知识在社会上立足。夫妻二人在当地可以算得上成功人士，而且人缘极好。可是，当孩子出现问题时，他们意识到个人的成功无法代替教育孩子的失败。于是，夫妻二人放下手中的生意，全力以赴为孩子的转变寻求对策。

以前，天宇的爸爸妈妈认为给孩子提供好的物质条件就可以，树大自然直，不需要过多的教育。在和孩子互动的过程中，认为孩子是自己养大的，自己想怎样就怎样。爸爸脾气暴躁。孩子从小到大，挨了不少打。天宇上初中时，有一次晚上放学回家，当时天下雨了，他看到有衣服晾在院子，就把自己的衣服收到屋里，忘记把妈妈的衣服收起来。等妈妈忙完回来，看到她的衣服还在院里，已经淋湿了，有的还掉到了地上，溅上了泥水，而天宇的衣服已经收到屋里，非常伤心。认为自己这么辛苦，就是为了给孩子提供好的物质条件，可是孩子却如此不懂事。自己那么心疼孩子，可下雨时，他能够想到把自己的衣服收起来，却任由父母的衣服在外面淋着。看到妻子哭，爸爸怒火中烧，不顾孩子已经睡着了，一把天宇从被窝里抓了起来，暴打一顿。类似这样的事情有很多。

著名的人本主义心理学家马斯洛认为，人的基本需求有生理需求、安全需求、爱和归属的需求、尊重的需求以及自我实现的需求五类。生理需求和安全需求属于低级需求，爱和归属感的需求、尊重的需求属于次级需求，自我实现的需求属于高级需求。满足了低级需求，会自动上升到高一级需求上。天宇的父母认为孩子吃饱睡足了就行，仅仅满足了孩子的生理需求。对于同样重要的安全需求，他们却没有认识到，更不用说更高级需求了。

以天宇没收妈妈的衣服为例。当天宇收完自己的衣服睡着的时候，他并没有意识到自己做错了什么。可是，在睡梦中，被爸爸一把抓起来暴打一顿。他迷迷糊糊的，不知发生了什么事情才惹得爸爸如此暴怒，内心里面充满了恐惧。当最后他明白是因为他没有帮妈妈收衣服而挨打的时候，不但不会反思自己的行为，反而对父母充满了怨恨。他觉得自己在父母心目中连一件衣服都不如，认为父母对待自己就像对待宠物一样：高兴的时候，有求必应，宠爱无比；不高兴的时候，就对着自己乱发脾气。因此，他开始用逃学来测试自己在父母心目中的地位，结果引来的依旧是一次次暴打。最后，他采取绝食的方法来引起父母注意。其实，孩子内心里有一个声音："请你们看看我！你们看不见我的需求，我的生活毫无意义！"

其实，当人的安全需求得不到满足的时候，就会拼出性命来维护自己的安全。

孩子的安全需求往往会被家长忽略。像天宇的父母这样动手打孩子的家长数不胜数；还有更多的家长通过吓唬孩子，达到自己的目的。最常见的场景是，在大街上，一个孩子正在闹脾气或者哇哇大哭，妈妈便开始威胁孩子："再哭我就不要你了！"并做出要离开的动作。孩子因害怕停止发脾气或哭泣，但其后果往往是，孩子会因此而丧失安全感。

还有的家长用这样的语言来吓唬孩子："你不听话，警察就来抓你，你就见不到妈妈了！""不听话就要打针了！""你不听话，医生就要把你抓去打针！""你不听话，我就告诉老师！""你再哭，妈妈就走了，你一个人在这儿！"这样的语言不但让孩子丧失了安全感，同时也扭曲了事实。因为当孩子遇到危险了，应该找警察；身体不舒服了，需要去看医生；想要获取知识，离不开老师的帮助……他们是为孩子提供帮助的人，而不是用来吓唬孩子、让孩子敬而远之的人。如此扭曲事实，等孩子长大一些，认识到这些不是事实时，很容易对父母失去信任。同时，不良的心理暗示还会让孩子对警察、医生、老师有阴影，影响孩子一辈子。

天宇的妈妈是一个智慧的人，当她学完"幸福家庭"智慧父母课程后，意识到自己的问题所在，正如她自己所说："我原以为只要在生活上照顾好老人和孩子就可以了，因为祖祖辈辈都是这样活着，我怎么不行？可是，当孩子出现问题的时候，才知道用过去的经验无法解决现在的问题。才知道，原来人的心理如此重要，孩子不会因为我是妈妈，就一切听我的，而是需要用智慧耐心培养孩子。"

她采用的第一个办法就是把老公影响到智慧父母课程里，自己就有了同盟军。事实证明，天宇妈妈的策略是正确的。因为她虽然里里外外是一把手，公司的管理和经营都是由她在掌握，但遇到类似公司事务与教育孩子的事情冲突时，她会非常纠结。比如，有一次亲子课程，正好与农忙时节冲突，她就开始打退堂鼓，老公只一句话就解决了。"孩子和公司的事情哪个重要，我想我就不必说了！再说，有那么多员工，合理安排一下不就行了！"正是因为夫妻态度一致，齐心协力，共同学习和成长，儿子也快速地回到正常轨道。夫妻二人是 6 月份参加的父母课程，孩子则参加了"人生大赢家"系列团体辅导，在团体中激发学习的动力，学习释放情绪和人际交往的技巧，开发潜能。 9 月份，儿子上高中时，就通过竞选成为班干部；第一次期中考试，还进入了班级前 10 名。

周老师支招

孩子生下来是一张白纸，他们的能力发展是从外界学习的结果。而父母作为抚养人，就担负着带领孩子学习和成长的任务。比如，天宇小时候，父母忙于干事创业，认为树大自然直，很多能力大了自然就会了，可是当孩子不会考虑别人感受时，他们就不能接受了。其实，每一个孩子都是一样，他们的行为习惯和情商是需要父母根据孩子的年龄特点和自身的潜质有意识地培养的。

　　教育理念需要与时俱进。很多人认为不需要学习家庭教育，因为祖祖辈辈都是这样的。常说的话就是"我们小时候……，为什么你现在就不行"。其实，中国的社会从 20 世纪 80 年代开始，就有了很大变化。20 世纪 80 年代以前，中国社会物质条件极为贫乏，而且是多子女家庭。在这样的背景下，人们的需求肯定是先满足吃饱、穿暖、住好等基本需求。但是，伴随着我国经济快速发展，物质条件越来越好，人们的需求已经从最基本的生存需求转化为高一级的需求。这些心理上的变化是不能够用过去几千年来的经验解决的，因为中国过去几千年中，老百姓都处于生存线上；改革开放后，老百姓才富裕起来。封建社会中，人们读书不是为了实现自我潜能，而是"书中自有颜如玉，书中自有黄金屋"。新中国成立后，很多人是为了"吃国库粮""鲤鱼跳龙门"，是为了让自己的生活条件更好些。立德树人、发挥潜能以及人生使命感的教育，在家庭教育中相对欠缺。现在的孩子从小物质条件优越，衣食无忧，但他们的心理需求和过去也不一样了。再用过去的经验教育现在的孩子，是不可能培养出未来精英人才的。必须根据当下孩子的个性特征和现实状况，满足他们的心理需求。这就要求父母不断学习成长，跟上孩子的成长步伐，成为孩子成长过程中的引领者，用科学的知识培养未来的精英，而不是用过去的经验。

孩子想到学习就烦怎么办

在学习困难的孩子中，情绪型学习困难占了相当大的比例。这与父母看到孩子学习达不到自己的期望就焦虑有很大关系。父母只有放下焦虑，给孩子创造宽松的环境，让孩子学习时保持轻松愉悦的情绪，孩子才能克服对学习的畏难情绪，爱上学习。

想到学习就烦的孩子

晓航是小学六年级的学生，高高的个子。进来时低眉顺眼，眉宇间难掩抑郁的神情。妈妈带他来找我的原因是孩子提到学习就烦。为此，妈妈感到非常焦虑。

晓航也认为自己对学习确实有厌烦情绪，学一会儿就不想继续，感到自己不是好孩子。

以下是我们谈话的部分内容：

"你什么时候开始觉察到自己对学习有厌烦情绪的？"

他低下头想了想，摇头说："我不知道。每次我学不下去的时候，妈妈都非常生气。"

"你所说的'学不下去'是指一点也学不下去，还是能学一段时间？"我帮他澄清问题。

"学一会儿就学不下去了！"

"学一会儿就不想学了，你这儿说的'一会儿'是多长时间？"我问他。

"一个小时左右。"

"你这个年龄，能够坐下来学一个小时，已经很好了。别说是你，就是像我这个年龄的成年人，学一个小时也累了，所以累了休息是很正常的事情。"我由衷地说。

他不信任地看着我，一动不动，过了好大一会儿才说："老师，你说的是真的吗？"

"当然是真的。想到学习就烦，是从什么时候开始的？"

"小学一年级。那时候，我写一会儿作业就学不下去了。妈妈看到后特别生气，就大声训斥我。我很害怕，感觉对不起妈妈。"

"小学一年级时的晓航能学多长时间呢？"

"半小时左右。"

"半小时左右，对一个一年级的孩子来说，特别正常，所以一年级的课堂时间都会短一些，不是吗？"

"可是，我妈妈特别生气！"

"你妈妈不知道小孩子的注意力比成年人短。同时，妈妈认为学习对你未来的发展很重要。所以，当你不学习的时候，她很着急。"他懵懂地点点头。

在咨询过程中，我运用角色扮演法，让一个人扮演妈妈，并引导他坐到"妈妈"对面，看着"妈妈"，引导他对"妈妈"说："妈妈，你这样我很害怕。其实，我也想做个好孩子，我也想好好学习，我也想让你高兴。

可是，我做不了你期望的样子。每当这个时候，我都担心你不爱我了！当我做不到你期望的那样时，你还爱我吗……"当"妈妈"给孩子肯定答复时，孩子哭成了一个泪人……

我在咨询中运用了一个小技巧，就是让孩子确认妈妈是无条件爱自己的。因为小孩子很容易把爸爸妈妈的爱当成生死攸关的大事。不能确认父母是否爱自己胜过学业成绩时，会给孩子带来很大的焦虑。孩子越小，这种倾向越明显。在现实生活中，很多父母不善于表达爱，对孩子的爱压在心底。如果父母脾气暴躁，不善于管理自己的情绪，孩子感受不到父母的爱，往往会错误地认为只有自己达到某个标准了，爸爸妈妈才会爱自己。

晓航的妈妈是超市导购员，爸爸是建筑工人，生活条件一般。妈妈一直认为自己现在的一切辛苦都源于没有文化。所以，急切要让儿子通过学习改变命运，对孩子的学习寄予了很高期望。

从晓航开始上学起，妈妈的全部心思都放在孩子的学习上。所以，只要提到儿子的学习，她就很焦虑。只要儿子没在学习，就要质疑、训斥他。比如，一看到晓航玩耍，她就会呵斥："一天到晚就知道玩，学习这样用功该多好！"当晓航的学习成绩稍不如意时，妈妈就会说："你不好好学习，长大了扫大街都没人要！"甚至考试考了95分，妈妈依旧会打听："班里有多少个考95分以上的？"如果考95分以上的人很多，妈妈就又会问："为什么人家能考98分甚至100分，而你不能？"

每当妈妈生气、着急时，晓航就既自责，又特别厌烦。一方面，他认为自己不够好，没有能力让妈妈高兴，又惹妈妈生气了；另一方面，又觉得妈妈的要求太高了，永远达不到妈妈的要求。最让他担心的是，妈妈生气了还会不会爱自己呢？晓航不知道答案。

可是，注意力的特点决定了小孩子的注意力不可能集中太久。所以，当不能再集中注意力时，他就想到妈妈的训斥。时间久了，就把学习与厌烦情绪建立了神经联结。只要看到学习，就想到自己不是好孩子，让妈妈生气，担心妈妈不再爱自己。他认为是学习这个"魔鬼"把妈妈变成了巫婆，对学习产生了极大的厌烦情绪。所以，当我引导他说出"妈妈，当我不够好的时候，请你爱我"，正是让他说出了他多年压抑在心底的话，释放出了压抑在心中的委屈和愤怒。

晓航的认知源于全能型自恋。伴随着咨询的深入，晓航对学习厌烦的原因在我面前开始慢慢展开。晓航认为是自己不好，妈妈才会生气，是源于小孩子的全能型自恋。精神分析理论认为，每个个体的生命初期都会认为自身是无所不能的，如"我一动念头，世界（其实是妈妈或其他养育者）就会按照我的意愿来运转"。这是人最初的防御机制，防御性地用于对弱小自我的补偿。如刚出生的婴儿饿了，会用哭来表达自己的需求；婴儿困了，也会用哭来表达自己的需求……如果这个时候，妈妈能够看到他们的需求，并满足他们的需求，他们就认为自己操控了妈妈，让妈妈为自己做一切。这是有利于个体生存的一面。同样，如果妈妈生气了，他们会认为是自己惹妈妈生气了；爸爸妈妈吵架了，他们会认为是自己的错误导致了父母的不和，甚至天气不好，都会认为是自己的某个念头或动作引起的。这就是通常所说的全能型自恋。

自恋的病理开始于原始无所不能的自身，结束于自我理想变化中的内化。伴随着孩子的成长，如果母亲或主要抚养人能够不断肯定孩子取得的进步，并给孩子一个宽松、舒适的抱持性环境，孩子会慢慢增加自己的力量感，建立起一个理想的自我，从而结束自恋的阶段，才开始有正确的自我认知。

对学习的负面情绪源于妈妈的强化。在学习困难的孩子中，情绪型学习困难占了相当大的比例。这要从著名的条件反射理论说起。生理学家巴甫洛夫曾做过一个著名的实验。在实验中，他发现在给狗喂食时，狗会分泌唾液。食物是干的，狗分泌的唾液就多；食物是湿的，狗分泌的唾液就少。这是源于狗本能的反应，因为食物对狗来说，是生存必需的。巴甫洛夫称之为无条件刺激物。后来，巴甫洛夫在给狗喂食时，同时会敲响铃声。伴随着铃声和食物同时出现的次数逐渐增加，铃声就成了狗分泌唾液的条件刺激物。持续一段时间后，实验者只敲响铃声，不给狗食物，狗也会分泌唾液，这就是条件反射。其实，晓航对学习的厌烦情绪类似于狗对铃声的反应。

每次学习时，妈妈就开始在一边唠叨：字写得不好，写字姿势不对，注意力不集中，写作业速度太慢……这一系列的话，都让他感到厌烦。可是，作为小孩子，他又没有能力和力量质疑妈妈。他只能从自身找原因。他觉得只要自己一不学习，妈妈就从慈母变成了巫婆，平时的慈爱、关心都没有了，有的只是愤怒和指责。而妈妈并没有觉察到自己的行为带给孩子的负面情绪；相反，她以为自己督促、唠叨得越多，孩子就越上进，学习成绩就越好。伴随着妈妈的唠叨和指责次数的增加，慢慢地，学习就成了不良情绪的刺激物。晓航开始一看到学习就烦。对于儿子的厌烦情绪，妈妈丝毫没有觉察到，只是觉得儿子太不懂事了，自己这么辛苦都是为了儿子，而儿子看到学习一副无精打采的样子，于是就更加愤怒，变本加厉地指责儿子。母子之间的互动进入了恶性循环。直到有一天，进入青春期的晓航爆发："我就是不爱学习，看到学习就烦，那怎么了！"晓航愤怒之下，还撕坏了一本作业本。妈妈看到晓航的行为惊呆了。她想不明白以前乖巧听话的儿子为什么会这样，所以到我这里来咨询。

◎。周老师支招

在咨询过程中，为了达到更好的效果，我建议父母也参与进来，调整与孩子的互动模式，这样才能够支持孩子尽快从对学习的厌烦情绪中走出来。

第一，家长管理好自己的情绪。在给晓航辅导的过程中，我发现妈妈充满了焦虑情绪。而这种情绪源于她对学习的错误认知。她将自己工作不稳定归因于文化水平低上，希望孩子将来通过学习改变命运，不要像自己一样。本来这样的期望对家长来说无可非议，可是她的焦虑情绪使得她无法理智地对待孩子的学习。只要看见孩子的行为不符合她的期待，情绪马上会被激发出来，并发泄到孩子身上。虽然她的初衷是爱孩子，为孩子的未来着想，但孩子并没有收到妈妈对他未来的祝福，只感受到只要自己不好好学习，妈妈就开始愤怒，所以才对学习产生了厌烦。当妈妈放下焦虑，放松地看待孩子的学习时，相信孩子能够为自己的人生负责的时候，孩子就开始变得不一样了。

第二，给孩子提供一个宽松的抱持性环境。抱持性环境是指母亲不仅能满足孩子的各种生理需要，还能给孩子提供一个宽松的环境，能及时觉察到孩子的需要，并能与孩子产生共情的能力。母亲提供的这种抱持性环境能够使孩子发展出一种能力，使得焦虑得到缓解，增加孩子的力量感。提供抱持性的环境能有效处理并减缓孩子面临挑战时的冲击，提供让孩子继续成长的空间，这对他们精神的整合非常重要。当晓航的妈妈开始学习如何与孩子共情，如何看到孩子的心理需求时，晓航开始慢慢地找到了学习的乐趣，甚至晚上让妈妈给他提问；即使出错，也不用担心妈妈质疑他上课没有好好听讲了。

第三，多肯定，不指责，消除不良刺激造成的影响。在巴甫洛夫实验的后期，当狗建立起对铃声的条件反射后，实验者只给狗提供铃声刺激，而不提供食物。刚开始的时候，狗听到铃声会分泌唾液。伴随着只提供铃声次数的增加，狗分泌的唾液也越来越少。最后，狗对铃声不再产生反应。其实，人也一样。当引起不良情绪的刺激消除后，负面情绪会慢慢消失。对孩子来说，他们对自我的认知，主要源于抚养人和老师等"重要他人"的评价。伴随着妈妈对其指责停止的同时，对他在学习中的进步给予及时肯定，晓航对学习的厌烦情绪也慢慢消失。晓航在学习时，也能看到那个温暖、关爱自己的妈妈，在学习与正面情绪之间开始建立了神经联结。

经过半年持续的努力，晓航变成了一个爱学习的、积极向上的孩子。

所以，教育孩子是一门科学，是一项技术活，不是家长随心所欲就能够搞定的。俗话说："家庭是孩子的第一所学校，家长是孩子的第一任老师。"家庭教育作为一个人的起点和基点，父母对孩子的影响是深远的。英国著名文学家哈伯特说过"一个好父亲胜过100个校长"，就说明了家庭教育的重要性。

教育家朱永新提出：父母要有上岗证，没有父母的成长就没有孩子的成长。家庭教育不仅仅是父母对孩子的教育，更是对家长的教育。可是，目前在我国，家长们大多凭自己的直觉和传统的观念去教育孩子，这难免会在教育孩子的过程中栽跟头。尤其是在当今的信息化时代，知识更新的周期缩短，孩子接受信息的渠道也发生了极大变化。在这种情况下，家长们的学习成长成为成功教育孩子的必经之路。因此，教育孩子的过程就是家长重新学习、重新成长的过程。

为何在家里就无法学习

> 父母的问题，会通过家庭系统最薄弱的环节——孩子表现出来。解决好自己的问题，活出自己幸福的人生，用幸福的状态感染孩子。孩子在耳濡目染中，学习到父母的生活状态，模仿他们相处的模式，自然会成为积极向上、理性平和的人。

在家无法学习的孩子

张林到我这儿预约咨询。前两次，都因为我临时外出开会，而没能咨询。第三次，是我开会回来后主动联系的他。在沙发上坐定后，我向他表示抱歉并问他："有什么可以帮助你？"他镇定地看着我说："周老师，我有一个困惑，就是不想学习怎么办。"

"不想学习，我没有办法，因为学习是你自己的事情。你不想学，谁也没有办法。不过从你主动来找我几次的情况来看，说明你很困惑，也很想解决这件事。你可以具体说说，怎么不想学习了？"

"不是，不是，"他说道，"我刚才没说清楚，应该是想学习又不想学习。"

"我很好奇，想学习和不想学习如此矛盾的两件事是如何同时发生在你身上的?" 我问。他低下头,许久没有讲话。

"能告诉我你在哪儿想学习,在哪儿不想学习吗?" 我帮他澄清问题。他陷入沉思,大约过了 5 分钟,还沉浸在其中。

"通常来说,你的学习地点有三个:一个在学校,另一个在家里,还有一个在辅导班。那我们分别来看,在哪里想学习,在哪里不想学习,可以吗?" 他点点头。

"你能给我讲一下在学校里的状况吗?" 我看他茫然不知所措的样子,就把问题具体化。

他点头答应。

"我们一节课一节课地来看,每一节课上,你的学习状态怎么样?" 我继续具体化。

我引导他从早上 7:00 到校开始,一直分析到下午 17:40 离校。他表示在学校里的学习状态都很好。

"在辅导班里怎么样?"

"周六周日上辅导班,状态也还行。"

"那就是在家里不想学习了?" 我对他不想学习的原因已经有数了。

"对!" 他肯定地说。

"能说说家里发生了什么事,让你不想学习吗?" 我轻声问。

他低下头,沉默……

大约过了 10 分钟,他还没有开口的意思。"你连续两次主动来找我预约,说明你对这个困惑还是很重视的,你也迫切地想解决这个问题,对吗?" 我打破僵局,继续引导他。

"是的。可是,我妈妈不让我说!" 他为难地说道。

当他这么说的时候,正好验证了我的判断,对于他不想学习的原因也了然于胸。为了减轻他背叛妈妈的负罪感，我说："那就让我猜猜吧！"嘴上虽然说是在猜，但对于真实的原因，内心里已经明了，因为当夫妻关系不好时，不可避免地会影响到孩子的学习状态，这是规律。

"爸爸妈妈吵架吵得很厉害，对吗？有时，他们还动手，对不对？"我看着他说。

显然，他对我说的话很惊讶，张大了嘴巴，结结巴巴地说："老——老——老师，你怎么知道的？"

"能具体地说说吗？"我没有回答他的问题。

"我爸爸是搞房地产的，妈妈是家庭妇女。爸爸平时周一到周五在 T 市上班，周末才回家。回来后经常吵架，妈妈对爸爸不信任，说爸爸在外面有外遇。爸爸很生气。他们吵得厉害时，会一人拿一把刀对峙……"

"他们吵架时，你在哪儿？这才是问题的关键。"

"我——，我——站在爸爸妈妈的中间……"他犹豫了一会儿说。

"你想终止他们之间的战争，但没有人听你的。当你站到中间时，你实际是这样想的：'你们两人如果谁先动手就会先砍到你儿子。'你认为他们两人谁也不想伤到你，对吗？"我轻声问。

他点了点头。

"你真是个爱父母胜过爱自己的孩子！"我总结道。

听到我的话没有丝毫责备的意思，他受到鼓舞："老师，再告诉你一件事儿，国庆节我没有带书包回去！"他语气略带兴奋地说。

"书包呢？"我问。

"在学校里。"他很快说。

"然后发生什么事情了呢？"我没有像常人那样问"为什么不把书包拿回去"，而是问事情的走向。

"我被爸爸暴打了一顿。然后，我跑到同学家里住了 7 天，爸爸妈妈就找了我 7 天。"

"最后找到你了？"虽然在问，其实我是知道答案的。

"是的。在第七天找到的。"

"你爸妈又吵架了，所以你就采取了这样的举动？"

"嗯……"

我之所以没有问他为何把书包放在学校不拿回去，是因为书包如果是忘在学校了，连小学生都知道回学校拿书包。作为高一的学生，不可能不知道怎么做。只有一种可能，那就是他是故意这么做的。所以，当我把他这么做的原因直接说出来的时候，他很快就承认了，他的阻抗成功地被突破。原来，国庆节前夕，张林的爸爸回来了，夫妻又吵架。妈妈嫌爸爸给的钱不够花，爸爸觉得每个月一万元的生活费已足够。"我觉得爸爸也够可怜的，在外面忙一周，回家妈妈还这样对他。我若是爸爸，也看不上妈妈这样的女人！"张林说道。

张林想上学又不想上学的原因到此已经非常清楚了。他在学校里学习没有任何问题，学习效率和学习状态都可以。回到家里，就再也找不到学习的感觉，因为帮父母劝架已让他耗费了太多的心理能量，让他无暇顾及学习。父母吵架时，他挡在父母中间，从这一点上说，孩子爱父母胜过爱自己。他宁愿自己受伤也不让父母互相有伤害。国庆节前夕，他看到父母吵架，就想了个办法，不把书包拿回去。爸爸看到儿子对学习的态度如此马虎，非常生气，一怒之下就打了儿子一顿。爸爸这一举动，正好中了儿子的计谋。儿子以这个为借口，跑到同学家躲了起来。夫妻二人找不到孩子，这才慌了神。于是，停止吵架，手牵手到处找孩子。张林就用这种方式成功让爸爸妈妈和解。可以说，他为了父母宁肯牺牲自己的一切，包括自己的生命和前途。拯救父母，是很多孩子的良好愿望。这是一种出于无意识的盲目行为，也是孩子自恋的表现。他以为自己无所不能，能救父母于水火之中。其实，这只是孩子单方面的意愿而已。现实生活中，有很多孩子都有张林这样的无意识行为。其实，父母作为成年人，他们可以为自己负责，而且孩子也无法为父母感情的好坏买单。

针对张林在家里无法学习的原因，我给他制定了以下辅导策略：

分清界限。很多事物都有自己的边界，人也不例外。比如，我们走在一条狭窄的胡同里，对面走过来一个人。我们会有意识地侧过身体，尽量不碰到别人的身体，也不让别人碰到自己的身体。如果对面的人伸出手来，触摸到我们的后背，我们会认为是骚扰和侵犯，会引起我们的愤怒。这是我们在维护身体的界限。其实，在有形的身体之内还有一个无形的心理界限，即内在心理的认知、情绪感受、潜意识及文化信仰共同组成了我们的精神世界。同身体界限一样，一个人的心理边界也同样需要"看到"和"认同"。很多父母在和孩子互动时，经常会分不清彼此的界限。比如，孩子说"天气真热"，父母说"瞎说，阴天怎么会热，下午多穿点"。对于孩子的任何想法，父母都要管，偷偷看孩子的日记、QQ 聊天，还经常说："我这是为你好！"

当然，父母的出发点是好的，想要提醒孩子，想让孩子避免走弯路。但是，父母如果没有尊重到孩子的感受，结果会适得其反。因为孩子作为独立的人，有自己的思想、感受和情绪。如果父母总是忽略孩子的感受，忽略孩子作为独立个体的情绪、思想，就会导致父母和孩子精神领域的共生连体状态，限制彼此的发展。

张林和父母的状态就是没有心理界限。小时候，父母用"我是为了你好""我爱你"来控制张林；当他长大了，他也从父母那儿学会了用这种方式来对待父母。他也用爱父母而忽略自己的方式介入到父母的冲突中。

张林在家里不想学习的原因是父母吵架，他要在中间劝架。他自认为自己是缓和父母矛盾的关键因素。我首先让他认识到，父母的事是他们自己的事，他无法胜任父母感情纽带这一"职务"，因为他们的矛盾要靠自我觉察和自我成长来解决，而非孩子的努力能够解决的。他显然没有心理准备，嗫嗫地对我说："周老师，我真担心我不介入到他们中间去，爸爸一生气会把妈妈杀了！"

"你是个爱父母的好孩子。你在家时可以挡在他们中间，保护妈妈，可是你上学的时候怎么办呢？"

"我上学就不管他们了！"他说。

"你上学时，他们还吵架吗？"

"吵啊！"

"既然这样，你上学时，他们也吵架，爸爸不是也没把妈妈杀了吗？"

他好像猛然惊醒一样，说："周老师，你不说，我还没有注意。我不在家的时候，好像他们吵架吵得没有这么厉害！"

"所以，你这个劝架王对他们的作用大吗？"

他陷入了沉思，说："不大，他们该打架还打架，不因为我劝架就停止了！"

"你父母见面天天吵，也没见他们吵得分手了，所以说，这或许是他们的一种互动模式，你觉得呢？"

他点点头。

"夫妻相处，有的人是用相敬如宾的方式，有的人是用吵吵闹闹的方式，所以尊重他们的相处模式，做好自己的事情最重要，你说呢？"

他点头说："是的，我管不了他们，管他们也不听，我就自己干好自己的事就行！"

接纳现实的父母。每个人心目中都有一对理想的父母，理想的父母可以随时满足我们的需求，理解我们的感受。可是，现实生活中，我们只有现实的父母。父母拼尽全力爱孩子，但又有这样那样的缺点。孩子会经常陷入在爱父母与抱怨父母的矛盾中。张林在调节父母的关系时，虽然奋不顾身，但依旧难以掩饰对妈妈的鄙视。他觉得妈妈的行为不可理喻，觉得妈妈不求上进、抽烟酗酒、挥霍无度，配不上爸爸。他说："如果我是爸爸，我也不要像妈妈这样的女人。"作为孩子，张林对父母是既爱又恨的。瞧不起父母、恨父母的人是无法全力追求自己的人生目标，获得成功快乐人生的。我让他看到，他的生命来自父母；恨父母，不接纳父母，最终影响的是自己的幸福感。因为父母是给到自己生命的人，也是从小把自己养大的人，无论他们是什么样子，父母没得选，只能接受父母。所以，我运用空椅子技术，引导张林说出对父母的感受，同时引导他接受父母。当他说出"妈妈，你是最有资格做我妈妈的人，我完全接纳你为我的妈妈，包括为此而需要付出的全部代价……"时，泣不成声。

周老师支招

父母处理好自己的问题。心理学研究证明，早期生活经历，特别是原生家庭对个人性格起着至关重要的作用，对个人的生活会产生深远的影响，甚至会决定个人的一生幸福。而父母就是孩子最早接触也是对他们影响最大的人。美国家庭治疗专家弗吉尼亚·萨提亚女士在对全球数千个家庭进行深入探索之后，发出感慨："家庭是世界的微缩。研究家庭就可以了解世界。家庭中的问题，例如权力、亲密、自主、信任、沟通技巧等，是奠定我们如何在世界上生活的重要部分。改变家庭即是改变世界。"因此，问题孩子是问题家庭的代言人，张林的问题正折射出家庭的问题。当一个家庭生病了，一定会有一个或多个成员把家庭的病症呈现出来。而这个人往往是家庭中能量较弱、敏感度较高、年龄较小、无力自我保护的那一个——孩子。

脆弱的孩子越是想扮演好帮助父母的角色，家庭的不良状况就越会持久不变。当孩子因承受不了压力而变成"问题儿童"，则可能成为唤醒父母反省与关注问题的源头。张林就是这样，当他想成为父母关系的拯救者时，父母并没有感受到张林的用心，反而越吵越激烈，甚至到了持刀相向的地步。当他离家出走的时候，父母开始中止自己的战争，牵手共同去寻找儿子。张林用牺牲自己的方式让父母暂时和解。

欣赏并尊重另一半。孩子的一半来自母亲，另一半来自父亲。否认孩子父亲、母亲中的任何一方，等于无意识里也否定了孩子的一半。爸爸对孩子最好的爱，就是好好呵护疼爱孩子的妈妈；妈妈对孩子最好的爱，就是欣赏并推崇孩子的爸爸。张林的行为并不属于个例，有无数孩子正成为父母关系的牺牲品。因为孩子内心最大的渴望就是生命力与父母联结的归属感，那是超越了一切事物的渴望。那么，孩子是透过什么方式与父母联结的呢？就是做和父母相同的事。因为当夫妻双方否定自己的丈夫、妻子时，他们会给孩子什么样的信息呢？"你爸爸是懒惰、磨蹭、不负责的人，你以后不要像他一样！"当懒惰、磨蹭、不负责任等信息充满孩子的世界，孩子还能有其他的选择吗？他们当然只能跟这些信息联结，做出相同的行为来满足与爸爸联结的归属感。

既然与父母联结是孩子天生的心理需求，我们最能够支持到孩子的是，提供更多积极正面的信息来满足孩子联结父母的需求，这也决定了孩子通过联结从父母那里获取何种生命能量。"你和你爸爸一样有担当!""你跟你妈妈一样很善良!"如果这些信息充满孩子的世界,孩子自然会朝向积极阳光的方向发展。

因此,父母要处理好自己的问题,活出自己幸福的人生,并用这种幸福的状态感染孩子。孩子在耳濡目染中,学习到父母的生活状态,模仿他们相处的模式,自然会成为积极向上、平和理性的人。身教重于言教,父母活出幸福的样子,比学习理论知识更重要,比给孩子讲道理更有效。

从休学到考上世界名校的女孩

> 每一位父母都希望孩子有美好的未来，望子成龙、望女成凤是无可厚非的。但如果把学习成绩放在至高无上的位置，不考虑孩子的感受和真实情况，则会给孩子带来负面影响，带来激烈的亲子冲突，甚至会影响孩子的身心健康。

休学返校后无法适应的孩子

"叮铃，叮铃……"我正在书桌前整理案例记录，办公室的电话响了起来。我接起电话，电话那头传来一个兴奋的男中音："周老师，你好！还记得我吗？我是李晓玲（化名）的爸爸，给您报告个好消息，晓玲已经被英国牛津大学录取，马上就要去读研究生了……"爸爸兴奋的声音，把我拉回了六年前。寒假开学刚刚两周，李晓玲的班主任宋老师就给我打电话，说班里有一个学生，是休学一年后刚刚插到本班的。她对班集体极为不适应，在班里经常一个人呆呆地坐着流眼泪。班主任跟她谈话，她只是说心情不好，其他闭口不谈，只好向我求助。

预约的时间到了，一个中等个子的女生走路进来，黑黑瘦瘦的，神情忧郁。坐下后，我问她："有什么需要我支持的吗?"她低着头说："我去年休学一年，今年刚刚回来。这个班集体的同学我都不认识，感觉融入不了这个班。可能我的年龄比他们大的原因，和他们没有什么共同语言，感觉很孤独……"

"嗯，你进入这个班多久了?"我问道。

"两个礼拜!"

"刚刚进入这个班集体两周的时间，与同学们有一个不熟悉到熟悉的过程，你的表现很正常啊。只是，我很好奇，你是为什么休学呢?"我问。

"我爸爸让我休学的。"

通常来说，在学校里，每年都会有学生休学，一般是因为身体原因无法继续学习。爸爸要求女儿休学，这个原因就很离奇。

"能说说爸爸为什么让你休学吗?"职业敏感让我决定从休学入手作为突破口。

"我初中时学习成绩很好，在班里还是班长。不知怎么了，上高中后，我的成绩一落千丈。在高一寒假前的期末考试过程中，我考了全年级300多名。爸爸很着急，就让我休学。"

"爸爸让你休学的理由是什么呢?"

"因为我爸爸有个朋友的孩子，是 X 大学附中的，高一时学习成绩也很差。他休学一年，另找了个高中借读，复学后成绩在全年级考第一。我爸爸认为这是提高成绩的好办法，也让我办理了休学手续。他认为我也会像他朋友的孩子一样，在成绩上突飞猛进。"

"你同意了?"我问。

她点点头，说："反正反抗也不起作用，我考高中时本来想考 X 大学附中，我爸爸非让我报这所学校。没有办法，只能报这个学校。这次他让我休学，我也没有办法，只能听他的。在我们家，什么都是爸爸说了算。我爸爸脾气不好，我和妈妈都不敢惹他。休学后，他给我联系老家的高中，让我去借读。老家 J 县一中管理很严格，实行军事化管理，伙食也很差。我去了很不适应，几乎什么东西都吃不下，一个月瘦了 10 多斤。后来，发展到吃东西就吐。实在坚持不下去了，就给爸爸打电话，希望离开这个地方。爸爸开始没有答应。后来，我打了很多次电话，让他来接我。我觉得在那个地方一天都待不下去。后来，他终于到学校了，但一进学校大门口，还没走到宿舍楼下，就开始破口大骂：'你这个混蛋，给我下来！你这个不争气的东西！你知道老子给你办到这儿来，花了多少精力吗？你竟然这么不珍惜，我恨不得杀了你！'父亲发狠道。妈妈看到父亲这么生气，就用手拉父亲的衣服，示意他停下来。没想到在气头上的父亲，回头又把气撒在母亲的身上：'都是你惯的，别拦着我！恨不得连你一起杀了！'"

父亲气急败坏，各种难听的话从嘴里冒出来。父亲愤怒的声音引得同学们纷纷从宿舍里探出头。这让李晓玲又羞又怕，感到无地自容，尴尬到了极点。那一次，父亲虽然把李晓玲接回了家，但因在本校办理了休学手续，她不能回校读书，只能在家里自学。李晓玲眼前常浮现父亲因愤怒而扭曲的脸，对父亲充满了恐惧。李晓玲从那以后，不敢与父亲在同一张饭桌上吃饭。她总觉得父亲身上透出一股杀气，让她不敢靠近。每当妈妈不在家，只有爸爸和她在家时，她就把自己关在房间内大气都不敢出，唯恐自己这副不争气的样子惹怒了父亲。甚至内急时，她去卫生间，手里还要拿一把小水果刀，心里害怕父亲一怒之下会杀了自己。

李晓玲在第一次咨询结束后，专门又到我办公室一趟，给我一摞写满字的信纸。我一看，里面写满了小时候父亲是如何"虐待"她的。比如，上小学时，爸爸曾安排她到深圳去旅游。为了锻炼她，父亲让她自己去，并安排自己的朋友，到火车站去接她。当火车门关上的一刹那，她内心充满了恐惧和绝望，觉得自己是这个世界最孤独的人，整个世界都抛弃了她。她叫天天不应，叫地地不灵。在她看来，爸爸讲起理论一套一套的，名义上是为她好，实际是在为他自己考虑。为了说明这个问题，李晓玲还举了个例子：过生日时，自己很想约几个朋友一起玩，可是爸爸给安排在了某风景区，还约了他的一大帮朋友一起吃吃喝喝。席间自己成了端茶倒水的服务员，真的不知道是自己在过生日，还是爸爸的朋友聚会……

～✦～

在征得李晓玲同意的情况下，我约见了她的爸爸。她要求把信转交给爸爸。晓玲的爸爸来后的第一句话，就表现了他内心的困惑与纠结。"周老师，我不明白现在的孩子怎么了，不知道感恩！为她做了那么多，她却不领情。"

"哦，具体说说看，女儿哪些地方让你感到很受伤？"我问道。

"女儿过生日，为了让她高兴，我提前订好了风景区的门票，又邀请了几位老朋友一起给女儿过生日。席间，她一直噘着嘴，一副不高兴的样子。给她过生日，还过出罪过来了！再比如，女儿喜欢吃牛肉面，我家附近正好有一家很好的牛肉面馆。我提前到店里点好后，给她打电话，想让她下楼来吃。结果，女儿不但不领情，还把电话给挂掉了……"爸爸神情落寞地说。

我把女儿的信递给父亲，说："从你的叙述中，能看出你很爱女儿。可是，当你为她做这一切时，知道她的真实感受吗？相信你可以从中找到答案！"

看着女儿的信，爸爸的脸慢慢变得凝重起来。爸爸是20世纪80年代的大学生，后来下海做生意，现在拥有一家效益不错的公司。尝到了知识的甜头，他希望女儿也能够像自己一样，以良好的素质在社会上立足。为了锻炼孩子的独立能力，爸爸精心设计了行程，让女儿独自去深圳。爸爸妈妈负责送孩子上车。路途中，交代列车长帮忙照顾。下车后，安排朋友去接女儿。整个过程都在爸爸的监控之下，确保安全。

为了提升女儿的综合素质，在女儿刚上小学时，就给女儿设计过不少活动，如在最繁华的广场卖书。女儿拿着书去卖，夫妻两人远远地看着。父亲甚至还设计出了结果，万一女儿卖不掉书，他就请人买下书，鼓励孩子，可是女儿真的把书卖掉了，夫妻二人也很开心。可是，在女儿的信中，赫然写着：爸爸为了自己的虚荣心，让自己去卖书。然后，将此事当作酒后谈资，到处炫耀。每次，爸爸炫耀自己多么懂教育的时候，女儿都感到莫名的难受，觉得自己只是撑起爸爸面子的那颗棋子。

看完，爸爸幽幽地叹了一口气，说："周老师，我以为从小到大，为她考虑得越周全，她在将来的生活中，胜算才越大。从孩子刚才的信中，我知道，完全不是这么回事！就用这次她休学的事情来说吧。我朋友的孩子就是利用休学，争取了一年的时间，后来变得很优秀，现在已经到美国名校留学。我以为，把成功经验搬过来就行了，可是孩子哭着吵着不肯在 J 县一中上学。当时，我很气愤。你知道这年头，办理休学后，再办理到另一个学校借读是很难的。她丝毫不珍惜。当时，在去接她时，我没控制好情绪，就冲她骂了几句。这件事过去后，我一忙就忘了，没想到给她造成这么大的影响。如果继续这样下去，别说让孩子将来成人成材，就是连学业可能也无法完成，因为我们的父女关系已经僵到不能在一张饭桌上吃饭的地步。"

◎ ◎ 周老师支招

父母的情绪里蕴藏着孩子的未来。父亲为女儿考虑得细致周全，唯独没有考虑到自己的火爆脾气给孩子造成的影响。大量调查表明，在父母坏脾气中长大的孩子容易叛逆、敏感多疑；成年后脾气暴躁，爱抱怨或抬杠，对人刻薄；更严重的是孩子患上抑郁症的几率，要比父母情绪稳定的孩子高很多。而父母情绪稳定的孩子，长大后更具安全感以及幸福感，人际关系更好。因此，父母情绪的调控能力很重要。爸爸知道了自己坏脾气带给女儿的影响后，开始学会控制自己的情绪。当处在负面情绪之中时，会自己在外面处理好情绪再回家，再也不把坏情绪带回家了。

学会有效沟通。晓玲和爸爸的关系之所以发展到不能在一张饭桌上吃饭的地步，就是因为父女之间很少沟通。爸爸以为把好的东西带给女儿，但这不一定是女儿想要的。爸爸的几句气话，给女儿造成了严重的心理创伤。因此，我让他们父女学会表达自己的需求，学会说自己需要对方做什么，而不是想当然地认为，自己想什么，对方就会做什么。当父母和孩子意见不一致时，运用七步解决冲突法进行协商。协商的步骤在《七步解决亲子冲突》中有详细的叙述，这儿不再赘述。爸爸的行动力很强，两个月后，给我打电话报喜："周老师，最近我和女儿的关系已经好多了，女儿的学习状态也越来越好。以前女儿不让我送她上学，最近主动要求我送她上学。她还把英语单词做成了小卡片，利用我送她上学的时间记单词。"经过两年持续的努力，晓玲考上了理想大学，并在大学四年的时间里一直拿一等奖学金，才有了本文开头的一幕。

如何激发孩子的学习动机

伴随着孩子年龄的增长，父母对孩子的学习越来越关注。可是，父母越着急，干预得越多，孩子的学习效果越差。学习是创造性的劳动，只有自觉自愿地主动学习才能取得良好的效果。学会激发孩子的学习动机，让孩子学会自主学习，才能够取得好成绩。

花百万辅导费仍旧考不上高中的孩子

见到宋涛（化名）是源于妈妈的求助。宋涛刚刚参加完中考，妈妈带他从海滨城市赶到济南。"周老师，听说您擅长解决青少年问题。我想请教您，我的孩子是怎么了？每个认识他的人都说他很聪明。从小学到初中，几乎所有的老师都说他聪明，接受能力强，可是他学习怎么这么费劲！说实话，我小时候家里穷，姊妹多，没有条件上学，文化程度不高。这么多年，我和孩子的爸爸靠打拼创建了自己的公司，赚的都是辛苦钱。希望孩子文化程度高点，别像我们一样吃没文化的亏。这几年把赚来的钱几乎全都投入到孩子的学习上了。只要老师好，不管是北京的，还是上海的，我和他爸爸从来没有犹豫过。从小学到初中，辅导费花了有 100 多万了，可是……唉……"她叹口气继续说，"这次中考，孩子考得很差，连一个普通高中都没考上，只能花钱去私立高中了。孩子要是不聪明，不是学习的料也就罢了，可是他很聪明，而且国内的好老师我都找来给孩子辅导过，就是考不出成绩来。你说我该怎么办？"

当妈妈跟我唠叨的时候，宋涛就坐在一旁，一副满不在乎的样子。我邀请妈妈出去，单独跟孩子聊聊。

"听妈妈说这些，你什么感受？"我问道。

"她愿意说就说吧，反正她说了算！"

"你听起来很无奈的样子。"

"我妈妈这个人吧，满脑子只想我的学习，别的她都想不到。我和弟弟都是奶奶带大的。平时她忙得不见踪影，但只要我一考试，她就回来了。只要听说哪里有好老师，就恨不得立刻给我请回来。也不问我需要不需要。唉，算了，反正是她的钱，她愿意花就花……"

❧ ᨏᨏᨏᨏᨏ ❧

宋涛妈妈的困惑也是绝大部分家长的困惑。孩子很聪明，家长也愿意花时间和精力支持孩子学习，但孩子的成绩还是很差，到底是怎么回事呢？宋涛妈妈的做法很有代表性。当孩子的成绩不如意时，就想当然地给孩子延长学习时间，报辅导班，花大价钱请老师辅导。钱倒是花了不少，效果却一般。这是什么原因呢？原来，她考虑的都是外在因素，唯独把孩子的学习动机给忽略了。如果孩子不想学习，她无论请多少老师、上多少辅导班，都是没有效果的。

著名教育家陶行知应邀在武汉大学做讲座时，他走上讲台，不急不躁地从箱子里拿出了一只大公鸡。这时，台下的观众全愣住了，不知陶先生要干什么。只见他左手按住大公鸡的头，右手从口袋掏出一把米撒在桌子上。接着，他就把大公鸡的脑袋往下摁，逼它吃米，但大公鸡只是挣扎，却不肯吃。陶行知又掰开大公鸡的嘴，要把米硬塞进去，可那只大公鸡使劲挣扎着晃动脑袋，还是不肯吃。台下的听众都惊诧不已，不知道陶行知为什么非要逼着大公鸡吃米。

这时，陶行知轻轻松开手，后退了几步。只见大公鸡抖了抖翅膀，四处张望了一番，便从容地低下头吃起米来。

人们正好奇地看着这一幕时，陶行知则清了清嗓子说："诸位，看到了吧，我越是逼鸡吃米，它越是不肯吃，但我换了一种方式，让它感受到轻松自在，它反而会主动去吃米。其实，教育孩子也和喂鸡一样。在孩子的学习当中，如果家长干预过多，越是强迫孩子们学习，他们越是不愿意去学；相反，如果能给孩子们一些空间，他们反而更能主动去学习，效果也一定会好得多。"宋涛的情况就是这样，当被爸爸妈妈逼着上各种辅导班时，越被逼着学，就越失去了学习的动力。

大量的心理学研究表明，鼓励孩子积极主动地投入到自己的学习当中，允许他们选择与自己能力和需要相匹配的任务，可以激发孩子的学习动机。因此，爸爸妈妈要给孩子适当的空间，让孩子看到学习是他们自己的事情，给予他们一定的权利。比如，自己制定学习计划，安排学习时间。让孩子学会自主学习，比打着学、骂着学效果要好得多。

周老师支招

激发孩子的学习动机可以从以下几方面入手：

第一，帮助孩子找到自己的使命感。

使命是一个人肩负的责任。斯蒂芬·茨威格曾说过："一个人生命中最大的幸运，莫过于在他人生途中，即年富力强时发现自己生活的使命。"越清晰的使命感，越具体的人生规划，越容易被实现。设置人生规划目标时，要根据孩子的实际情况，引导孩子把他们最想实现的目标作为人生总目标。我们常常称之为人生的梦想。梦想的确立，需要遵循孩子的意愿。如果家长把自己的意愿强加给孩子，容易引起孩子的对抗情绪。大部分孩子会有很多目标，比如想当警察，想成为科学家，想成为图书管理员，想环游地球，想成为美食家等。可以全部让他们罗列出来，然后在罗列的目标中找出三个最想实现的目标，最后再从三个目标中挑选最想实现的目标。在确定最终目标的过程中，看一下这些目标能否合并。比如，有的孩子既想成为科学家，又想环游地球，还想成为美食家。这三个目标可以合并成一个：成为科学家后，用赚来的钱环游地球，遍尝各地美食。让孩子尽可能写出实现总目标时带给自己的变化、给家庭乃至社会带来的正向影响，越清晰越好。

围绕总目标，写出对应的长期目标、中期目标、短期目标和当前计划，逐渐将总目标细化分解，建立目标体系，提高可操作性。因为总目标会让孩子觉得遥不可及，认为那是长大后的事情，现在还很遥远，容易造成"明日复明日，明日何其多"的想法。建立目标体系的过程中，要遵循由远及近的原则，逐步把目标细化。

在目标细化方面，马拉松冠军山田本一是典范。在奥运会之前，他是一名名不见经传的选手，却在日本和意大利国际马拉松邀请赛中，两次获得冠军。当有记者采访他如何获得如此惊人的成绩时，他回答："凭智慧战胜对手。"这样的回答让记者百思不得其解：一名马拉松运动员获得冠军竟然不是凭借体力，而是凭借智慧。

直到 10 年之后，谜底才被揭开。原来，每次比赛之前，他都要乘车把比赛的线路仔细地看一遍，并把沿途比较醒目的标志画下来。比如，第一个标志是银行，第二个标志是一棵大树，第三个标志是一座红房子……这样一直画到赛程的终点。比赛开始后，他就奋力地向第一个目标冲去。等到达第一个目标后，他又以同样的速度向第二个目标冲去。40多公里的赛程，就被他分解成这么几个小目标轻松地跑完了。起初，他并不懂得这样的道理，他把他的目标定在40多公里外终点线的那面旗帜上。结果，他跑到十几公里时就疲惫不堪了，他被前面那段遥远的路程给吓倒了。

心理学实验也证明了山田本一决策的正确性。当人们的行动有了明确目标，并能把自己的行动与目标不断地加以对照，进而清楚地知道自己的行进速度和与目标之间的距离，人们行动的动机就会得到维持和加强，就会自觉地克服一切困难，努力达到目标。确实，要达到目标，就要像上楼梯一样，一步一个台阶，把大目标分解为多个易于达到的小目标，脚踏实地向前迈进。每前进一步，达到一个小目标，就会体验到成功的喜悦。这种感觉将推动人们充分调动自己的潜能去达到下一个目标。可见将目标细化的重要性。

最后，将目标和计划写下来，贴在床头或书桌前等显眼的地方，每天早晨看一遍。这样提示孩子不断地把自己的行动与目标对照，以提高孩子计划的积极性。在帮助孩子找到使命感方面，我做了有益的尝试。

2015年，我帮助30位小学六年级学生制定包含当前计划、短期目标、中期目标、长期目标在内的目标体系。同时，教给他们时间管理的方法与适合大脑运作规律的学习方法。每一年，我都会追踪这批孩子的变化。第一年，这批孩子的学业成绩都有了大幅度提升。每一年，他们都会持续地努力。目前，这些孩子已全部进入了大学。他们当中只有两人进入省属院校，其他学生全部进入了双一流大学。

第二，及时给孩子反馈学习的信息。

心理学家佩奇曾对74个班的中学生，共2000多人进行实验。他把每个班学生都分成三组，给以不同的评价。第一组只给甲、乙、丙、丁一类的等级，无评语；第二组除标明等级外，还给以顺应的评语，即按照学生的答案给予矫正，或给予相称的评语；第三组给以特殊的评语，如对中等成绩的评以"好，坚持下去"，对乙等成绩的评以"良好，继续前进"，对丙等成绩的评以"试试看，再提高点吧"，对丁等成绩的评以"让我们把成绩改进一步吧"。

结果表明，三种不同的评语对学生后来的成绩有不同的影响：顺应评语能够针对学生答案中的优缺点作评定，效果最好；特殊评语的内容没有针对学生的个别特点，虽有激励的作用，但效果弱于顺应评语；无评语的成绩则明显低落。

可见，对孩子的表现给予及时恰当的反馈，对激励孩子提升学业成绩是有效的。所以，家长要及时给孩子反馈信息，反馈信息一定要与孩子的表现顺应相称。比如，"今天晚上，你写作业比昨天快了 20 分钟"，这是具体相称的反馈。"最近你表现不错"是含糊的信息。孩子不知道哪些方面表现不错，下一步该在哪些方面努力。

第三，给孩子创造积极情绪体验的机会。

思维和情绪是相互作用的。心理学家埃利斯认为事件本身不会引起人的情绪，对事件不同的认识产生不同的情绪。对事件的积极认识引起积极的情绪，对事件的消极认识引起消极的情绪。当孩子对学习有积极情绪的时候，更愿意学习。

读小学二年级的女儿，拿着数学作业来找妈妈。

"妈妈，这个题我不会做，你给我讲讲好吗？"

题目确实有些难，妈妈讲了两遍，女儿还是不会做。

孩子有些急，鼻子上开始冒汗。妈妈也有些着急。她站起来，在房间里来回走了走，情绪稳定下来后对女儿说："啊！我想起来了，我上小学二年级时就被这道题难住了。老师教了我五遍，我才会做。"妈妈的话让女儿放松下来。

妈妈又给女儿讲了一遍，她终于会做了。

妈妈很高兴，说："太好了，你第三遍就会了，妈妈五遍才会，你比妈妈聪明多了！"

"真的吗？"女儿一改刚才沮丧样子，眉飞色舞，非常高兴。

在这个场景中，妈妈给女儿讲题，讲了两遍，孩子还不会做。这时，孩子和妈妈都有些急。这种情况下，如果妈妈对孩子发火，孩子处在恐惧情绪中时，就更学不会了。妈妈利用示弱的方式对孩子说自己小时候老师教了五遍才会，让孩子知道原来这个题就是很难，放下心理防御。在愉快的氛围中，孩子终于弄懂了。所以，即使有些事情不像预想的那样顺利，但智慧的父母还是会调节氛围，带给孩子积极的情绪体验。当孩子对学习有了积极的情绪体验时，就愿意探索学习的秘密。

第四，创造宽松的家庭氛围。

孩子的学习动机只有在充满安全、信任的环境下，才能够被激发出来。这一环境的特征是与父母有和谐的人际关系。父母能够看到他们独特的潜能，为孩子提供符合需要的支持，给予孩子挑战的机会。青春期的孩子，学习动机中回避失败的倾向会变得明显起来。通常会在两类孩子身上表现突出：一类是一直学习很好，追求完美的孩子。他们在学习上"只许成功，不许失败"。当感到自己达不到期待的目标时，会过分紧张，为可能的失败寻找各种借口。另一类是学习不好的孩子。因为失败经历比较多，他们对学习感到自卑，认为自己学习肯定不行。为了减少挫败感，他们会尽量回避与学习有关的各类活动，表现得对学习并不在意。其实，他们只是不想面对自己达不到目标时带来的挫败感。所以，提供足够安全的环境，让孩子不用担心失败，勇于面对挫折，才能够在失败中吸取教训，走向成功。

第九章

轻松应对考试

——让孩子的每份努力都有收获

考试成绩是对学生学习成果的检验，因此考试成绩成为老师和父母们关注的焦点，也成了很多老师和家长们评判孩子努力与否的依据。这使得孩子把考试成绩看得越来越重，心理压力不断增大，焦虑情绪也越来越严重，导致很多平时学习成绩不错的学生，在强大的考试焦虑下反而不容易发挥出自己的真实水平。如何轻松应对考试？如何考出理想成绩，让孩子的每份努力都有收获？相信你会从真实的案例中找到答案。

好心态才有好成绩

　　很多家长反映，孩子平时考试成绩不错，为何一到大考成绩就下降呢？心理学家发现，考试中的心态是影响考试成绩的最重要因素，考试前的心态在考试中的作用占第二位。所以，高考是实力与心态的较量。帮助孩子调整好心态，才能考出真实水平。

高考两次失利的学霸

　　李铭（化名）是某市重点高中的学生，高中三年在班里成绩稳拿前三名，是名副其实的学霸。进入高三后，在市里统一举行的模拟考试中，他的成绩都在 650 分以上，最后一次模拟考试考了 670 分。对于高考，老师和家长都寄予了厚望，被认为是班里最有希望冲击北大的孩子。高考结束后，在满怀期待中，到了该查询成绩的时刻。很多老师和同学都认为，他肯定能获得高考状元。即便得不了状元，至少也应当是在前三名之内。可是高考成绩出来之后，李铭的成绩让所有人大吃一惊，仅考了 469 分！比最后一次模拟考试整整少考了 200 多分！很多人感到不可思议，就问他："统计分数的老师是不是给你弄错了？""你是不是写错名字了？"他说："这个分数可能没有错。我在第一场考试时，拿到试卷后，大脑一片空白，很多题目都想不起来。这些题目在平时都会做，可是在考场上，一点头绪都没有。第一场考砸了，心情很不好。第二场考试时，还没有调整好，又考砸了！"对于这个分数，李铭当然不能接受。在父母的支持下，他到郊区的一所复读学校复读了一年。第二次参加高考的李铭仅考了 550 分，去了一所省属院校。

其实，每年高考中，像李铭这样发挥失常的孩子有很多。经常有家长问我，孩子平时考试成绩不错，但一到大考，成绩就不行，到底是怎么回事呢？

其实，这种现象属于克拉克现象。克拉克是澳大利亚的一名长跑健将。据记载，克拉克在自己的体育生涯中曾 17 次打破世界纪录。从 1963 年参加世界性的比赛开始，他就不断地打破纪录，获得冠军。到 1964 年，状态非常好时，他参加了在日本东京举办的奥运会。大家都认为，克拉克已经多次打破世界长跑纪录，是世界纪录的保持者，这次比赛的冠军一定非他莫属。可是，比赛的结果却出人意料，他没有拿到金牌，也没有拿到银牌，最好的成绩是第三名，只拿到一块铜牌。

奥运会结束之后，克拉克没有灰心，继续训练，继续参加世界田径赛。只要比赛，他都能正常发挥，获得冠军，并且不断打破世界纪录。就这样过了 4 年。到了 1968 年，他的状态达到了巅峰，已经连续十几次打破世界纪录。这一年，他又一次参加了在墨西哥城的奥运会。大家都认为，这次长跑的世界冠军非克拉克莫属。

可是，比赛的结果更加出人意料。他不仅没有拿到冠军，也没有拿到亚军，甚至连季军也没有拿到。在跑步的过程中，他竟然晕倒在地，被抬出场外。在奥运会结束之后，克拉克依然参加世界性的比赛，依然能够打破世界纪录。大家发现一个奇怪的现象，只要不参加奥运会比赛，他参加其他比赛都会取得很好的成绩。所以，人们把这种平时成绩很好，但在关键比赛中却发挥失常的现象叫做克拉克现象。这种现象不仅发生在体育竞赛中，在孩子考试过程中也常出现，李铭的高考失利就是典型的克拉克现象。平时知识掌握得很好，平时成绩能够考出自己的水平，但是大考时，却容易发挥失常。

中国科学院心理研究所教授王极盛的研究表明，考试中的心态在高考中的作用居第一位，即坐到考场上拿到试卷之后，用什么样的心态来答题，是慌张的还是平静的，是犹豫的还是自信的，能不能把心情调整到平静专注的状态，是影响高考成绩的最重要因素。考试前的心态在高考中的作用位列第二，即高考之前，孩子能不能把自己的身体状态、心理状态和精神状态调整到最佳，能不能充满信心地学习，充满信心地迎战高考，是至关重要的。学习方法在高考中的作用位列第三，学习基础在高考中的作用位列第四。由此可见，学会心理调节，保持良好的心态对一个考生来说是多么重要！

◎◎。周老师支招

孩子平时知识掌握得再好，也需要考试正常发挥，才能检验知识掌握的情况。那么，家长如何帮助孩子进行心理调节，保持良好的心态呢？

第一，帮助孩子增强自信。自信是孩子考试成功的关键。在日常生活中，那些能坚持自己的信念，有信心按照计划采取行动的孩子，比起那些害怕挫折、在困难面前妥协的孩子，更具优势。通常来说，少自卑者多自信，少自信者多自卑。有信心的人可以从绝望中找到希望，而自卑的人则往往把希望的火花掐灭。孩子的自卑感，多半与父母的教养方式有关。父母如果从小对孩子批评多，表扬少，当孩子做得好时，觉得理所应当；当孩子达不到父母的要求时，就批评指责，孩子很容易觉得自己什么事情都干不好，自信心受到打击。因此，父母要多给孩子提供成功体验的机会，多鼓励孩子。考试前夕，对于缺乏自信的孩子，父母要引导他们多回忆以往成功愉快的学习与考试体验，回忆以往做事成功的景象和心情，在回忆中找回自信，降低焦虑。

第二，确定合理的目标。目标定得太高会造成太大的心理压力，产生严重的心理焦虑。而且，如果所定目标超过自身的实际水平太多，在考试之前也会因没有把握实现而失去信心，影响复习效果和质量。因此，引导孩子根据自身实际情况做出恰当的估计，客观评价自己，淡化竞争意识，定出切实可行的目标，或稍稍降低自己的期望值，减轻心理压力，反而更有利于临场应试，考出好成绩。

第三，保持适度的焦虑水平。心理学研究显示，适度的焦虑可以提高应激能力，有助于考生实际水平的发挥和考试的成功；焦虑过低或没有焦虑，容易导致学生没有动力，学习效率差；但焦虑程度过高，也就是过于紧张时，学业成绩也会下降。这就是我们为什么看到有的孩子每天在努力学习，每天熬夜到凌晨一两点，学习成绩还不断下降的原因。孩子如果想到考试就出现紧张、冒冷汗、尿频、尿急、心慌、头痛、失眠等症状，甚至随着考试的临近开始发烧、胃痛、闹肚子，则表明心理焦虑程度太高了，已经出现躯体化症状，应该立刻找专业的心理咨询师调整。

第四，教会孩子积极思维。任何事情都有两面性。能否发现事情的正面意义，遇到任何事情都朝好的一面去想，决定了一个人的心情，从而影响事情的结果。

晓磊是初三学生，平时成绩不错。在一次模拟考试时，他第一面刚刚做到一半，就听到后面的同学"哗啦"一声翻试卷。他心里面"咯噔"一声，心想："坏了，我做得已经够快的了，怎么他比我做得还快！我一页还没做完，后面的同学已经开始做第二页了！"想到这儿，他就开始着急了；一着急，汗也冒出来了，手忙脚乱地快速答题。这时，听到后面的同学又"哗啦"一声翻卷子，他更急了，心想："我第一页还没有做完，人家已经开始做第三页了。"越急越想不起来，大脑一片空白，着急得在考场上哭了起来。这次考试，他发挥失常了。平时成绩在班里前几名，但这次成绩却严重下滑。

在后来的咨询过程中，我问他："你有没有想过，后面那个同学不停地翻卷子，是因为不会做？"他说："老师，等考试成绩出来，我才知道后面那个同学是不会做，因为后面那个同学考了全班倒数第一！"

这就是不会积极思维带来的后果。别人考试不会做题，翻卷子闹出的动静，让一个原本学习成绩不错的同学考试发挥失常。这种现象在高三、初三的学生中大量存在。每年我都会接到大量由各种各样原因导致无法正常考试，甚至无法正常备考的学生案例。有的同学因为室友在熄灯后，挑灯夜战而失眠，因为觉得别人比自己学了太多，而没有考虑挑灯夜战的效率与自身的实际情况；有的同学因为邻居动静大一点就发脾气，觉得邻居不友好，没有考虑到自己正在备战高考。更有甚者，有的同学在高考考场上听到风扇转动的声音都会觉得影响自己答题……这些同学如果学不会积极思维，后果可想而知。

因此，教孩子学会积极思维，善于找到事情的正面意义。听到后面同学不停地翻卷子，可以这么想："他有很多题目都不会做，他只好做第二面。我每道题目都会做，我就认真做。"当孩子这样想的时候，就会感到更加平静专注，更有信心。有了这种状态，肯定能把这门课程考好。当同学挑灯夜战，而自己很困时，可以这么想："延长学习时间不如提高学习效率。我好好休息，明天高效学习，肯定比他记得又快又牢固！"这样原本焦虑的心情会慢慢恢复平静。休息好了，第二天自然可以高效学习。所以，遇到了任何事情，都要朝有利于自己的方面去想，保持良好的状态。状态好，心情就好，考试就顺利，考试成绩就会更好。

一上考场大脑就一片空白怎么办

对学龄期的孩子来说，成绩很重要，但学习成绩不是唯一。如果孩子的成绩成了全家人心情的"晴雨表"，对孩子来说是一场灾难。如果发现孩子平时学习不错，考试成绩尤其是大考时很差，就需要家长与孩子一起找原因，想办法。

她为什么一上考场大脑就一片空白

静静是初三的学生，高高的个子，大大的眼睛，白皙的皮肤，是个名副其实的美女。可是，当她坐到我面前的时候，我明显感觉到她缺少一个花季少女应有的活力，一脸疲倦，两眼茫然无神。

据她自述，从进入初中，妈妈就给她加大了报辅导班的力度，几乎每个周六周日，静静不是在辅导班，就是在去辅导班的路上。为了保证中考考上一所好高中，妈妈给静静制定的计划是，周一至周五白天在学校学习，周六周日去辅导班。白天跟着学校老师的步伐走，晚上有一对一辅导老师给静静"吃小灶"。妈妈给孩子制定了"五加二、白加黑"全方位的学习计划。原本，静静的成绩在班内属于中等偏上。妈妈固执地认为只要平时增加学习时间，周六周日多报辅导班，请名师辅导，静静的成绩就可以大幅提升。

可是，事情显然没有妈妈想象中这么简单。初中三年，静静的辅导费累积达到了6位数，可她的成绩却没有同步增长；相反，在初三上学期期末考试时，竟然滑落到了年级600多名（共800名学生）。这个名次连考上普通高中都有困难，何况是重点高中呢！一想到女儿的成绩，爸爸妈妈就急得如同热锅上的蚂蚁。女儿却始终不紧不慢，让人着急上火。寒假期间，父母抱着试试看的态度，找到当地的名师，一对一辅导了一个寒假。开学考试，静静的成绩又让夫妻二人的心情跌入了谷底。

一个偶然的机会，夫妻二人从一名学生家长那里知道了我，就把孩子带到我这里来。当我问静静为什么到我这儿来时，她张大嘴巴，手放到嘴唇上，像小孩子一样发出"啊——"的声音，然后有点羞涩地抿了一下嘴，说："我成绩差。""成绩差，怎么不找学科老师，却找心理老师呢？"我问道。"老师，我妈妈想让我来，我自己也想来。妈妈给我报辅导班花了很多钱，可是——"她拖长了声音，努力让自己的情绪平静下来。过了一会儿，她抬起头，用低到几乎听不见的声音说："我让他们很失望……"

"你内心真的是这么想的吗？"我轻声问。她沉默，过了大约5分钟，说："老师，我不是个好孩子，我也想学好，可是我看到数学头都快炸了！英语也是一样，老师念的英语单词和我听到的不一样！老师一读英语单词，我就很紧张，结果越紧张越听不清。考试的时候，我大脑一片空白！"

很明显，影响静静学习成绩的是她对某些学科有畏难情绪和厌烦情绪。同时，她对考试还有严重的焦虑情绪。当她处在负面情绪之中时，这些负面情绪会耗费她很多心理能量，让她无力应对眼下的事情。

伴随着咨询过程的展开，我慢慢揭开了静静考试时大脑一片空白的秘密。

初二时，静静曾遇到粗暴的数学老师。为什么静静屡屡参加补课，学习成绩却不见成效呢？首先，静静并不笨，智商没有任何问题。她小学时学习成绩很好，成绩在班里稳居前三名，是老师和同学都喜欢的好学生。上初中以后，静静的成绩始终能保持在班级中等偏上的位置。只是上初二以后，换了一个数学老师，是个刚工作没有经验的教师。他对工作充满热情，但方法简单粗暴。他很想把班级的数学教好。当孩子的数学成绩考得不理想时，他就大发雷霆，把成绩差的学生叫到前面讲台上，当众训斥他们，然后让这些同学站到后面听课。老师的火爆脾气让静静对老师充满了恐惧。她非常担心，有一天自己不小心惹怒了数学老师，也会被当众臭骂一顿。上课时，这种恐惧与焦虑掺杂在一起，让她无法将精力集中在老师所讲的知识上。慢慢地，她发现，对数学越来越没有感觉，考试成绩也一落千丈。

对静静来说，面对考试成绩差，她有双重担心：一是担心老师当众点她的名，让她站在同学面前检讨；二是担心爸爸妈妈会数落自己，尤其讨厌爸爸妈妈说："为了你的学习，爸爸妈妈操碎了心，给你花了那么多钱，你看你，怎么这么不争气！"带着这些担心，静静对数学的负面情绪急剧增加。发展到后来，她看到数学就会有畏惧情绪，感觉头都要"炸"了。

考试成绩不好，曾当众挨打。从小到大，静静一直是爸爸妈妈的掌上明珠。除了学习，爸爸妈妈对静静百依百顺。可以说，静静的考试成绩，决定了爸爸妈妈的心情和态度。每次考不好，爸爸妈妈阴沉着脸的样子，让她很难受。

静静对考试的焦虑情绪还要从初二上学期的期中考试说起。那是她上学以来成绩最差的一次。她拿到成绩后，没敢回家，而是怯怯地来到妈妈的单位。爸爸去开家长会了，她不知道爸爸回家后自己将会面临什么。于是，她来到妈妈单位想寻求安慰。不凑巧的是，这一天，妈妈恰巧很忙，没时间和她说话。她就在忐忑不安中等待妈妈下班。两个小时过去了，妈妈还没有下班。爸爸开完家长会，回到家发现静静没有回家，怒气冲冲地找到妈妈单位上来。看到她坐在妈妈办公室的沙发上，顿时气不打一处来，吼道："你都考成什么样子了，还不知道回家学习！"看到爸爸愤怒的样子，她很害怕，本能地站起来，想躲。正在气头上的爸爸，一巴掌打过来，正落在静静的脸上。她白皙的脸上立刻留下了五个指印。对于爸爸的行为，静静惊呆了。从小到大，爸爸都非常宠爱她，从来没有舍得打过她一下。而这一次因为自己没有考好，爸爸竟然如此愤怒，还当众打了自己一耳光。静静又羞又气，返身奔回家里，将门反锁，哭了一晚上。

从那以后，静静对考试充满了恐惧，一到考试就想到爸爸因愤怒而扭曲变形的脸庞。考试时，她的思路经常性地出现"断片"现象，会的知识也想不起来。可是，爸爸妈妈没有觉察。当静静考试成绩不好时，他们依旧会愤怒地数落她。静静就在一次次的考试打击中，对考试越来越焦虑，越来越恐惧，一直发展到一到考场上大脑就会一片空白。

对于静静的考试焦虑，爸爸和数学老师有不可推卸的责任。静静对数学充满畏惧和厌烦情绪，对考试充满恐惧和焦虑。这些负面情绪耗费了她很多心理能量，让她在上数学课时，只是沉浸在负面情绪中，无法将精力放到学习上，因此我把帮助静静处理对学习的负面情绪放在了首位。

我首先运用"渐进式放松"的方法让静静处于一种高度放松的状态。同时，我让静静看到数学老师简单粗暴方法背后的正面意义，就是为了全班同学的学习成绩能有提升。让她带着这份正面意义，释放对数学老师的负面情绪。然后运用催眠技术引领她进入一个秘密的花园，引导她的心情进入平静放松的状态，并让她在这种平静放松的状态下学习数学。这样，学习数学时的平静放松就替代了以往恐惧烦躁的情绪。

一周后，当静静再次来到咨询室的时候，她给我的反馈是她喜欢学习数学了，感到数学题并没有那么难。同时，这种情绪不知不觉迁移到英语学习中去。现在，学习英语也不烦了，而且老师念英语单词时，发现自己大部分能听懂了。我对她的状态表示祝贺。

后续的咨询中，我帮助静静处理考试过程中大脑一片空白的现象。在催眠状态下，我引导她把内心的恐惧对爸爸说出来："爸爸，你这个样子我很害怕，我以为考试成绩不好，你就不再爱我了……"当她说出这些话的时候，她情绪爆发，痛哭失声，哭了半个多小时。释放完积累的情绪后，我又运用积极考试心理控制技术，让她紧绷的神经放松下来。这一次，她发现自己在考试过程中，也能够文思泉涌，思路清晰。通过一段时间的咨询后，静静对某些学科和考试的负面情绪得到彻底的释放。

周老师支招

莫让孩子的成绩单成为父母心情的"晴雨表"。家长的语言影响到孩子的心态，家长的表情更加影响孩子的心态。关于考试不佳时回家的感受，很多孩子说道："每次考试成绩不好，都不敢看我爸的眼神，感觉像要吃人似的！"还有的孩子说："每次考试后回家，如果考得不好，我妈嘴上说着'没事没事'，但她的表情和语气里充满了抱怨和不耐烦！""考试如果考好了，我要什么，爸妈都会同意；如果考不好，那脸阴的，像要下雨一样。如果再有要求，肯定会爆发！"很多家长看到孩子考试成绩时说："孩子考试考得不好，我都快抑郁了！费了那么多心思，怎么孩子的成绩就不见起色呢?"其实,孩子是敏感的接收器,父母态度的变化很容易影响到孩子,导致孩子在考试时过于紧张而发挥失常。静静考试时大脑一片空白就是这种情况。

从静静的经历中,我们可以看到,父母很爱静静,只是方法不对。除了学习之外,父母几乎对静静没有任何要求,可一旦成绩不好,父母就会轮番轰炸,轻则唠叨抱怨,重则打骂。在这种情况下,静静产生了"我不好,我让父母失望了"的愧疚心理和"我干什么都不行"的自卑心理,感到自己的整个人生都没有了价值。这也是静静一方面感到对不住父母,另一方面又提不起学习兴趣的原因。

毋庸置疑,对学龄期的孩子来说,成绩很重要,但学习成绩不是唯一。当孩子的成绩成了全家人心情的"晴雨表"时,对孩子来说是一场灾难。家长之所以如此在乎孩子的学习成绩,与家长对孩子考试成绩的焦虑是分不开的。其实,人生长河中,成就一番事业者,不一定是学习成绩的佼佼者。良好习惯的养成、情绪力、感恩能力、人际交往能力、感知幸福的能力、解决问题的能力等,对其成年后过上幸福的生活更有帮助。

当遇到问题时,学会找原因,想办法。当发现孩子的学习成绩不佳时,家长通常的反应是"你最近没有努力,导致成绩下降了",不管青红皂白就开始训斥孩子。没有弄清楚孩子成绩下降的原因,就开始按照自己的想法安排孩子的学习生活:"你要延长学习时间,才能补上落下的学科。""是不是基础差,跟不上老师上课讲的内容了?"

家长很少静下心来,仔细分析孩子为什么考试成绩差。影响孩子成绩的因素有很多。比如,学习没有动机,没有学习兴趣,在学习过程中没有成就感,学习方法不对,学习习惯差,对学习有负面情绪,考试焦虑等,都会影响到孩子的学习成绩。就像静静,她上了很多辅导班,每天学习到夜间 12 点之后，但始终不见效果。直到最后解决了对数学的负面情绪和考试焦虑后，静静才开始有了学习兴趣，成绩也稳步提升。因此，家长在发现孩子出现问题时，静下心来，帮孩子分析一下到底是什么原因导致问题的出现。智慧的父母遇到问题时会找原因、想办法，然后对症下药；而非一味地依赖辅导老师，以为给孩子补课足够多，成绩自然就可以提高。

父母要学习爱的能力。每一个父母都爱自己的孩子，而爱的能力是需要学习的。很多父母想当然地认为，自己爱孩子，即使不用说，孩子也知道。但事实恰恰相反，当父母没有爱的能力时，孩子往往会认为父母更爱的是学习成绩，而非自己；认为父母爱自己的面子胜过爱自己。父母对孩子的爱，与孩子对爱的感知之间就出现了偏差。这些偏差容易导致孩子问题的出现。

一想到考试就紧张怎么办

很多父母内心往往会有个愿望，就是把自己未实现的梦想寄托在孩子身上，希望孩子实现自己未能实现的愿望。这给孩子造成了极大的压力，导致孩子考试失利。智慧的父母能够学会放下控制，做孩子翅膀下的风，支持孩子成为更好的自己。

一想到考试就有窒息感的孩子

杨凯（化名）是一名高三学生，来找我的原因是，从高三第一次月考结束后，就大病一场，一直感觉喘不动气，晚上睡眠有窒息的感觉。去了各大医院检查，都没有查出原因。最后，医生说排除了器质性病变的可能，可能与压力过大有关。他个子高高，有1米85的样子。进门时，弯腰含胸，手捂在胸口，一副痛苦的样子。每说一句话，都要张开嘴巴，深吸一口气。说话时，胸闷气短，有气无力，好像是一个正在发病的哮喘病人。

"你出现这种症状有多久了？"我问道。

"高三第一次月考后。那一次，成绩考得特别差，在全年级考了300多名，回家后就病了。从那以后，就一直感觉喘不动气。去了北京、上海的各大医院，都没有检查出什么毛病。后来，大夫建议我找心理咨询师，说可能是压力过大引起的。"他缓缓说道。

"对于大夫的建议，你是怎么看的呢？"我之所以这样问，是因为答案往往掌握在来访者自己手里。

"我觉得有可能，因为我从来没有考得这么差过。上高一、高二时，最差也能考到年级前 20 名。"

"这一次月考成绩是你历史上最差的一次，原因是什么呢？"

"我不知道，暑假时，就感到快要上高三了，得抓紧时间学习。于是，自己认真地做了计划，时间安排得很紧，认真学了一个暑假，没想到还是考得这么差。"

"那你如何看待这次考试成绩？"我发现他意识不到考试成绩一落千丈的原因，就换了一个角度来提问。这也是心理咨询和普通班主任谈话不同的地方。班主任谈话，通常会用封闭式提问。比如，班主任会问："是不是最近没有好好学习？""是不是粗心了？""是不是心态不好了？"这些问题的答案早有预设，也容不得学生回答更多。而心理辅导通常更多地是让来访者自己觉察，并在觉察的基础上看到深层次的原因。这也是为什么同样是谈话，心理咨询师的话更能深入人心的原因。

听到我的问话，他突然哭了起来，一米八多的大男孩，就像一个小孩子一样号啕大哭。我没有说话，只是静静地在一边陪伴。过了 10 多分钟，他开始慢慢安静下来，虽然肩膀还在因抽泣而一抖一抖的。他就这样边抽泣，边开始叙述："周老师，我觉得考成这样还不如死了算了。如果我考不上大学，我不知道活着还有什么意义！可是，看到爸爸妈妈的样子，我又不忍心死。他们那么苦，那么累，好不容易才把我养这么大，我还没有报答他们……"说着就又开始哭起来。

✦✦✦✦

到底是什么使得杨凯对考试成绩看得这么重呢？一次考试失利，就难过到这种地步，孩子的想法让人感到心痛！

等杨凯娓娓道来的时候，我明白了，作为一个孩子，他活得有多么沉重。"我妈妈是家里的老小，上面有三个姐姐、一个哥哥。除了妈妈之外，其他人生活得都很好。要么是公务员，要么是事业单位的，唯独妈妈没有正式工作。妈妈从小身体就不好，有先天性心脏病，不能干重活。妈妈是一位仓库管理员。爸爸是普通工人。爸爸家庭情况不好。妈妈与爸爸处对象时，就瞧不起爸爸。但因为她身体不好，也没有更好的选择，就与爸爸结了婚。爸爸妈妈关系不好。我小时候，他们经常吵架。妈妈觉得自己过得不如几个姨和舅舅，内心非常自卑。她经常跟我说，她这辈子没有什么指望了，就靠我了……所以，我从小就很努力，学习成绩在上高三之前一直很好，可是现在……"从杨凯的叙述中，我们可以清晰地感受到一个背负着父母全部人生希望的孩子内心的焦虑与无助。

杨凯妈妈认为，自己在原生家庭里，什么都比不上哥哥姐姐。小时候，身体没有哥哥姐姐好，学习没有哥哥姐姐好；长大了，工作没有哥哥姐姐好；结婚了，配偶没有哥哥姐姐的优秀……越与哥哥姐姐比，内心越自卑，可是天性好强的她并不认输，她期待有一个砝码能够让命运发生转机，让她的人生发生翻天覆地的变化。

当杨凯出生后，杨凯就成了改变妈妈命运的砝码。在妈妈看来，小时候的杨凯很争气，活泼可爱，学习成绩优秀。他给妈妈带来了很多安慰，虽然自己的生活比不上哥哥姐姐优越，但儿子比他们的孩子优秀，这就足够了。

　　在与哥哥姐姐比较的过程中，杨凯的妈妈体验到的是挫败感和自卑。幼年经历留下的创伤，使得她在成年之后，还是经常在与别人比较。越比较，挫败感越强。越比较，越觉得没有价值感。杨凯妈妈的这种表现，在心理学上称为强迫性重复，是指一个人在小时候经历了一件痛苦或者快乐的事件之后，会在以后不自觉地反复制造同样的机会，以体验同样的情感。杨凯妈妈就是用比较的方式，让成年后的自己还在不断地体验挫败感。

　　当然，若杨凯妈妈没有结婚生子，那她自身成长过程中的创伤只影响到个人的幸福感。可是，这种假设是不存在的。杨凯妈妈在结婚后，首先把这种挫败感带给老公，因为杨凯的爸爸不是公务员，而是普通工人。虽然工作无高低贵贱之分，可杨凯的妈妈硬要分出三六九等来。爸爸经常被妈妈贬低得毫无价值感。后来，杨凯出生了。妈妈的这种模式又不可避免地在教育孩子的过程中体现出来，带到孩子身上。所以说，父母的自我成长对孩子的意义非常重大。杨凯妈妈原以为儿子的出生可以让她体验到胜利的快乐，因为杨凯小时候学习很优秀。每一次，她拿杨凯与别人家孩子比较的时候，她都体验到了胜利者的喜悦。没有想到的是，当她把全部精力都用在关注儿子的学习成绩上，希望儿子在高考中打一个翻身仗，让她在亲戚朋友面前扬眉吐气的时候，儿子却因为压力过大，学习成绩直线下滑。杨凯显然知道自己的成绩对妈妈的意义。他觉得对不起妈妈。在潜意识里，他知道妈妈活着的全部意义就在于自己能够比表哥表姐更优秀。他确实很努力，没想到持续的努力竟然换来的是考试失败。他无法接受这个事实。这是他身体出问题的关键所在，也是典型考试焦虑的表现。除了心慌、胸闷、气短外，考试焦虑的孩子还可能会有发烧、拉肚子、头痛症状，或者想到考试时有尿频、出汗现象。

　　正是基于以上原因，杨凯不能接受考试的失败，他把考试失败灾难化了。让他接受考试失败这个事实很重要。因此，我请他用很舒适的姿势坐好。在放松的状态下，把他内心的感受具体形象化，进而通过处理这个具体化的形象达到改善心理状态的目的。

　　他看到失败的形象是一团浓重的黑云。我请他对着这团黑云说："你很大，我很小。你来找我，我没有办法，只能接受……"当说完这些话时，他感到眼前失败的形象变成了灰色，浓度变薄。我又引导他说第二遍，失败的形象彻底消逝。他感觉自己胸口轻松起来，胸闷、憋气的症状大大减轻。

　　然后，帮助他分清楚界限。杨凯扮演了妈妈的拯救者角色，希望通过自己的努力改变妈妈的命运。其实，妈妈有妈妈的命运，自己有自己的命运。自己努力只能改变自己的命运，而不是妈妈的命运。这一步看起来很简单，但实际上，现实生活中，很多人想做他人的拯救者，过高估计了自己的能力。当无力改变别人命运的时候，会不可避免地带来无力感。通过分清界限，杨凯认识到，妈妈的挫败感和无价值感是妈妈的问题，他是无法改变的，只能妈妈自己来面对。

　　最后，帮助他确立自己的人生目标——未来要成为一个什么样的人。孩子是一个独立的个体，背负父母的人生目标对孩子是不公平的。自己人生的目标，才能成为他成长真正的动力。在催眠状态下，我邀请他看到20年后自己的样子。他呈现的画面是自己站在黑板前讲课，下面有很多学生。原来他未来的目标是一名中学老师，而不是妈妈给他设计的目标——成为一名公务员。清晰了未来目标，他开始调整自己上大学的目标，定在师范大学；在这个基础上又调整了当前的计划，将原来安排得满满的时间表进行了调整，在时间安排上张弛有度，在计划的制定上留有余地。经过10多次咨询，杨凯的成绩恢复到了原来在年级的排名，胸闷气短的感觉不知不觉消失了。

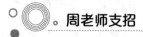

周老师支招

　　莫让孩子成为实现父母人生目标的傀儡。在考试焦虑孩子的父母中，有很多父母希望孩子实现自己以前未能实现的梦想。杨凯的妈妈把自己一生的希望都寄托在孩子身上，希望孩子给自己争口气，让她在娘家人面前扬眉吐气。这给孩子造成了极大的压力。有的父母用"我爱你，所以你要听我的"的方式来控制孩子；有的父母觉得自己的生活阅历丰富，看问题全面周到，唯恐孩子走弯路，要求孩子听自己的；还有的父母自己的事业比较成功，希望下一代继承自己的事业与财富而要求孩子必须听自己的。

　　无论是哪种原因，父母的出发点是好的，这毋庸置疑。但是，不管怎样，孩子能否走得更高更远，能否获得真正的幸福，才是最重要的。所以，家长要拨开迷雾，看清本质，转变观念，尊重孩子的选择。

　　支持孩子成为他自己。很多父母往往把自己未实现的梦想寄托在孩子身上，把自己未实现的需求也投射到孩子身上。他们把孩子看做是自己的私有财产，对于孩子做什么、不做什么，要完全按照自己的意愿来。如果孩子有哪一天没有按照自己的意愿做事，父母就极度焦虑，认为孩子不听话了，于是各种担心涌上心头：万一走弯路怎么办？万一结交了不好的朋友怎么办？万一考不上理想的大学怎么办……在这种情况下，父母往往看不到孩子的需求，把自己的喜好强加到孩子身上。生命的传承就像长江后浪推前浪，一浪更比一浪强。下一代因为站的起点比前一代更高，接收的信息比前一代更多，在发展空间上注定要超过上一代。如果什么事情都让孩子听父母的，孩子的发展充其量也就跟父母一样，如何让他们赶超自己呢？所以，片面强调孩子要按父母的规划来发展，不是促进孩子的发展，而是阻碍了孩子的发展。

做父母有五个层次：第一层次，肯为孩子花钱。孩子是一个家庭的希望，很多父母辛辛苦苦地工作都是为了孩子得到更好的教育、更优质的生活。因此，绝大多数家庭的父母都能做到这一层次。

第二层次，肯为孩子花时间。很多父母以为，只要孩子吃饱穿暖就可以了。其实不然，缺乏父母陪伴的孩子，出现问题行为和情绪困惑的几率会更高。因此，工作繁忙的父母要尽量腾出时间陪伴孩子，让孩子感受到父母的关心和爱。

第三层次，肯为孩子学习。作为孩子人生的第一任老师，能够为了孩子的成长不断地学习。在孩子遇到困惑时，能够做孩子的引路人和人生旅程中的灯塔。当然，这种学习不是指孩子学方程，家长就要会做方程题；孩子弹钢琴，家长就要弹钢琴。而是懂得先进的教育理念和孩子的心理，能够按照孩子的成长规律和孩子自身的特点引领孩子，是一种学习的态度和精神的引领。

第四层次，肯为孩子改变。这一点比较难。因为很多家长把目光聚焦在孩子身上，不愿意从自身找原因。在日常教育过程中，当孩子出了问题后，家长非常着急。但当让他们去调整适合孩子的策略时，他们往往会觉得是孩子的问题，孩子自己调整就好了。其实，父母对孩子来说，就如同树木对土壤的依赖。如果土壤的墒情不适合树木的成长，树木是难以长成参天大树的。所以，身教重于言教，优秀的家长肯去觉察自身的不足，为了孩子的成长而改变自身的不足，通过言传身教去影响孩子。

第五层次，让孩子能够成为更好的自己。每一个生命体都有自己的人生使命。智慧的父母能够看到孩子的成长是一个分离的过程，是为孩子迎接未来挑战做准备的过程。家庭教育是否成功，不是取决于孩子在父母面前的表现，而是取决于孩子离开父母后是否能独自应对挑战，能否立德树人，成为栋梁之材。因此，父母的责任就是给孩子创造一个安全的环境，成为孩子成长过程中的坚强后盾，做孩子翅膀下的风，激发孩子潜能，支持孩子成为更好的自己。

从不想参加高考到考上双一流大学的女孩

> 很多学生平时学习成绩名列前茅，但一到大型考试，成绩就下降。绝大部分是由考试焦虑和紧张引起的。通过心理辅导比平时成绩多考了70分的女孩，用事实告诉我们调整心态对考试的重要性。

女孩为何不想参加高考

孙萍是高三学生，寒假期间已通过艺术考试拿到了厦门大学的合格证。这意味着她用较低的分数就可以进入该所大学。前两次咨询中，她都是带着一张纸来，纸上密密麻麻地记满了问题，一般都是如何复习、怎样安排作息时间之类的。我跟她开玩笑说，回答她的这些问题就像答记者问，可以解除一些她知识性的困惑，但无法通过简单的问答解决心灵深处的困惑，因为那要自己用心觉察与探索。孙萍的表现也是心理辅导初期学生常有的一种现象，通常会抛出无关紧要的话题来掩盖真实的议题，其实是为了掩饰内心冲突而抛出的烟雾弹。有经验的心理咨询师，懂得来访者行为背后的意义很重要。

果然，孙萍第三次来时，没有带任何东西，眼睛红红的，显然是哭过。我邀请她坐下来，她刚坐下就又哭了起来。我安静地坐在她身边陪伴，在她需要时偶尔递纸巾给她。过了半个小时，她终于停了下来。她告诉我在这次全市的模拟考试中，她考了不到300分，以这样的成绩无法进入理想的大学。"老师，我该怎么办？"她啜泣道。"你平时能考多少分？"我没有正面回答她的问题。"能考400多分。"她回答。"400分能考上你心仪的厦门大学吗？""差不多，去年我报考的专业，艺术生分数线是390分。"

"按照你平时的成绩考上厦门大学是没有问题的。"我总结道。

她点点头，说："是的。可越临近高考，我越有一种不想考的感觉！"说着，又开始哭了起来，且边哭边说："这一次模拟考试，我就不想参加，可妈妈硬让我参加。结果，我参加了，才考了这么点分。我肯定考不上大学了。"

"不想参加高考，这种感觉出现多久了？"

"从拿到厦门大学的合格证，不想参加高考的感觉一直就有。"

寒窗苦读12年，每一名高三学生都希望通过高考来敲开自己理想的大门，通过努力实现自己人生的梦想。孙萍已经取得了大学的合格证，且平时学习成绩还不错，相当于一只脚迈入了大学，可是关键的"临门一脚"，却不想"踢"了。这显然不合常规。到底是什么原因导致孙萍不想参加高考呢？

我通过引导，让她在面前呈现厦门大学的意象。她呈现的画面是厦门大学的大门口。

"站在厦门大学门口前，你是怎样的感觉？"我引导她。

"内心充满了矛盾，既想进去，又不想进去。"她说出了心里话。

"为什么？"我问道。

"这所大学的专业是我梦寐以求的。我努力了这么多年，一直盼望着能考上这个专业！"她说。

"不想进入这所大学的原因是什么呢？"

"我觉得凭自己现有的能力无法适应大学生活，我从来就没有想过要到离家这么远的地方上大学。"

"这所大学的确离家很远，这是你在报考之前就知道的。我很好奇，既然你不想到离家远的地方去上学，为何要去考一所离家这么远的院校？"我问她。

"我压根就没有想考省外的大学，可是越想考省内的大学，反而越没有拿到一所大学的合格证。这所离家千里的大学，我当时没有想考。是妈妈看到这所大学来招生，就提议去试试。没想到竟然拿到了合格证。"孙萍说。

伴随着交谈，孙萍不想考大学的原因渐渐清晰起来。孙萍在潜意识里没有做好离开家的准备，她认为自己无法适应大学生活。孙萍考上的这所院校，在离家千里之外的地方；一旦入学，半年才能回来一次。这加剧了孙萍的焦虑。

孙萍的症状表面看起来是考试焦虑，其实更深层次的原因是分离焦虑。一般来说，分离焦虑常见于儿童，指因为与亲人分离而引起的焦虑、不安或不愉快的情绪反应，又称离别焦虑。极少数的成年人也存在分离焦虑，出现坐立不安、紧张、失眠、头疼、注意力不集中等。孙萍就是这种情况。

原来，作为独生女的孙萍，爸爸是某省级机关的领导干部，妈妈是家庭妇女。爸爸平时工作很忙，妈妈的工作就是照顾孙萍。妈妈是个细心的人，把全部的心思都放在照顾女儿的饮食起居上，把女儿照顾得无微不至。加上家庭经济条件较好，孙萍从小就养尊处优，衣来伸手，饭来张口。直到高三，孙萍的书包依旧是妈妈收拾，床铺依旧是妈妈铺好，牙膏依然是妈妈帮忙挤好，甚至洗脚水都是妈妈准备好后放到脚下……因此，在孙萍的潜意识里，她还没有长大，没有考虑过离开妈妈后如何生活。她认为凭自己的生活能力，肯定不能适应大学生活。甚至提及将来的目标，她觉得像妈妈这样就很好，找一个有本事的老公，可以优雅地过一辈子。

从叙述中，我们可以看到，18 岁的孙萍心理上还像个小孩子，认为只要继续在爸爸妈妈身边，就可以享受爸爸妈妈无微不至的照顾。也就是说，孙萍并没有准备好长大，自己照顾自己。当分离的时刻真的来临时，孙萍慌了。在潜意识里，她天真地以为，只要不考大学，就可以达到不离开父母的目的，所以就出现了开头的一幕。

从孙萍的遭遇中，我们可以看到，她同时存在考试焦虑和分离焦虑两种焦虑情绪。

因此，我在辅导过程中，先帮助她缓解考试焦虑。首先，让孙萍认识到，焦虑是一种很正常的指向未来的紧张情绪。高考是人生中的大事，对即将到来的高考存在一些焦虑情绪是正常的。焦虑情绪适中时，不但不会影响学习成绩，反而会提高成绩。只有焦虑水平过高时，才会影响到考试成绩。

同时，引导孙萍正确看待模拟考试的成绩。模拟考试只是在出题形式、考试范围等方面模拟高考，而不是真正的高考。模拟考试的目的是查漏补缺。模拟考试考好了，并不意味着高考就能成功；同样，模拟考试失败了，也不意味着高考就一定失败。模拟考试的分数低，恰巧暴露出自己复习过程中的漏洞。只要仔细分析、认真总结问题出在哪里，下一次考试避免这些问题再出现，就可以了。若是知识点的问题，就要在复习过程中注意查漏补缺；若是心态问题，就及时调整心态。在辅导过程中，孙萍慢慢放下了模拟考试成绩给自己带来的负面影响。对于即将到来的高考，孙萍重新建立了信心。

在这个案例中，孙萍不想参加高考的原因中，分离焦虑导致的紧张、不愉快占了很大比例。所以，我重点处理分离焦虑。

从认知上，我让孙萍认识到，分离焦虑是一种正常的情感反应，它出自正常的依恋需求。也正是因为存在着分离焦虑，才能更加珍惜和父母在一起的时间，这种需求应该受到尊重。

在咨询过程中，我给孙萍做了一个"成人礼"仪式，让孙萍看到自己已经是成年人了，完全可以担负起自己成长的责任，完全有能力面对自己的未来。同时，我请孙萍的妈妈也到咨询室里来，让妈妈亲口告诉女儿："宝贝，你长大了，需要离开妈妈，自己面对人生的挑战了。妈妈祝福你。当你累了、倦了的时候，妈妈会随时欢迎你回来，家里永远是你温暖的港湾。妈妈和爸爸永远爱你，以你为傲。"当听到这些话时，孙萍感到内心暖暖的，浑身充满了力量。在催眠状态下，再让她面对厦门大学的校园时，她能够轻松愉快地走到美丽的校园里。

孙萍的表现中主要是因家人溺爱而导致的分离焦虑。18年以来，妈妈用最细致入微的方式照顾孩子。她没有想到，自己的所作所为竟然替代了孩子的成长，阻碍了孩子的发展。孩子上一年级的时候，妈妈以爱的名义代替孩子收拾书包；孩子上三年级的时候，妈妈用安全的名义剥夺了孩子学习一个人过马路的机会；当孩子上初中的时候，妈妈用外面很危险的名义要求孩子事事都听自己的；当孩子遇到问题时，妈妈一马当先替代孩子解决；从小到大，妈妈用节省时间的名义替代孩子做一切家务……孙萍就是这样在该学会收拾书包的年龄没有学会收拾书包,在该学会系鞋带的年龄没有学会系鞋带,在该学会同伴交往的年龄被妈妈过度保护。在同龄人面前,孙萍极度缺乏自信,因为同龄人会的东西,她都不会,遇到挫折时很容易束手无策。这也是孙萍的妈妈始料未及的。

其实,在当今的社会,有太多的父母就是这样对待孩子的。他们把孩子当成温室的花朵,无微不至地照料。其实是在用爱的名义代替孩子的成长。当孩子长到 18 岁,妈妈突然说:"孩子,你长大了,你可以去上大学了。你可以自己经历风雨,自己面对社会了!"孩子内心的恐惧可想而知。那么,该如何做才能更好地支持孩子呢?

 **周老师支招**

首先,把成长的责任还给孩子。父母对孩子的爱是分离的爱。衡量家庭教育是否成功的标准是看孩子离开父母后生活得幸福与否,而不是在父母身边孩子的表现如何。只有放手让孩子去锻炼,孩子的能力才会在锻炼中得到成长。孙萍的妈妈在我的指导下,逐步放手,让孙萍自己学会照顾自己。

其次,家长伴随着孩子的成长要调整教育策略。在这个案例中,孙萍的妈妈一如既往地充当着照顾者的角色,没有伴随着孙萍年龄的增长而调整自己的角色。比如,孩子在0—3岁时,妈妈做好一个照顾者的角色就可以了;当孩子长到3—6岁,伴随着上幼儿园和活动范围的扩大,妈妈在生活上的照顾要少一些,让她自己学会探索,妈妈在一旁陪伴,保证孩子的安全;6—12岁,当孩子上小学以后,妈妈要协助老师培养孩子良好的习惯,锻炼孩子的各项能力;12—18岁,伴随着孩子进入青春期,妈妈要关注孩子的心理变化,尊重孩子的意愿,以朋友的身份与孩子聊天。孙萍妈妈正是因为自始至终都保持了一个照顾者的角色，看起来是爱孩子，为孩子节约时间，实际是剥夺了孩子长大的权利。真的是"不会爱，爱变害"啊！

再次，做好孩子的榜样。导致孙萍今天的状态，还有一个很重要的原因是孙萍想将来和妈妈一样，找一个像爸爸一样成功的老公，不用出去工作。至于考不考大学，那都无所谓。当妈妈得知孙萍的想法后感到不可思议。她本以为牺牲自己，照顾好老公和孩子，没有想到竟然成为孩子的负面榜样。其实，很多父母都和孙萍的妈妈一样。他们把自己定义为牺牲者时，难免会有很多怨言，如"妈妈为你连班都不上了，你还不好好学习""爸爸妈妈这么做都是为了你，你这孩子怎么这么不懂事"。类似的话随时会冒出来。这些怨言对孩子来说，会让他们充满了内疚感，认为都是因为自己，才让爸爸妈妈过得不幸福。当孙萍妈妈知道事情的真相时，开始全方位地成长自己，重新拾起了多年不学的英语，还开始练习健身。妈妈由过去一个苦大仇深的大妈形象，逐步恢复到衣着得体、容光焕发的成熟女性。

经过一段时间的调整，孙萍在高考中，以超过厦门大学录取线60多分的成绩考入了大学。

当孙萍得知高考分数，兴奋地给我打电话说："周老师，我知道高考分数后，第一个想到的就是给您打电话。我没想到，心理辅导还能提高分数，我比平时多考了70分。特别感谢您！"

很多学生平时考的成绩很好，但一到大考，成绩就很差。其实，大部分都是焦虑和紧张引起的。可是，能想到通过心理辅导解决问题的学生只是凤毛麟角。这些学生平时学习不是不努力，关键时刻只差心态的调整，因考试焦虑发挥失常而与理想的大学失之交臂，真是让人替他们可惜。因此，重视高三学生的心理减压和心态调整，让每个学生都能发挥出正常水平，也是高三学生的父母必须要关注的问题。

如何做，才能更好支持面临高考的孩子

当面临大型考试时，不仅孩子焦虑，而且家长更焦虑。如何做，才能更好地支持孩子呢？保持情绪平和，营造一个宽松和谐的家庭氛围，陪伴孩子一起享受高考的过程，带着感恩的心，支持孩子实现理想。

面对高考，他为何失去了信心

寒假刚开学，我的咨询室就迎来了第一位来访者李成龙。李成龙是高三的学生，他一脸颓废，对我说的第一句话就是"老师，现在我一点都不想上学，不想参加高考了，满脑子只想着复读"。我给他倒了一杯水，轻声对他说："别急，慢慢说，发生了什么事让你只想复读"。在他的叙述中，我得知了事情的原委：原来，他在高一、高二时学习成绩不错，在班里排名前五，年级排名前三十名。在进入高三后，虽然更加努力了，但成绩不升反降。在刚刚过去的模拟考试中，成绩由原来的级部三十名下降到了一百四十名。原本以为进入高三后，通过自己的努力，能让自己的成绩提升到前二十名。可是，看看目前自己的考试成绩，想努力又觉得满脑子很乱，想学英语又觉得数学有很多题没做，做数学题又觉得历史还需要背诵。眼看着班里记录离高考还有多少天的号码牌上，数字变得一天比一天小，自己的状态却如此糟糕。所有这些，都让他对高考失去了信心。

※※※※※※

原来，李成龙在刚刚过去的模拟考试中，成绩不佳，考试成绩排名下降，丧失了自信心。本来他自己就很着急，回到家，妈妈更焦虑，唉声叹气，就好像这次没考好，高考就考不好一样，还不断地从网上搜集各种信息给他。一会儿要给他找个名师补课，一会儿又要给他找个高考状元介绍一下经验。妈妈的焦虑让他陷入了崩溃的边缘。

导致他产生焦虑情绪的原因是过度关注成绩，把每一次考试成绩看得都很重。考得好就很开心；考不好就感觉高考也没希望了，产生了负面情绪。这种负面情绪长时间得不到缓解，又反过来影响了他的学习状态；父母的焦虑情绪加重了他的焦虑情绪，让他处于崩溃的边缘，以至于丧失了自信心，没有勇气参加高考，把希望寄托在复读上。这种把所有注意都放在考试成绩上的状况，反而让他没有精力关注当前的学习状态，关注知识的查漏补缺和自身能力的提升。

其实，考试成绩出现波动很正常，考试的作用是查漏补缺，考试成绩差恰好暴露了知识的漏洞之所在。我通过画图的方式来告诉李成龙考试成绩出现波动的原因。如图9-1所示：图中大圆代表了考试大纲规定的考试范围，大圆内的圆点代表了考生掌握的知识点。每个学

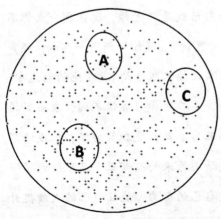

图9-1 知识点掌握与考试成绩的关系

生对考试大纲内的知识点掌握的程度不一样，每一章节的难易程度也不一样，这就使得学生掌握的知识点有疏有密。大圆内的三个小圆代表每次考试考到的知识点。当考试考到小圆 B 所考的范畴时，这是考生掌握最好的部分，所以考试的成绩会高些；当考试考到小圆 C 所考的范畴时，这是平时考生掌握最差的部分，所以考试的成绩会差些。

所以，模拟考试成功，不意味着高考一定会成功；模拟考试失败，也不意味着高考就一定失败。这次考试成绩差，恰恰说明考试考到了自己知识的短板部分。发现自己知识的短板，并有计划地弥补是一件好事。如果能从容面对现实，认真总结经验教训，仔细分析考试中反映出来的问题，并建立自己的"错题集"，学会举一反三，防止以后类似的题目再出错，那么考得不好，却检测出了自己更多知识的漏洞，反而因此获得了更多的知识，为高考成功打下了良好的基础。

把注意力过多地集中在考试结果上，也是导致李成龙考试焦虑的一个很重要的原因。心理学上有一个著名的瓦伦达心态，指的是人们做事情时太在乎事情所带来的后果，恰恰忽略了事情本身。它源于一个真实的事件。瓦伦达是美国一个高空走钢丝的表演者。他在全世界表演了一百多次高空走钢丝，都非常成功。可是在 1978 年，瓦伦达在波多黎各表演走钢丝的时候，从 70 多米高的钢丝绳上跌落下来，当场死亡。很多记者都不敢相信，瓦伦达为什么会失败呢？他的失败原因到底在哪里？他们找到了瓦伦达的妻子，采访她。瓦伦达的妻子说了这样一个事情：瓦伦达的这次表演和以前的表演一样，都是提前三个月做准备的。唯一不同的是，在以前准备表演时，瓦伦达每天回到家里面，都是在想着怎么样能把这次高空走钢丝表演得更成功、更精彩，怎么样做得更好。可是这一次，他在准备的时候，每天回到家都显得面色沉重、忧心忡忡。他不断在念叨："这次表演结果太重要了，一定要成功，绝对不能失败。"

因此，当一个人把自己的注意力和关注点都集中在结果上时，那么他就没有更多的精力和时间去关注如何把事情做好，如何把事情做成功，所以最终导致了失败。我建议李成龙关注当下的学习状态，把考试的注意力集中在做题本身上，而非集中在成绩上。只有这样，才不会为一时成绩的进退而乱了分寸。

针对他自信心不足的情况，我在交谈过程中得知他在高二的时候学习状态特别好，级部前三十名就是那时获得的。我通过积极暗示法，让他想象自己在高二时的学习状态、心情以及当时的情景；然后，让他把意义留在心中……他的自信心显然被唤醒了："老师，我感到内心充满了力量，我恨不得马上就回去学习！"

针对他学习处于忙乱状态，我指导他制定了合理的学习计划。制定计划的核心是每天的计划给自己留有余地，保证自己能够顺利完成学习计划。

五次咨询后，他与第一次来时判若两人，眼睛里闪着自信的光芒。他兴奋地说："老师，你等我的好消息。高考后，我会第一个告诉你我高考的喜讯！"

周老师支招

面对大型考试，家长如何做，可以更好地支持孩子呢？

首先，营造一个宽松和谐的家庭氛围。当面临重大考试时，孩子内心压力很大。家长尽可能营造宽松和谐的氛围，保持夫妻之间、亲子之间和谐的关系。保持宽松的氛围，对孩子不要表现得过度关心。有的家长由于对孩子考试看得过重，在考试前对孩子表现出过分的关心。比如，家长在考试前不再看电视，甚至撤销网络，说话不敢大声，行动小心翼翼，生怕影响了孩子的学习；还有的家长甚至停止工作，专门在家陪伴孩子。其实，在这样的家庭环境中，孩子除了学习压力还感受到父母的期待压力，反而不利于其学习。比如，一位高三学生对我说："当看到妈妈每天连做饭都小心翼翼，爸爸出差也全部推掉的时候，感到压力特别大，生怕万一考不好对不起父母。"父母的过度小心，反而给孩子带来了压力。

其次，合理饮食和睡眠。经常有家长问我，上高三后如何给孩子补充营养？其实，只要营养均衡，尽可能在饮食上不要有过大的变化。平时吃什么，高三还吃什么最好。越临近考试，越要提醒孩子保持充足的睡眠，因为心理学研究发现，睡眠也是学习的一部分，大脑在睡觉时还会不知不觉中加工整合白天学习的知识。所以，孩子白天学习了一整天的知识，晚上最好要有充足的睡眠。否则，如果一夜没睡，负责记忆的大脑海马体来不及整理杂乱无章的信息，刚刚学到的知识会很快从大脑中消失，不利于长时记忆。

再次，保持情绪平和。当面临大型考试时，不仅孩子焦虑，家长更受煎熬。孩子考个什么样的学校？怎样能帮助孩子迅速提高学习成绩？孩子如果考不上怎么办？一系列问题困扰着每一个家长，焦虑、紧张、担忧等情绪充斥在心里。事实上，家长们更需要放松自己的心情，平和自己的心态。因为家长的紧张情绪会影响到孩子，让孩子产生紧张情绪。家长的心态平和也会感染并引导孩子情绪平和。因此，家长更应保持一颗平常心。

因为家长焦虑时，就容易唠叨。凡事不厌其烦地提醒，唯恐自己一天不提醒，孩子就会捅出篓子。孩子本身心理压力就很大，家长再这样天天提醒，不厌其烦地唠叨，孩子回到家也得不到放松，很容易产生厌烦情绪。这样一来，家长的话对孩子来说就没有了任何的教育效果，而且容易造成亲子关系紧张。

有的家长生怕孩子被其他事情干扰，精力分散，所以对孩子进行过多地限制，不让孩子接电话、发短信、上网等。除了听从家长的安排，孩子没有一点自由支配的时间，很容易引起孩子内心的不满和反抗，导致亲子关系紧张或发生冲突。

还有的家长会不自觉地拿自己的孩子和同事及邻居的孩子对比："你看看谁家的孩子考上哪个学校了，你也要争取考上。"很多学生跟我说："我父母整天拿我跟别人比，弄得我觉得自己真的很差。因为我如何努力也比不上我父母眼中别人家的孩子。"这种攀比的结果，只会让孩子产生反感，带来适得其反的效果。可见，家长保持情绪平和，对备战高考来说，才是最好的支持。

最后，和孩子一起享受高考的过程。高考是难得的人生经历。作为经历过高考的"过来人"，回想那段经历时，无不充满了怀念和感恩。我们可以引导孩子带着感恩的心，接纳备考过程中发生的一切，一起感受这段洒满汗水和泪水的日子，一起体会"寸金难买寸光阴"的感觉。当带着感恩的心去体会这一切时，高考就不是痛苦，而是奋斗的快乐。因此，鼓励孩子积极备考，把考试看成一次重要的挑战，只要对考试尽力而为就可以了。

家长在陪伴孩子高考的过程中，可以提前学习填报志愿的注意事项，综合招生需要准备的材料和时间表。当孩子需要时，给予孩子切实有效的支持和帮助。家长对孩子的期望要从孩子的实际出发。每个家长都希望自己的孩子能够成才，考上好大学。这种望子成龙、望女成凤的心态是可以理解的，但是每个孩子的个性特点不同，学习基础不同，爱好特长不同，发展方向不同，所以对自己的孩子要合理要求、合理期望，不能不顾孩子的实际情况，一味要求孩子去实现对他们来说不可企及的目标。